Die Urabstimmung im britischen Arbeitskampfrecht im Licht der EMRK

# Schriften zum Arbeitsrecht und Wirtschaftsrecht

Herausgegeben von Abbo Junker

Band 83

PL ACADEMIC RESEARCH

Felix Berding

# Die Urabstimmung im britischen Arbeitskampfrecht im Licht der EMRK

PL ACADEMIC RESEARCH

**Bibliografische Information der Deutschen Nationalbibliothek**
Die Deutsche Nationalbibliothek verzeichnet diese Publikation in der DeutschenNationalbibliografie; detaillierte bibliografische Daten sind im Internet über http://dnb.d-nb.de abrufbar.

Zugl.: München, Univ., Diss., 2014

Gedruckt auf alterungsbeständigem,
säurefreiem Papier.

D 19
ISSN 1433-4666
ISBN 978-3-631-65498-9 (Print)
E-ISBN 978-3-653-04775-2 (E-Book)
DOI 10.3726/978-3-653-04775-2


PL Academic Research ist ein Imprint der Peter Lang GmbH.

Peter Lang – Frankfurt am Main · Bern · Bruxelles · New York · Oxford · Warszawa · Wien



Diese Publikation wurde begutachtet.

www.peterlang.com

# Vorwort

Die vorliegende Arbeit wurde von der Juristischen Fakultät der Ludwig-Maximilians-Universität München im Wintersemester 2013/14 als Dissertation angenommen. Sie ist auf dem Stand von April 2014.

Ich danke herzlich und besonders meinem Doktorvater Prof. Dr. Abbo Junker für die stets ermutigende und inspirierende Betreuung sowie die zeitnahe Begutachtung der Arbeit. Ihm und dem Zentrum für Arbeitsbeziehungen und Arbeitsrecht danke ich für die hervorragenden Arbeitsbedingungen. Prof. Dr. Volker Rieble gebührt zudem mein ausdrücklicher Dank für die zügige Erstellung des Zweitgutachtens.

Ich danke Viola Sälzer und Stephanie Amschler sowie den anderen Mitarbeitern des ZAAR für ihre Unterstützung.

Ich widme diese Arbeit Birte Halfmeier und meinen Eltern.

München im Mai 2014
Felix Berding

# Inhalt

# Abkürzungsverzeichnis

| | |
|---|---|
| A. A. | Andere Ansicht |
| Abs. | Absatz |
| AC | Appeal Cases |
| AiB | Arbeitsrecht im Betrieb |
| Art. | Artikel |
| ASLEF | Associated Society of Locomotive Engineers and Firemen |
| AuR | Arbeit und Recht |
| BAG | Bundesarbeitsgericht |
| BAGE | Entscheidungen des Bundesarbeitsgerichts |
| BB | Betriebs-Berater |
| Bd. | Band |
| BetrVG | Betriebsverfassungsgesetz |
| BGBl. | Bundesgesetzblatt |
| BVerfG | Bundesverfassungsgericht |
| BVerfGE | Entscheidungen des Bundesverfassungsgerichts |
| DB | Der Betrieb |
| DGB | Deutscher Gewerkschaftsbund |
| DOCAS | Deduction of Contributions at Source |
| ECOSOC | Economic and Social Council |
| EGMR | Europäischer Gerichtshof für Menschenrechte |
| EGMRE | Entscheidungen des Europäischen Gerichtshofs für Menschenrechte |
| EMRK | Europäische Menschenrechtskonvention |
| ErfK | Erfurter Kommentar zum Arbeitsrecht |
| ESC | Europäische Sozialcharta |
| EuGH | Europäischer Gerichtshof |
| EU-GRC | Charta der Grundrechte der Europäischen Union |
| EuGRZ | Europäische Grundrechte-Zeitschrift |

| | |
|---|---|
| EuR | Europarecht |
| EuZA | Europäische Zeitschrift für Arbeitsrecht |
| EuZW | Europäische Zeitschrift für Wirtschaftsrecht |
| EWCA Civ | Court of Appeal, Civil Division |
| EWHC | England and Wales High Court |
| f./ff. | folgende |
| Fn. | Fußnote |
| FNB | Fundstellennachweis B |
| FS | Festschrift |
| GG | Grundgesetz |
| GMB | General, Municipal, Boilermakers and Allied Trade Union |
| GS | Großer Senat |
| H.L. | House of Lords |
| HRA 1998 | Human Rights Act 1998 |
| Hrsg. | Herausgeber |
| i. E. | im Ergebnis |
| ICR | The Industrial Cases Reports |
| IG | Industriegewerkschaft |
| ILJ | Industrial Law Journal |
| ILO | Internationale Arbeitsorganisation |
| IPWSKR | Internationaler Pakt über wirtschaftliche, soziale und kulturelle Rechte |
| IRA 1990 | Industrial Relations Act 1990 |
| IRLR | Industrial Relations Law Reports |
| JZ | JuristenZeitung |
| Kap. | Kapitel |
| KritV | Kritische Vierteljahresschrift für Gesetzgebung und Rechtswissenschaft |
| Ltd. | Limited |
| m. w. N. | mit weiteren Nachweisen |
| NALGO | National and Local Government Officers Association |

| | |
|---|---|
| NASUWT | National Association of School Masters Union of Women Teachers |
| NHS | National Health Service |
| NJW | Neue Juristische Wochenschrift |
| Nr. | Nummer |
| NUM | National Union of Mineworkers |
| NUT | National Union of Teachers |
| NZA | Neue Zeitschrift für Arbeitsrecht |
| ÖJZ | Österreichische Juristen-Zeitung |
| PCS | Public and Commercial Services Union |
| QB | Queen's Bench Division |
| RabelsZ | Rabels Zeitschrift für ausländisches und internationales Privatrecht |
| RdA | Recht der Arbeit |
| RMT | National Union of Rail, Maritime and Transport Workers |
| Rn. | Randnummer(n) |
| S. | Seite |
| SC | Session Cases |
| SPD | Sozialdemokratische Partei Deutschlands |
| TGWU | Transport and General Workers' Union |
| TUA 1984 | Trade Union Act 1984 |
| TUBEO 1993 | Trade Union Ballots and Elections Order 1993 |
| TULR(C)A 1992 | Trade Union and Labour Relations (Consolidation) Act 1992 |
| TVG | Tarifvertragsgesetz |
| UCATT | Union of Construction Allied Trades and Technicians |
| UCW | Union of Communication Workers |
| UK | United Kingdom |
| USDAW | Union of Shop, Distributive and Allied Workers |
| ver.di | Vereinte Dienstleistungsgewerkschaft |
| vgl. | vergleiche |

| | |
|---|---|
| WLR | Weekly Law Reports |
| WSI | Wirtschafts- und Sozialwissenschaftliches Institut |
| WVK | Wiener Vertragsrechtskonvention |
| ZAF | Zeitschrift für ArbeitsmarktForschung |
| ZaöRV | Zeitschrift für ausländisches öffentliches Recht und Völkerrecht |
| ZfA | Zeitschrift für Arbeitsrecht |
| ZRP | Zeitschrift für Rechtspolitik |

# Einleitung

In der Entscheidung *Metrobus Ltd. v. Unite the Union* hat sich der britische Court of Appeal erstmals ausführlich mit der Frage beschäftigt, ob das in Großbritannien gesetzlich normierte Urabstimmungserfordernis vor einem gewerkschaftlichen Arbeitskampf mit den Rechten der Gewerkschaften aus Art. 11 Abs. 1 der Europäischen Menschenrechtskonvention (EMRK) vereinbar ist. Die Gewerkschaft Unite hatte dem Gericht Material insbesondere des Europäischen Ausschusses für Soziale Rechte vorgelegt, nach dem die britischen Urabstimmungsregelungen ein beschwerliches Verfahren normierten und daher nicht mit dem Streikrecht aus Art. 6 Abs. 4 der Europäischen Sozialcharta (ESC) vereinbar seien. Das Gericht gab zwar zu, dass der Europäische Gerichtshof für Menschenrechte (EGMR) in jüngeren Entscheidungen solches Material zur Auslegung der EMRK herangezogen hatte. Im vorliegenden Fall habe es dennoch keine unmittelbare Bedeutung.[1] Zudem seien die in Rede stehenden Verpflichtungen der Gewerkschaft bei der Durchführung einer Urabstimmung vor einem Arbeitskampf gerade nicht übermäßig beschwerlich oder unverhältnismäßig.[2]

Die britischen Regelungen zur Notwendigkeit einer Urabstimmung vor einem gewerkschaftlichen Arbeitskampf sind komplex und äußerst detailliert. Sie lassen den Gewerkschaften kaum Spielraum bei der Ausgestaltung der Abstimmung. Bei einer fehlerhaften Durchführung oder dem völligen Verzicht auf die Urabstimmung droht für die Gewerkschaft deliktische Haftung und für die einzelnen Streikteilnehmer der Entzug des effektiven Kündigungsschutzes. Die Rechtsfolge ist also einschneidend. Es ist daher fraglich, ob der EGMR in einem entsprechenden Verfahren die Ansicht des Court of Appeal teilen und das Urabstimmungserfordernis mit der EMRK für vereinbar erklären würde. Die britische Gewerkschaft RMT hatte im August 2012 Beschwerde beim Gerichtshof eingelegt. Darin rügt sie die mit dem Urabstimmungserfordernis verbundenen Hinweispflichten der Gewerkschaften. Der EGMR wies den Antrag jedoch ohne Entscheidung in der Sache ab.[3]

In einem Ausblick auf die Entscheidung soll hier zunächst die komplizierte gesetzliche Regelung im TULR(C)A 1992 dargestellt werden (Kapitel 1). Dabei

---

1 *Metrobus Ltd. v. Unite the Union,* [2010] ICR 173, 193; [2009] IRLR 851, 861.

2 *Metrobus Ltd. v. Unite the Union,* [2010] ICR 173, 208; [2009] IRLR 851, 867.

3 EGMR 8.4. 2014 – Nr. 31045/10 *RMT v. Vereinigtes Königreich*; siehe dazu näher unten in Kapitel 3 unter D.

ist zunächst ein knapper Blick auf die historische Entwicklung des Urabstimmungserfordernisses in Großbritannien zu werfen, um die damit verfolgte gesetzgeberische Intention herauszuarbeiten.

Anschließend wird die Vereinbarkeit der einzelnen Komponenten des Urabstimmungserfordernisses mit Art. 11 Abs. 1 EMRK einer Prüfung unterzogen (Kapitel 2). Ausgangspunkt dafür soll im Wesentlichen die Methodik des EGMR in dessen jüngerer Rechtsprechung sein.

Abschließend soll beleuchtet werden, ob sich aus der britischen Regelung und der Prüfung ihrer Vereinbarkeit mit der EMRK Impulse für das deutsche Arbeitsrecht ergeben können (Kapitel 3).

Das Urabstimmungserfordernis der Sections 226 bis 235 TULR(C)A 1992 hat Geltung für Großbritannien. Erfasst sind davon England, Wales und Schottland, Nordirland dagegen fällt nicht unter die Regelung. Sofern also im Folgenden von Großbritannien die Rede ist, schließt dies England, Wales und Schottland, nicht jedoch Nordirland ein.

# Kapitel 1: Urabstimmung im britischen Arbeitskampfrecht

Das Urabstimmungserfordernis vor gewerkschaftlich organisierten Arbeitskämpfen hat in Großbritannien eine kurze Geschichte. In den Siebzigerjahren des 20. Jahrhunderts erstmals und dauerhaft erst Mitte der Achtzigerjahre eingeführt[4], ist es ein verhältnismäßig neues Instrument des Gesetzgebers.

## A. Rechtliche Bewertung des Arbeitskampfs in Großbritannien

Um die gesetzgeberische Intention bei der Einführung eines Urabstimmungserfordernisses darstellen zu können, bedarf es eines knappen Überblicks über die historische Entwicklung und die aktuelle rechtliche Bewertung des gewerkschaftlichen Arbeitskampfs in Großbritannien.

### I. Historische Entwicklung der Gewerkschaften in Großbritannien

Britische Gewerkschaften mussten lange um die Anerkennung ihrer Betätigung kämpfen. Ursache dafür war zunächst die Festlegung von Arbeitsbedingungen durch den Staat im Mittelalter. Aus den mächtigen Gilden konnten sich keine stabilen Arbeitnehmervertretungen entwickeln, weshalb sie verkümmerten.[5] Mit der aufkommenden Industrialisierung rückte der Gesetzgeber von seinem restriktiven Kurs ab.[6] Zugleich beschränkte jedoch die Rechtsprechung die Betätigung der noch jungen Gewerkschaften durch die Einführung zivilrechtlicher Haftungstatbestände.[7] Der 1906 neu gewählte liberale Gesetzgeber reagierte auf diese Entwicklung mit der Verabschiedung des Trade Disputes Act 1906.[8]

---

4 *Bowers/Duggan/Reade*, The law of industrial action and trade union recognition, S. 1.

5 Dazu ausführlich *Hardy*, Labour law in Great Britain, S. 44 ff.; *Barrow*, Industrial relations law, S. 1 ff.

6 *Grote-Seifert*, Das englische Arbeitskampfrecht, S. 22; *Lebek-Linke*, Gewerkschaften in Deutschland und England, S. 22 f.

7 *Trabant*, Solidaritätskampf oder Sozialschlacht?, S. 48.

8 *Grote-Seifert*, Das englische Arbeitskampfrecht, S. 23.

Gewerkschaftliche Tätigkeit wurde aus der deliktischen Haftung ausgenommen,[9] indem den Gewerkschaften Immunitäten vor den bisher von der Rechtsprechung entwickelten Tatbeständen verliehen wurden.[10] Dies galt, sofern das haftungsauslösende Verhalten im Zusammenhang mit einem Tarifkonflikt stand.[11] Die hier erstmals eingeführte Formulierung „in contemplation or furtherance with a trade dispute" wird bis heute als „Golden Formula" bezeichnet.[12]

Die daraufhin zunehmende Macht der Gewerkschaften verunsicherte die britische Öffentlichkeit. In den Sechziger- und Siebzigerjahren des 20. Jahrhunderts sorgten die wechselnden politischen Verhältnisse für jeweils erhebliche Beschränkungen und Erweiterungen der Freiheit gewerkschaftlicher Betätigung. An dessen Ende stand ein enormer, auch politischer Einfluss der Arbeitnehmervertretungen, der die Verunsicherung in der Bevölkerung erhöhte und so schließlich zur Wahl der Regierung Thatcher führte.[13] Das geschürte Misstrauen in der Öffentlichkeit gegenüber gewerkschaftlicher Betätigung sollte sich stark auf die Einführung und Beibehaltung des Urabstimmungserfordernisses vor Arbeitskämpfen auswirken.

---

9 *Wrigley*, British trade unions since 1933, S. 1. In Sec. 4 (1) Trade Disputes Act 1906 heißt es: „An action against a trade union, whether of workmen or masters, or against any members or officials thereof on behalf of themselves and all other members of the trade union in respect of any tortious act alleged to have been committed by or on behalf of the trade union, shall not be entertained by any court".

10 *Grote-Seifert*, Das englische Arbeitskampfrecht, S. 23.

11 Sec. 4 (2) Trade Disputes Act 1906: „Nothing in this section shall affect the liability of the trustees of a trade union to be sued in the events provided for by the Trade Union Act, 1871, section nine, except in respect of any tortious act committed by or on behalf of the union in contemplation or in furtherance of a trade dispute".

12 Ursprünglich eingeführt wurde dieser Begriff von Lord Wedderburn, siehe dazu Schmidt/Neal, Labour law 12: Collective agreements and collective bargaining, in: Labour law 12: Collective agreements and collective bargaining, S. 31; Wedderburn of Charlton, The worker and the law, S. 327. Zur heutigen Benutzung des Begriffs siehe zum Beispiel Harth/Taggart, in: Henssler/Braun (Hrsg.), Arbeitsrecht in Europa, Großbritannien Rn. 119.

13 Ausführlich zur Entwicklung in den Sechziger- und Siebzigerjahren des 20. Jahrhunderts *Lebek-Linke*, Gewerkschaften in Deutschland und England, S. 31 ff. In diese Zeit fiel die Abschaffung des sogenannten Prinzips des kollektiven „laissez-faire", nach dem der Gesetzgeber den Tarifpartnern die Ausgestaltung von Arbeitsverhältnissen im Wesentlichen überließ, dazu ausführlich *Humphreys*, Trade union law and collective employment rights, S. 5 f.; *Michlik*, Die gewerkschaftliche Urabstimmung vor einem Arbeitskampf, S. 39 f.

## II. Keine gesetzliche Gewährleistung des Arbeitskampfs

Der gewerkschaftlich organisierte Arbeitskampf wird in Großbritannien rechtlich grundlegend anders als in Deutschland[14] bewertet. Ein Recht auf Streik ist nicht gewährleistet.[15]

Die durch den Trade Disputes Act 1906 eingeführten Immunitäten lassen sich nicht als Streikrecht, sondern lediglich als Streikfreiheit bezeichnen.[16] Die Beteiligung an einem Arbeitskampf ist nach wie vor grundsätzlich rechtswidrig und löst eine deliktische Haftung aus. Die Immunitäten schaffen nur eine Ausnahme von diesem Grundsatz. Ein positives Recht auf Arbeitskampf gewähren sie nicht.[17]

Dennoch sprechen britische Gerichte zuweilen von einem Recht auf Streik.[18] In der Urteilsbegründung des Court of Appeal in der Rechtssache *Metrobus Ltd. v. Unite the Union* heißt es jedoch, das Streikrecht sei in Großbritannien nie viel mehr gewesen als eine juristische Metapher.[19] In *Express Newspapers v. McShane* stellten die Richter zudem klar, dass der Gesetzgeber den Gewerkschaften mit der Einführung der Immunitäten gerade keine Rechte eingeräumt habe. Der Arbeitskampf sei grundsätzlich ein Gesetzesverstoß und die verliehenen Immunitäten müssten restriktiv ausgelegt werden, um die wirtschaftliche Betätigungsfreiheit der betroffenen Unternehmer zu schützen.[20]

---

14 *Trabant*, Solidaritätskampf oder Sozialschlacht?, S. 34.

15 *Junker*, Entwicklung des Arbeitskampfrechts in Europa, in: Neues Arbeitskampfrecht?, S. 155, 161 f.; *Michlik*, Die gewerkschaftliche Urabstimmung vor einem Arbeitskampf, S. 31. Siehe ausführlich zur rechtlichen Position von Streikteilnehmern auch *Ewing*, The right to strike, S. 141 ff.

16 *Junker*, Entwicklung des Arbeitskampfrechts in Europa, in: Neues Arbeitskampfrecht?, S. 155, 162 ff.; *Reiter*, EuZA 2010, 469, 471; *McKendrick/Wedderburn*, AiB 1989, 394; *Dukes*, ILJ 2011, 302, 303.

17 *Wedderburn of Charlton*, ILJ 1980, 65, 69 f., spricht von „Privilegien" anstelle von „Rechten" der Gewerkschaften und ihrer Mitglieder.

18 Das House of Lords stellte in der Entscheidung *Crofter Hand Woven Harris Tweed Company Limited v. Veitch*, [1942] AC 435, 463; [1942] SC (H.L.) 1, 24, fest, das Recht der Arbeiter auf Streik sei eines der wesentlichen Elemente von Tarifverhandlungen („The right of workmen to strike is an essential element in the principle of collective bargaining.").

19 *Metrobus Ltd. v. Unite the Union*, [2010] ICR 173, 209; [2009] IRLR 851, 868: "In this country, the right to strike has never been much more than a slogan or a legal metaphor".

20 „I would also draw attention to the fact that, when Parliament granted immunities to the leaders of trade unions, it did not give them any *rights*. It did not give them a *right*

Ohne positiv normiertes Streikrecht bestehen die arbeitsvertraglichen Pflichten der Arbeitnehmer auch während eines Arbeitskampfs fort. Erscheinen die Arbeitnehmer während eines Streiks nicht zur Arbeit, begehen sie einen Vertragsbruch und erfüllen damit grundsätzlich einen Haftungstatbestand.[21] Die Immunitäten schützen zwar neben den Gewerkschaften auch den Einzelnen vor der deliktischen Haftung, sind aber an Voraussetzungen geknüpft, insbesondere an das Urabstimmungserfordernis.[22] Gewerkschaften und einzelne Arbeitnehmer gehen daher bei jedem Arbeitskampf ein hohes Risiko ein. Ihnen drohen bei einer Nichtgewährung von Immunität die deliktische Haftung und die Kündigung des Arbeitsverhältnisses. Selbst der Begriff Streik*freiheit* erscheint für die britische Regelung problematisch. Aufgrund der hohen Anforderungen vor einem Arbeitskampf sind Gewerkschaften in Großbritannien nicht *frei* hinsichtlich der Organisation und Durchführung von Arbeitskämpfen. Das britische Modell ist daher als ein Streikverbot mit Erlaubnisvorbehalt zu bezeichnen.

## B. Historische Entwicklung des Urabstimmungserfordernisses

Die grundsätzliche Rechtswidrigkeit des gewerkschaftlichen Arbeitskampfs erleichterte die Einführung eines Urabstimmungserfordernisses in Großbritannien. Zudem sorgte eine extensive gewerkschaftliche Betätigung insbesondere in den Siebzigerjahren des 20. Jahrhunderts für erhebliches Misstrauen beim Wahlvolk.[23]

---

[Hervorhebungen im Original] to break the law or to do wrong by inducing people to break contracts. It only gave them immunity if they did. [...] [These statutes] are to be construed with due limitations so as to keep the immunity within reasonable bounds. Otherwise the freedom of ordinary individuals — to go about their business in peace would be intruded upon beyond all reason", *Express Newspapers v. McShane* [1979] ICR 210, 218; [1979] 1 WLR 390, 395.

21 *Bowers/Duggan/Reade*, The law of industrial action and trade union recognition, S. 6.

22 Siehe zum Mechanismus ausführlich unten unter C. I.

23 Siehe ausführlich zur Entwicklung des Urabstimmungserfordernisses in Großbritannien auch bei *Michlik*, Die gewerkschaftliche Urabstimmung vor einem Arbeitskampf, S. 70 ff.

## I. Erweiterung der gewerkschaftlichen Macht

Seit der Einführung der Golden Formula im Jahr 1906 verfügten die Gewerkschaften über einen Schutz vor deliktischer Haftung. Den neu gewonnenen Spielraum nutzten sie wiederholt für zum Teil folgenschwere Arbeitskampfmaßnahmen. So übten sie zunehmend politischen Druck aus.[24] Angekündigte Gesetzesvorhaben zur stärkeren Regulierung gewerkschaftlicher Betätigung wurden von der Regierung auf Druck der Gewerkschaften aufgegeben.[25]

Letztere und insbesondere ihre Anführer versuchten nicht mehr lediglich, Arbeitsbedingungen auszuhandeln, sondern wurden öffentlichkeitswirksam zu politischen Akteuren. Jack Jones, der Generalsekretär der *Transport and General Workers' Union*, galt in den Siebzigerjahren als einer der mächtigsten Politiker der Labour-Partei.[26] Den direkten Einfluss der Arbeitnehmervertretungen auf das politische Programm der Partei und die Politik insgesamt kritisierten die Konservativen scharf.[27]

## II. Einfluss der Gewerkschaften auf die schwache Wirtschaftslage

Neben dem steigenden politischen Einfluss der Gewerkschaften fürchteten die Konservativen auch die negativen Auswirkungen gewerkschaftlicher Betätigung auf die britische Wirtschaft.[28] Nachdem die wirtschaftliche Situation zum Ende der Siebzigerjahre stark angespannt war, plante die Labour-Regierung von

---

24 Die Bergarbeiter streikten Anfang der Siebzigerjahre landesweit, was zu Neuwahlen und dem Ende der konservativen Regierung unter Edward Heath führte. In den Wahlkampf 1974 ging Heath mit dem Satz „Who governs Britain?“ nachdem der Streik zu einem Engpass in der Energieversorgung geführt hatte, dazu *Haseler*, The grand delusion, S. 77 f.; *Thane*, GMH 1981, 10, 11.

25 *Betten*, The right to strike in Community law, S. 140 f.

26 Jones wurde in einer Meinungsumfrage während der Amtszeit von James Callaghan von 52 Prozent der britischen Öffentlichkeit als mächtigster Mann des Landes bezeichnet, noch vor dem Premierminister. Dazu *Barnes/Reid*, Governments and trade unions, S. 192.

27 Sie sahen die Souveränität des Parlaments in Gefahr und äußerten sich in einem Positionspapier wie folgt: „But the trade unions are not the government of the country. [...]It is Parliament, and no other body, which is elected to run the affairs of this country in the best interests of all the people“, *Conservative Central Office*, The Right Approach, S. 21 f., 44.

28 Siehe dazu ausführlich *Undy/Martin*, Ballots and trade union democracy, S. 5 ff.

Premierminister James Callaghan die Einführung einer Obergrenze für Lohnerhöhungen. Die Gewerkschaften antworteten mit einer Streikwelle im Winter 1978 und kippten damit die Entscheidung der Regierung.[29] So wurden die vom Gesetzgeber vorgesehenen Mittel zur wirtschaftlichen Konsolidierung mithilfe des Arbeitskampfs unterbunden.

Die konservative Partei betonte in ihren Wahlprogrammen der Siebzigerjahre die negative Wirkung der gewerkschaftlichen Betätigung auf die Wirtschaftslage. Im Programm für die Wahl 1974 bezeichneten die Konservativen industrielle Beziehungen der Tarifparteien als Achillesferse der britischen Wirtschaft. Das herrschende Verhältnis zwischen Gewerkschaften und Arbeitgebern sei die Ursache für die im Vergleich zu anderen europäischen Ländern schwache wirtschaftliche Entwicklung in Großbritannien.[30]

Vor der Parlamentswahl 1979 erneuerte die konservative Partei diesen Vorwurf. Die Einführung umfassender Privilegien für die Gewerkschaften durch die Labour-Regierung in den Jahren von 1974 bis 1976 hätte das Gleichgewicht im Arbeitskampf verschoben und die Entstehung inoffizieller Arbeitnehmergruppen gefördert, die sich Anordnungen ihrer Gewerkschaftsführung widersetzten. Ein verantwortungsvoller Umgang mit dem Mittel des Arbeitskampfs sei so nicht mehr möglich gewesen.[31]

## III. Einführung eines Urabstimmungserfordernisses

Die erweiterte Machtstellung der Gewerkschaften wurde zum Ausgangspunkt für die Einführung des Urabstimmungserfordernisses.

### 1. Reaktion auf willkürliche Arbeitskämpfe der Gewerkschaften

Die Konservativen bemängelten, dass Gewerkschaftsführer über die Aufnahme von Arbeitskampfmaßnahmen regelmäßig nur auf Massenveranstaltungen per Handzeichen abstimmen ließen. Oft sei nicht einmal dies geschehen und der Beschluss sei gänzlich ohne Beteiligung der Mitglieder gefällt worden.[32]

---

29 *Grobe*, Demokratie und Gewerkschaften in England, S. 22 f.

30 *Craig*, British general election manifestos 1959–1987, S. 169.

31 *Craig*, British general election manifestos 1959–1987, S. 270.

32 So äußerte sich das Arbeitsministerium in seinem Green Paper von 1983, *Secretary of State for Employment*, Democracy in Trade Unions, S. 17.

Im Oktober des Jahres 1978 traten die Mitarbeiter von Ford in einen nationalen Streik. In der Presse wurde im Zusammenhang mit diesem Arbeitskampf erstmals umfassend Kritik am Zustandekommen des Streikbeschlusses laut. Wie zu dieser Zeit üblich, hatten die Mitglieder der Gewerkschaft auf einer Massenveranstaltung offen abgestimmt. Die damalige Labour-Regierung unter Premier Callaghan erkannte die Problematik, äußerte sich aber zurückhaltend hinsichtlich einer gesetzlichen Regelung.[33]

Nach dem Regierungswechsel 1979 reagierte die Regierung Thatcher zunächst mit dem Employment Act 1980 auf die neue Stärke der Gewerkschaften. Ein umfassendes Urabstimmungserfordernis wurde noch nicht eingeführt. Den Gewerkschaften war jedoch ein Anspruch auf staatliche Finanzierung der (freiwilligen) Urabstimmung gegeben.[34] Die Regierung verfolgte zu diesem Zeitpunkt noch das Ziel, die Gewerkschaften lediglich zur Durchführung von Urabstimmungen zu ermutigen. Zudem wollten die Konservativen klarstellen, dass es ihnen nicht um einseitige Behinderung und Beschränkung gewerkschaftlicher Betätigung ging.[35]

Im Januar 1981 zog die Regierung in einem Green Book erstmals eine Bilanz des Versuchs, die demokratische Legitimation des Arbeitskampfs den Gewerkschaften zu überlassen. Das Arbeitsministerium konstatierte, dass geheime Urabstimmungen über die Aufnahme von Arbeitskämpfen zwar in einigen Gewerkschaften bereits zur gängigen Praxis gehörten. Diese Praxis sei jedoch noch nicht allgemein etabliert und breite sich zu langsam aus. Das Ministerium machte noch einmal deutlich, dass Gewerkschaftsmitglieder in der Vergangenheit wiederholt gezwungen waren, an Streiks teilzunehmen, zu deren Unterstützung sie sich zuvor nicht bereit erklärt hatten. Verweigerten diese Mitglieder ihre Teilnahme, drohte ihnen der Ausschluss aus der Gewerkschaft.[36]

Das Arbeitsministerium skizzierte auch erstmals den Mechanismus, mit dessen Hilfe flächendeckende Urabstimmungen durchgesetzt werden sollten. Bei einem Verzicht auf eine Abstimmung sollte den Gewerkschaften die Immunität vor der deliktischen Haftung entzogen werden. Neu waren diese Überlegungen nicht. Bereits die von der Regierung eingesetzte Donovan-Kommission hatte in den Sechzigerjahren einen solchen Mechanismus erwogen, ihn jedoch verworfen und nicht in ihren abschließenden Bericht aufgenommen.[37]

---

33 *Undy/Martin*, Ballots and trade union democracy, S. 14 f.

34 Section 1 Employment Act 1980.

35 *Undy/Martin*, Ballots and trade union democracy, S. 13, sprechen von „union-bashing".

36 *Secretary of State for Employment*, Trade Union Immunities, S. 61.

37 *Secretary of State for Employment*, Trade Union Immunities, S. 62.

Die öffentliche Reaktion auf das Green Book war skeptisch. Flächendeckende verpflichtende Urabstimmungen vor jedem Arbeitskampf fanden keinen Anklang in der Bevölkerung. Vielmehr wurde die Idee punktueller, durch staatliche Stellen angeordneter Urabstimmungsverpflichtungen vor Streiks von besonderer Bedeutung bevorzugt. Eine solche Regelung hatte es bereits von 1971 bis 1974 gegeben. Die Regierung hatte damals allerdings nur einmal eine Urabstimmung tatsächlich angeordnet.[38]

## 2. Trade Union Act 1984

Im Jahr 1984 führte die Regierung mit dem Trade Union Act (TUA) dennoch erstmals ein umfassendes Urabstimmungserfordernis ein. Das Gesetz war bis zur Einführung des Trade Union and Labour Relations (Consolidation) Act aus dem Jahr 1992 (TULR[C]A 1992) in Kraft.[39]

Im Vergleich zu den heute geltenden, sehr ausführlich formulierten Regelungen im TULR(C)A 1992 fielen die Bestimmungen im TUA 1984 knapp aus.[40] Lediglich die Sections 10 und 11 TUA 1984 enthielten Vorschriften über die Durchführung einer Urabstimmung.

Gemäß Section 10 (1) TUA 1984 waren die zu diesem Zeitpunkt geltenden Immunitäten aus Section 13 des Trade Union and Labour Relations Act 1974 nicht anwendbar, wenn die Gewerkschaft vor einem von ihr organisierten Arbeitskampf keine Urabstimmung unter ihren Mitgliedern durchgeführt hatte. Dieser Mechanismus findet sich in ähnlicher Form bis heute in Section 226 (1) (a) TULR(C)A 1992.

Im ursprünglichen Entwurf des Gesetzes war noch vorgesehen, dass die Gewerkschaft in den Genuss der Immunitäten allein durch die Durchführung der Urabstimmung kommen sollte. Auf das Abstimmungsergebnis sollte es nicht ankommen. Im Zusammenhang mit dem zur Zeit der Einführung des Gesetzes stattfindenden Streik der Minenarbeiter stieg jedoch der politische Druck auf die Regierung. So ergänzte sie erst kurz vor dem Erlass des TUA 1984 die Notwendigkeit eines zustimmenden Votums der Mitglieder.[41] Der noch heute

38 *Secretary of State for Employment*, Democracy in Trade Unions, S. 18.

39 Section 300 (1), Schedule 1 TULR(C)A 1992.

40 Das aktuelle Regelwerk zur Urabstimmung vor Arbeitskämpfen in Part V des TULR(C)A 1992 umfasst mittlerweile 17 Sections.

41 *Bowers/Duggan/Reade*, The law of industrial action and trade union recognition, S. 77; *Hutton*, ILJ 1984, 212, 218 f.

angewandte Mechanismus beruht also im Wesentlichen auf dem durch einen einzigen Streik aufgekommenen politischen Druck.[42]

Ausreichend für einen Arbeitskampf war gemäß Section 10 (3) (b) TUA 1984 eine einfache Mehrheit. Einige Gewerkschaftssatzungen stellten vor der Einführung des TUA 1984 höhere Anforderungen an eine positive Entscheidung, was nun nicht mehr ratsam war.[43]

Die Gewerkschaften ignorierten den TUA 1984 nicht, sondern führten die nun vorgeschriebenen Urabstimmungen durch. Diese endeten überwiegend mit zustimmenden Ergebnissen. Zwar ging die Zahl der gewerkschaftlichen Arbeitskämpfe insgesamt zurück. Das war jedoch nicht allein auf die Einführung des TUA 1984 zurückzuführen. Auch die veränderten Machtverhältnisse zwischen Gewerkschaften und Arbeitgebern sowie die gesamtwirtschaftliche Situation führten zu einer geringeren Kampfbereitschaft.[44]

## IV. Trade Union and Labour Relations (Consolidation) Act 1992

Im Jahr 1992 wurde der TUA 1984 durch den noch heute geltenden TULR(C)A 1992 abgelöst. Dieser übernahm im Wesentlichen die Regelungen aus dem TUA 1984. Mit der ersten großen Reform des neuen Gesetzes im Jahr 1993 durch den Trade Union Reform and Employment Rights Act wurde die Pflicht zur Erteilung von Hinweisen an den Arbeitgeber vor der Urabstimmung und vor der Aufnahme von Kampfhandlungen eingeführt.[45] Bis heute bereitet die Hinweiserteilung den Gewerkschaften immer wieder erhebliche Schwierigkeiten.[46]

Nach dem Regierungswechsel 1997 zu New Labour machte Premierminister Blair im White Paper *Fairness at Work* zunächst klar, dass es keine Rückkehr zu Arbeitskämpfen ohne die vorherige Legitimation durch eine Urabstimmung geben

---

42 Kritisch dazu *Hutton*, ILJ 1984, 212, 214.

43 *Hutton*, ILJ 1984, 212, 219: Der Autor äußerte die Sorge, dass Gewerkschaften die entsprechenden Regelungen aus ihren Satzungen streichen würden und die Vorschrift daher zu einem weniger demokratischen Abstimmungsprozess führen werde. Tatsächlich verfügen die Gewerkschaften in ihren Satzungen heute kaum noch über eigene Regelungen zur erforderlichen Mehrheit, siehe dazu ausführlich unten unter C. I. 2.

44 Zu den Auswirkungen des TUA 1984 ausführlich *Grobe*, Demokratie und Gewerkschaften in England, S. 83 ff.

45 *Collins/Ewing/McColgan*, Labour law, S. 674.

46 Siehe dazu ausführlich unten unter C. II. 2. a. und C. II. 6. a.

werde.[47] Dennoch änderte die neue Regierung den TULR(C)A 1992 an einigen Stellen zugunsten der Gewerkschaften, nachdem sie zuvor insbesondere deren Empfehlungen eingeholt hatte.[48] So wurde die Möglichkeit eingeführt, unter bestimmten Umständen die Abstimmungsergebnisse mehrerer Arbeitsstätten gemeinsam auszuzählen.[49] Zudem wurde die 1992 eingeführte Hinweispflicht wieder gelockert. Ebenfalls neu war Section 232B TULR(C)A 1992[50], wonach kleine unbeabsichtigte Fehler bei der Urabstimmung in bestimmten Fällen unbeachtlich sein sollten. Alle diese Änderungen traten im Jahr 2000 durch den Employment Relations Act 1999 in Kraft.[51] Im Jahr 2005 folgte die Wiedereinführung der zwischenzeitlich abgeschafften staatlichen Finanzierung von Urabstimmungen durch Section 116A TULR(C)A 1992. Weitere wesentliche Erleichterungen setzte die Labour-Partei bis zum Regierungswechsel 2010 nicht um.

# C. Geltende Rechtslage

Die geltenden Bestimmungen zur Urabstimmung vor Arbeitskämpfen finden sich in Part V des TULR(C)A 1992. In den Sections 226 bis 235 TULR(C)A 1992 werden die Anforderungen detailliert beschrieben. Die Regelungen gelten ausschließlich für den gewerkschaftlich organisierten Arbeitskampf.[52] Entsprechende Vorschriften zu einem Urabstimmungserfordernis für Arbeitgeberverbände sind bis heute nicht erlassen worden.

## I. Systematik der Sections 226 bis 235 TULR(C)A 1992

Den im TUA 1984 eingeführten Mechanismus zur Durchsetzung des Urabstimmungserfordernisses nutzt der Gesetzgeber auch in der aktuellen Fassung des TULR(C)A 1992.[53]

---

47 *President of the Board of Trade*, Fairness at Work, S. 2.
48 *Painter/Holmes*, Cases and materials on employment law, S. 652.
49 Siehe dazu ausführlich unten unter C. II. 8.
50 Siehe dazu ausführlich unten unter C. II. 2. d. iii. und C. II. 3. b.
51 Zum Ganzen *Hardy*, Labour law in Great Britain, S. 299, 301.
52 Section 226 (1) TULR(C)A 1992: „An act done by a trade union (…)".
53 Siehe dazu oben unter B. III. 2.

## 1. Verlust der Immunität

Die Immunität vor deliktischer Haftung[54] für die Folgen eines Arbeitskampfs wird der Gewerkschaft bis heute nur nach einer zuvor durchgeführten Urabstimmung mit zustimmendem Abstimmungsergebnis eingeräumt.

Ausgangspunkt für die Immunität ist Section 219 TULR(C)A 1992. Danach ist ein der Gewerkschaft zuzurechnendes Verhalten nur geschützt, sofern es in Erwartung oder zur Förderung eines Tarifkonflikts vorgenommen wird. Der Streit darf sich nach der Legaldefinition der Section 244 TULR(C)A 1992 nur auf die in Absatz (1) abschließend aufgezählten Themenfelder beziehen.[55]

Gemäß Section 226 (1) TULR(C)A 1992 ist eine von der Gewerkschaft durchgeführte Arbeitskampfmaßnahme nicht von der Haftungsimmunität erfasst, solange sie nicht durch eine Urabstimmung legitimiert worden ist. Wann dies der Fall ist, erläutert Section 226 (2) TULR(C)A 1992. Danach muss die Gewerkschaft nicht für jede Kampfmaßnahme erneut eine Urabstimmung durchführen, sondern lediglich einmal für den zugrunde liegenden Arbeitskampf. Im Ergebnis muss bei der Urabstimmung die einfache Mehrheit der Abstimmenden mit „Ja" gestimmt haben. Bei der Durchführung der Urabstimmung hat die Gewerkschaft die Vorschriften der Sections 227 bis 231 TULR(C)A 1992 zu beachten. Ein Fehler führt nach dem Wortlaut der Section 226 (2) (a) (ii) TULR(C)A 1992 unmittelbar zum Verlust der Immunität. Da es auf ein Vertretenmüssen der Gewerkschaft beziehungsweise ihrer Vertreter nicht ankommt, droht selbst bei versehentlichen Verstößen diese scharfe Rechtsfolge. Wie sich zeigen wird, schafft das Gesetz zwar Ausnahmen von diesem Grundsatz, jedoch nur in engen Grenzen.

Nach der geltenden Rechtslage[56] wird auch den am Streik beteiligten Arbeitnehmern die Immunität entzogen, sofern eine Urabstimmung unterbleibt oder fehlerhaft ist. Dies gilt nicht nur für die Mitglieder der Gewerkschaft, sondern

54 Siehe zur deliktischen Haftung der Gewerkschaften und zur Reichweite der Immunitäten ausführlich *Bowers/Duggan/Reade*, The law of industrial action and trade union recognition, S. 11 ff.; *Honeyball/Bowers*, Textbook on employment law, S. 414 ff.; *Sargeant/Lewis*, Employment law, S. 357 ff.

55 Erfasst ist beispielsweise ein Streit über Arbeitsbedingungen oder Disziplinarmaßnahmen. Siehe ausführlich zum Begriff des Tarifkonflikts *Emir*, Law of employment, S. 643 ff.

56 Siehe zur alten Rechtslage, nach der einzelne Gewerkschaftsmitglieder auch bei fehlerhafter Urabstimmung durch die Immunität geschützt waren, *Michlik*, Die gewerkschaftliche Urabstimmung vor einem Arbeitskampf, S. 78.

für alle Arbeitnehmer, die einen Haftungstatbestand verwirklichen.[57] Mitglieder haften zudem für etwaige Schadenersatzforderungen des Arbeitgebers gegen ihre Gewerkschaft mittelbar, denn die Gewerkschaft muss die Forderungen aus eigenen Mitteln begleichen. Letztere speisen sich aus den Mitgliedsbeiträgen.

Die Mitglieder haben in der Regel keinen Einblick in die Organisation der Urabstimmung und können daher nicht einschätzen, ob diese rechtmäßig durchgeführt wurde. Ist dies nicht der Fall, haften sie grundsätzlich. Dies erhöht zwar die Verantwortung der Gewerkschaftsführung und damit ihre Motivation bei der Vorbereitung und Durchführung der Urabstimmung. Bei Fehlern werden jedoch nicht nur die Organisatoren bestraft, sondern gleichfalls die einzelnen Mitglieder.

Eine ordnungsgemäß durchgeführte Urabstimmung schützt nicht vor jeder denkbaren deliktischen Haftung, die bei der Durchführung eines Arbeitskampfs von der Gewerkschaft ausgelöst werden kann. Erfasst sind nur die in Section 219 (1), (2) TULR(C)A 1992 genannten Tatbestände. Diese sind die Verleitung eines Arbeitnehmers zum (Arbeits-)Vertragsbruch sowie dessen Verleitung zur Beeinträchtigung der eigenen Arbeitsleistung. Beide Delikte sind auch bei gemeinschaftlicher Begehung erfasst. Auf den Tatbestand der Einschüchterung und Verschwörung mit Schädigungsabsicht sind die Regelungen über die Urabstimmung nicht anwendbar. Bei Begehung dieser Delikte greifen die Immunitäten allerdings ohnehin nicht.[58]

Die potentielle Haftung der Gewerkschaft wird vom Gesetz ihrer Höhe nach begrenzt. Section 22 (2) TULR(C)A 1992 normiert Haftungshöchstgrenzen in Abhängigkeit von der Mitgliederzahl. Liegt diese bei bis zu 5 000 Mitgliedern, haftet die Gewerkschaft bis zu einer Summe von 10 000 Pfund. Bei mehr als 5 000 und weniger als 25 000 Mitgliedern beträgt die maximale Haftungssumme 50 000 Pfund, bei mehr als 25 000 und weniger als 100 000 Mitgliedern 125 000 Pfund. Und bei mehr als 100 000 Mitgliedern liegt die Grenze bei 250 000 Pfund.[59] Damit gewährt der Gesetzgeber den Gewerkschaften eine

---

57 *Hardy*, Labour law in Great Britain, S. 297; *Bowers/Duggan/Reade*, The law of industrial action and trade union recognition, S. 78.

58 *Bowers/Duggan/Reade*, The law of industrial action and trade union recognition, S. 77; *Honeyball/Bowers*, Textbook on employment law, S. 423.

59 Laut dem Bericht des Certification Officer gibt es in Großbritannien derzeit 13 Gewerkschaften mit über 100 000 Mitgliedern, 15 mit 25 000 bis 100 000 Mitgliedern, 25 mit 5 000 bis 25 000 Mitgliedern und 113 mit weniger als 5 000 Mitgliedern. Allerdings macht die Mitgliederzahl der Gewerkschaften mit über 100 000 Mitgliedern etwa 84 Prozent der insgesamt gewerkschaftlich organisierten Arbeitnehmer

erhebliche Sicherheit. Denn die Schäden aufgrund eines Arbeitskampfs, insbesondere hinsichtlich mittelbar betroffener Dritter, sind für die Gewerkschaft vorher nur schwer abzusehen. Die Haftungsgrenzen gelten für jede Schadenersatzklage separat und nicht für den Arbeitskampf insgesamt. Daher kann jeder vom Arbeitskampf betroffene Arbeitgeber oder Dritte die Gewerkschaft in Höhe der vollen für sie konkret geltenden Haftungssumme in Anspruch nehmen.[60] In Extremfällen kann der Arbeitskampf insgesamt daher trotz der Höchstgrenzen zu einer existenziellen Bedrohung für die Gewerkschaft werden. Eine absolute Sicherheit gewähren die Grenzen nicht. Dies wäre jedoch auch kaum vertretbar. Denn ansonsten könnte die Gewerkschaft ihre potentielle Haftung vor dem Arbeitskampf genau kalkulieren und einen Gesetzesverstoß bei der Durchführung der Urabstimmung bewusst in Kauf nehmen.

Für die einzelnen am Arbeitskampf beteiligten Arbeitnehmer sieht das Gesetz solche Haftungsobergrenzen bisher nicht vor. Sie haften also grundsätzlich unbeschränkt für den von ihnen verursachten Schaden.

## 2. Keine Berücksichtigung der Gewerkschaftssatzung

Von der Verpflichtung zur Urabstimmung sind alle Gewerkschaften gleichermaßen erfasst. Auf die Einhaltung etwaiger, in den Gewerkschaftssatzungen aufgestellter Regelungen kommt es nicht an.[61] Hält sich eine Gewerkschaft nicht an solche selbst aufgestellten Regeln, führt das nicht zum Verlust der Immunität. Damit kann es, wie schon nach dem TUA 1984[62], zu der Situation kommen, dass die Satzung einer Gewerkschaft mehr als eine einfache Mehrheit als Ergebnis einer Urabstimmung fordert, dies jedoch unberücksichtigt bleibt. Dem ursprünglich ausgegebenen Zweck des Urabstimmungserfordernisses läuft das zuwider. Wenn die Mitglieder in ihrer Satzung eine breitere Zustimmung fordern als das Gesetz, sollte im Sinne der innergewerkschaftlichen Demokratie allein die Satzung maßgeblich sein. Das Gesetz sollte also lediglich Mindeststandards aufstellen und für die Anwendung von Gewerkschaftssatzungen offen sein.

---

aus (Stand März 2013). Damit ist die weit überwiegende Anzahl der Gewerkschaftsmitglieder mittelbar von der höchsten Haftungsgrenze betroffen. Zu diesen Zahlen *Certification Office for Trade Unions and Employers' Associations*, Annual Report of the Certification Officer 2012–2013, S. 24, 56.

60 *Emir*, Law of employment, S. 658.

61 *Bowers/Duggan/Reade*, The law of industrial action and trade union recognition, S. 77.

62 Siehe dazu oben unter B. III. 2.

In den Satzungen der zehn mitgliederstärksten Gewerkschaften finden sich kaum noch Regelungen zur Durchführung von Urabstimmungen oder zum erforderlichen Zustimmungsquorum. Die GMB jedoch, mit über 610 000 Mitgliedern drittgrößte Gewerkschaft in Großbritannien, fordert in Regel 44 Abs. 3 ihrer Satzung[63] eine Zustimmung von zwei Dritteln der Abstimmenden für eine Arbeitsniederlegung. Andernfalls sind die Mitglieder nach der Satzung nicht verpflichtet, sich daran zu beteiligen. Der Vorstand kann zwar vom vorgeschriebenen Quorum abweichen.[64] Die Regel zeigt dennoch, dass es auch heute noch ein Bedürfnis nach strengeren Zustimmungserfordernissen geben kann. Ein solches kommt jedoch nicht hinreichend zur Geltung, solange allein das Gesetz verbindliche Mindeststandards aufstellen kann.

Eine entsprechende Öffnungsklausel für Gewerkschaftssatzungen im TULR(C)A 1992 könnte hier Abhilfe schaffen. Insbesondere vor besonders einschneidenden Kampfmaßnahmen, bei denen die Gefahr einer Haftung für die Gewerkschaft und die beteiligten Mitglieder besonders hoch ist, könnte die Satzung eine breitere Zustimmung verlangen.

In der Satzung von Großbritanniens mitgliederstärkster Gewerkschaft Unite the Union[65] bestätigt sich die oben beschriebene Befürchtung[66], die Gewerkschaften würden nach dem Erlass des TUA 1984 auf eigene Regeln zur Urabstimmung verzichten. Es finden sich in Regel 25 der Satzung zwar Bestimmungen über den Ablauf einer Urabstimmung vor einem Arbeitskampf. Diese sind ihrem Anwendungsbereich nach jedoch auf die Republik Irland beschränkt und wiederholen im Wesentlichen den dort geltenden Gesetzestext der Section 14 Industrial Relations Act 1990. Eigenständige Regelungen über Urabstimmungen vor Arbeitskämpfen in Großbritannien finden sich in der Satzung nicht.

Das Urabstimmungserfordernis trifft auch jene Gewerkschaften, die wegen ihrer Mitgliederstruktur und ihrer Satzung an sich keine Urabstimmungen durchführen können, gleichwohl aber unter den Begriff der Gewerkschaft in

---

63 Abrufbar unter http://www.gmb.org.uk/assets/media/documents/rulebook/RulebookfollowingCongress2013.pdf, abgerufen am 27.1.2014.

64 Auch die NUT, mit über 380 000 Mitgliedern auf Rang sechs der mitgliederstärksten Gewerkschaften, legt in ihrer Satzung ein Zustimmungsquorum fest. Dieses ist jedoch, wie auch nach dem Gesetz, die einfache Mehrheit. Die Satzung der NUT sieht zudem eine Urabstimmung über die Beendigung eines Tarifkonflikts vor. Siehe dazu in Anhang IV der Satzung unter B.

65 Abrufbar unter http://www.unitetheunion.org/about_us/structure/unite_the_union_rule_book.aspx, abgerufen am 27.1.2014.

66 Siehe dazu oben unter B. III. 2., Fn. 43.

Section 1 TULR(C)A 1992 fallen. Section 1 (b) TULR(C)A 1992 erfasst Gewerkschaftsverbände, deren Mitglieder selbst ausnahmslos Gewerkschaften sind.[67]

### 3. Verantwortlichkeit nur für offizielle Arbeitskämpfe

Die Gewerkschaft kann nur für die Folgen eines offiziellen Arbeitskampfs haftbar gemacht werden.[68] Sie muss die betreffende Maßnahme vorher autorisiert oder nachträglich gebilligt haben, Section 20 (1) TULR(C)A 1992. Die Durchführung einer Urabstimmung ist daher nur vor solchen Maßnahmen erforderlich.[69]

Würde die Gewerkschaft auch vor inoffiziellen Arbeitskämpfen ein Urabstimmungserfordernis treffen, führte das zu einer Art Gefährdungshaftung für jeden durch ihre Mitglieder durchgeführten Arbeitskampf. Denn in der Regel wird die Gewerkschaft von einer inoffiziellen Kampfmaßnahme eines Teils ihrer Mitglieder keine Kenntnis haben und daher gar nicht in der Lage sein, zuvor eine Urabstimmung durchzuführen.

Diejenigen Gewerkschaftsvertreter, die eine Kampfmaßnahme autorisieren oder billigen und damit der Gewerkschaft zurechenbar machen können, sind vom Gesetz in Section 20 (2) TULR(C)A 1992 abschließend festgelegt. Daneben wird den Gewerkschaften die Kompetenz verliehen, in ihrer Satzung entsprechende Vertreter zu bestimmen. Neben den satzungsmäßig bestimmten Personen sind stets der geschäftsführende Vorstand, der Präsident und der Generalsekretär (littera [b]) sowie jedes andere Gremium und jeder andere Offizielle der Gewerkschaft (littera [c]) vom Gesetz zur Autorisierung oder Billigung einer Maßnahme befähigt.

Der weite Kreis von Personen, die eine Kampfmaßnahme autorisieren können, führt einerseits zu einem Gewinn an Rechtssicherheit für die von einem Streik betroffenen Arbeitgeber und Dritten.[70] Denn sie haben, sofern auch nur irgendeine der von Gesetz oder Gewerkschaftssatzung benannten Personen zu einer Kampfmaßnahme aufgerufen hat, einen eindeutigen Adressaten für etwaige sich aus der Maßnahme ergebende Ansprüche. Ist der Gewerkschaft eine Kampfmaßnahme dagegen nicht über Section 20 TULR(C)A 1992 zurechenbar, bleiben als Haftungsgegner in der Regel nur die einzelnen am Arbeitskampf

---

67 Siehe dazu *Shipping Company Uniform Inc. v. International Transport Workers Federation*, [1985] ICR 245, 246; kritisch zu dieser Entscheidung *Michlik*, Die gewerkschaftliche Urabstimmung vor einem Arbeitskampf, S. 112 ff.

68 *Bowers/Duggan/Reade*, The law of industrial action and trade union recognition, S. 77 f.

69 *Anderman*, Labour law, S. 399.

70 So auch *Michlik*, Die gewerkschaftliche Urabstimmung vor einem Arbeitskampf, S. 99.

beteiligten Arbeitnehmer. Diese werden Schadenersatzansprüche von erheblichem Umfang kaum befriedigen können. Andererseits führt die gesetzliche Regelung zu einem hohen Haftungsrisiko für die Gewerkschaft. Gerade große Gewerkschaften müssen einen enormen Organisationsgrad aufrechterhalten und ihre Vertreter gut disziplinieren, damit ihnen ein Streik nicht versehentlich zugerechnet wird.

Durch die Regeln über die Zurechnung soll sichergestellt werden, dass die Gewerkschaft nur für solche Kampfmaßnahmen haftbar ist, die zuvor von einem verantwortungsbewussten Vertreter der Gewerkschaft beurteilt und genehmigt wurden. Zugleich soll nur die Durchführung solcher Maßnahmen von einer Haftungsimmunität erfasst werden können.[71]

Von der Möglichkeit, die zur Autorisierung eines Arbeitskampfs Berechtigten in der Satzung festzulegen, machen die Gewerkschaften durchaus Gebrauch. Acht der zehn mitgliederstärksten Gewerkschaften in Großbritannien treffen in ihren Satzungen entsprechende Regelungen. Die nach der Mitgliederzahl zweitgrößte Gewerkschaft UNISON bestimmt unter Buchstabe O ihrer Satzung[72], dass nur der nationale Vorstand und der Generalsekretär für den Vorstand einen Arbeitskampf genehmigen können. Nach Regel 44 Abs. 3 der Satzung der GMB[73] haben die an einem Arbeitskampf beteiligten Mitglieder nur dann einen Anspruch auf Unterstützung durch die Gewerkschaft, wenn die Kampfmaßnahme zuvor durch den Vorstand genehmigt wurde. Auch die Gewerkschaft der Krankenpfleger, das Royal College of Nursing of the United Kingdom, sieht in der Satzung[74] unter 12.2 vor, dass ein Arbeitskampf nicht aufgenommen werden darf, ehe der Rat der Gewerkschaft diesen autorisiert hat. Ähnliches gilt nach den Satzungen der Union of Shop, Distributive and Allied Workers (USDAW)[75], der National Union of Teachers (NUT)[76], der National Association of Schoolmasters Union of

71 *Tanks and Drums Ltd. v. TGWU*, [1992] ICR 1, 17.

72 Abrufbar unter https://www.unison.org.uk/upload/sharepoint/On%20line%20 Catalogue/21694.pdf, abgerufen am 27.1. 2014.

73 Abrufbar unter http://www.gmb.org.uk/assets/media/documents/rulebook/Rulebook-followingCongress2013.pdf, abgerufen am 27.1. 2014.

74 Abrufbar unter http://www.rcn.org.uk/__data/assets/pdf_file/0018/354231/Rules2003_edition_amended_2005.pdf, abgerufen am 27.1. 2014.

75 Abrufbar unter http://www.usdaw.org.uk/idoc.ashx?docid=e7e43ab9-e6d9-49a0-b50a-c02f4e379f71&version=-1, abgerufen am 27.1. 2014.

76 Abrufbar unter http://www.teachers.org.uk/files/nut-rules-2013_14.pdf, abgerufen am 27.1. 2014.

Women Teachers (NASUWT)[77], der Public and Commercial Services Union (PCS)[78] und der Association of Teachers and Lecturers[79].

Die Beschränkungen durch die Satzungen mögen zur Disziplinierung der Mitglieder und Vertreter sowie zur Vermeidung von Kompetenzstreitigkeiten geeignet sein. Sie verhindern jedoch nicht die Zurechnung eines Arbeitskampfs, sofern einer der vom Gesetz genannten übrigen Vertreter diesen autorisiert hat. Nach der derzeitigen gesetzlichen Regelung kann es dazu kommen, dass Gewerkschaftsmitglieder zwar an einem nach dem Gesetz ordnungsgemäß autorisierten Arbeitskampf teilnehmen, nach der Satzung ihrer Gewerkschaft aber dennoch keine Unterstützung aus dem Streikfonds erhalten. Denn die GMB und die NUT schließen eine solche Unterstützung ausdrücklich aus, sofern der Arbeitskampf nicht durch das von der Satzung vorgeschriebene Organ der Gewerkschaft autorisiert wurde. Für die Mitglieder bedeutet dies das Risiko, auch bei einem offiziellen Arbeitskampf von ihrer Gewerkschaft finanziell nicht unterstützt zu werden.

## 4. Auswirkungen fehlerhafter Urabstimmungen auf die Mitglieder der Gewerkschaft

Wie oben gezeigt verlieren neben der Gewerkschaft auch die einzelnen am Arbeitskampf beteiligten Mitglieder ihre Haftungsimmunität, sofern eine Urabstimmung unterblieben ist oder fehlerhaft durchgeführt wurde.[80] Daneben kann sich auch der Organisator der Kampfmaßnahme, mithin die autorisierende oder genehmigende Person nach Section 20 (2) TULR(C)A 1992, gegenüber dem Arbeitgeber oder Dritten haftbar machen.[81]

Fehler in der Abstimmung haben zudem Auswirkungen auf einen späteren Kündigungsschutzprozess der beteiligten Arbeitnehmer. Die Arbeitgeberkündigung aufgrund der Teilnahme an Arbeitskampfmaßnahmen ist nur dann gemäß Section 238A (2) TULR(C)A 1992 automatisch ungerechtfertigt, wenn

77 Abrufbar unter http://www.nasuwt.org.uk/consum/groups/public/@recruitmentandevents/documents/nas_download/nasuwt_006379.pdf, abgerufen am 27.1. 2014.

78 Abrufbar unter http://www.pcs.org.uk/download.cfm?docid=BB3E7BD5-7C15-49F1-9CA3926216676089, abgerufen am 27.1. 2014.

79 Abrufbar unter http://www.atl.org.uk/Images/rules-constitution-revised.12.13.pdf, abgerufen am 27.1. 2014.

80 Siehe oben unter C. I. 1.

81 *Bowers/Duggan/Reade*, The law of industrial action and trade union recognition, S. 78.

der Arbeitnehmer an einem geschützten Arbeitskampf teilnimmt.[82] Das ist gemäß Section 238A (1) TULR(C)A 1992 der Fall, wenn der Arbeitskampf der Haftungsimmunität nach Section 219 TULR(C)A 1992 unterliegt. Dafür muss vor dem Arbeitskampf die Urabstimmung ordnungsgemäß durchgeführt worden sein. Beendet der Arbeitgeber also aufgrund der Teilnahme des Arbeitnehmers an Kampfmaßnahmen das Arbeitsverhältnis, kann der Arbeitnehmer in einem anschließenden Prozess keine automatisch ungerechtfertigte Kündigung geltend machen, wenn die Urabstimmung fehlerhaft war.[83] Arbeitgeber machen nach der Beendigung eines Streiks allerdings selten Gebrauch von der Möglichkeit, Arbeitnehmer wegen deren Teilnahme zu entlassen.[84]

Dass auch die einzelnen am Arbeitskampf beteiligten Mitglieder für Fehler bei der Durchführung der Urabstimmung jedenfalls potentiell bestraft werden, erscheint angesichts des ursprünglichen Zwecks des Urabstimmungserfordernisses nur schwer vertretbar. Dieses sollte die Mitglieder vor der Willkür der Gewerkschaftsführung schützen. Mit dem geltenden Mechanismus sind sie ihrer Gewerkschaftsführung jedoch wieder ausgeliefert. Denn sie tragen das Risiko, bei von der Führung zu verantwortenden Mängeln im Abstimmungsvorgang ihren effektiven Kündigungsschutz aus Section 238A TULR(C)A 1992 zu verlieren.

Eine Rechtsschutzmöglichkeit gewährt in einem solchen Fall Section 62 TULR(C)A 1992. Ein Mitglied kann beim High Court die Unterlassung eines Aufrufs zum Arbeitskampf beantragen, sofern es davon überzeugt ist, dass die Kampfmaßnahme keine hinreichende Legitimation durch eine Urabstimmung hat. Das Gericht kann im Rahmen des einstweiligen Rechtsschutzes Maßnahmen ergreifen, um sicherzustellen, dass der Aufruf unterbleibt. Es kann die Gewerkschaft jedoch nicht zur Durchführung einer Urabstimmung verpflichten.[85]

Große praktische Bedeutung hat die Vorschrift aber nicht. Zu einer gerichtlichen Entscheidung über einen Antrag nach Section 62 TULR(C)A 1992 ist es

---

82 Dies gilt für eine Kündigung innerhalb der ersten zwölf Wochen nach dem ersten Tag des geschützten Arbeitskampfs, Section 238A (7B) TULR(C)A 1992.

83 *Honeyball/Bowers*, Textbook on employment law, S. 163; *Bowers/Duggan/Reade*, The law of industrial action and trade union recognition, S. 78; *Sargeant/Lewis*, Employment law, S. 380. Die Kündigung ist dann nur noch ungerechtfertigt, sofern anderen Streikteilnehmern nicht gekündigt oder ihnen nach der Kündigung eine Wiedereinstellung angeboten wurde, Section 238 (2) TULR(C)A 1992.

84 *Honeyball/Bowers*, Textbook on employment law, S. 398.

85 Section 62 (3) TULR(C)A 1992, dazu *Emir*, Law of employment, S. 592 f.; *Morris/Archer*, Collective labour law, S. 563.

bisher nur selten gekommen.[86] Es erscheint insgesamt fraglich, ob ein Gewerkschaftsmitglied tatsächlich Gebrauch von diesem Instrument machen würde. Denn zum einen setzte es sich dem sozialen Druck aus, nicht nur ein Streikbrecher zu sein, sondern den Streik völlig zu unterbinden. Dem drohenden Unmut einer streikbereiten Mehrheit von Mitgliedern zu widerstehen, kann je nach konkreter Situation eine erhebliche Hürde für den Einzelnen darstellen. Zum anderen hat ein einfaches Mitglied kaum einen umfassenden Einblick in die Organisation und Durchführung der Urabstimmung. Ein etwaiger Gesetzesverstoß ist für den Einzelnen in der Regel nicht feststellbar. Lediglich bei einem völligen Unterbleiben der Urabstimmung oder erheblichen und offensichtlichen Mängeln im Abstimmungsvorgang erscheint ein Antrag nach Section 62 TULR(C)A 1992 realistisch.[87]

Dass die Rechtmäßigkeit einer Arbeitgeberkündigung und die deliktische Haftung einzelner Arbeitnehmer im Zusammenhang mit einem Arbeitskampf wesentlich davon abhängt, ob dieser von der Gewerkschaft ordnungsgemäß durchgeführt wurde, erscheint nicht sachgerecht. Den am Arbeitskampf teilnehmenden Arbeitnehmern muss jedenfalls auch dann Schutz vor einer Kündigung und deliktischer Haftung gewährt werden, wenn ein Fehler bei der Durchführung der Urabstimmung oder die Rechtswidrigkeit des Streiks aus anderen Gründen für sie nicht erkennbar war.

## 5. Kein Zwang zur Teilnahme an einem Arbeitskampf

Die Gewerkschaft kann die Teilnahme ihrer Mitglieder am Arbeitskampf nicht zwangsweise durchsetzen, auch wenn sie durch eine ordnungsgemäße Urabstimmung legitimiert ist.[88] Sections 64 (1), 65 (2) (a) TULR(C)A 1992 verbieten jede Disziplinarmaßnahme einer Gewerkschaft gegenüber ihren Mitgliedern aufgrund der Nichtteilnahme an einem Arbeitskampf. Selbst wenn das Mitglied gegen die Aufnahme von Kampfhandlungen opponiert, darf die Gewerkschaft

86 In den ersten Jahren nach der Einführung der Vorschrift gab es lediglich zwei gerichtliche Verfahren über einen entsprechenden Antrag, dazu *Michlik*, Die gewerkschaftliche Urabstimmung vor einem Arbeitskampf, S. 151. Bis heute wird Section 62 TULR(C)A 1992 selten genutzt, *Bowers*, A practical approach to employment law, S. 584.

87 Zum gerichtlichen Verfahren nach dieser Vorschrift siehe *Slade*, Tolley‘s Employment Handbook, S. 1006 f.

88 Dazu auch *Michlik*, Die gewerkschaftliche Urabstimmung vor einem Arbeitskampf, S. 145.

dieses Verhalten nicht sanktionieren. Bei einem Verstoß gegen diese Vorschriften hat das betroffene Mitglied gemäß Section 67 (1) TULR(C)A 1992 einen Anspruch auf Schadenersatz.

Das Verweigerungsrecht der Mitglieder stellt deren individuelle Rechte über die kollektiven Rechtspositionen der Gewerkschaft.[89] Dies führte zu einiger Kritik an den Sections 64 bis 67 TULR(C)A 1992. Zum einen werde die gewerkschaftliche Autonomie zu stark beeinträchtigt. Zum anderen halte die Regelung die Gegner eines Arbeitskampfs davon ab, ihre Meinung kundzutun. Denn sie könnten schlicht die Teilnahme an den Kampfmaßnahmen verweigern und müssten daher nicht auf die übrigen Abstimmenden einwirken, um den Arbeitskampf zu verhindern.[90]

Das zweite Argument überzeugt nicht. Gerade weil die Mitglieder auch vor Disziplinarmaßnahmen geschützt sind, wenn sie offen gegen einen Arbeitskampf auftreten, können sie ihre ablehnende Haltung jederzeit vertreten. Zwar mögen sie sich damit sozialem Druck durch andere Mitglieder aussetzen. Jedenfalls in der (geheimen) Urabstimmung können sie aber frei entscheiden. Dass ein Mitglied sich offen gegen die Stimmung in der Gewerkschaft positioniert, erscheint wegen des sozialen Drucks auch mit einer Teilnahmepflicht äußerst unwahrscheinlich.

Problematisch ist jedoch neben dem Eingriff in die gewerkschaftliche Autonomie, dass sich die Gewerkschaft selbst bei einer positiven Urabstimmung nicht sicher sein kann, wie viele ihrer Mitglieder den Arbeitskampf tatsächlich mittragen. Die Ausarbeitung einer Kampfstrategie wird massiv erschwert. Somit büßt die Gewerkschaft an Stärke im Konflikt ein.

Trotz der geäußerten Kritik hielten die wechselnden Gesetzgeber an den Sections 64 bis 67 TULR(C)A 1992 fest. Die Labour-Regierung unter Tony Blair sah die Regelung als notwendiges Mittel zum Schutz der einzelnen Mitglieder gegenüber ihrer Gewerkschaft an.[91] Da sich jedoch aufgrund des Urabstimmungserfordernisses die Mitglieder kollektiv für oder gegen einen Arbeitskampf entscheiden und die Gewerkschaft als Einheit an dieser Entscheidung nicht beteiligt ist, handelt es sich eher um einen Schutz vor den übrigen Mitgliedern. Ein solcher Schutz ist jedoch weder notwendig noch angemessen. So handelt es sich bei einem Streikaufruf durch die Gewerkschaftsführung heute nicht mehr um einen willkürlichen Akt, sondern um eine demokratische Entscheidung, an der alle betroffenen Mitglieder beteiligt sind. Nimmt ein Mitglied an der Abstimmung teil und beeinflusst so das Abstimmungsergebnis, muss es sich

---

89 Siehe dazu ausführlich auch bei *Michlik*, Die gewerkschaftliche Urabstimmung vor einem Arbeitskampf, S. 145.

90 *Deakin/Morris*, Labour law, S. 1157 f.

91 *Deakin/Morris*, Labour law, S. 1158.

diesem Ergebnis auch unterwerfen. Sachgerecht erscheint es daher, ein Recht der Mitglieder auf die Nichtteilnahme an der Urabstimmung zu normieren und der Gewerkschaft freizustellen, alle Abstimmenden bei einem positiven Ergebnis zum Arbeitskampf zu verpflichten. So hätte die Gewerkschaft schon früh Planungssicherheit hinsichtlich der Anzahl der an einer potentiellen Kampfmaßnahme beteiligten Mitglieder.

Eine Gesetzesänderung ist trotz der Einwände gegen die geltenden Vorschriften weder aus dem konservativen Lager noch von der Labour-Partei zu erwarten.[92]

Die Gewerkschaft USDAW stellt trotz der klaren gesetzlichen Regelung die Nichtteilnahme an einer vom Vorstand angeordneten Arbeitsniederlegung unter Strafe. Section 28 der Satzung sieht für diesen Fall den Ausschluss aus der Gewerkschaft vor. Die Umsetzung dieser Regel stellt einen Verstoß gegen die Sections 64 (1), (2) (a), 65 (2) (a) TULR(C)A 1992 dar. Ein Mitglied wird danach durch die Gewerkschaft unrechtmäßig diszipliniert, sofern es aufgrund der Weigerung der Teilnahme an einer Arbeitskampfmaßnahme ausgeschlossen wird. Die USDAW riskiert also einen Schadenersatzanspruch des ausgeschlossenen Mitglieds.

Eine ähnliche Regelung enthält auch die Satzung der Gewerkschaft NASUWT. Nach deren Section 27 stellt die Nichtteilnahme an einem offiziellen Arbeitskampf einen Verstoß dar, der unter anderem durch einen Ausschluss aus der Gewerkschaft, eine Geldstrafe oder eine vorübergehende Suspendierung der Mitgliedschaft bestraft werden kann. Auch hier verstieße die Gewerkschaft jedenfalls mit einem Ausschluss des betreffenden Mitglieds oder der Verhängung einer Geldstrafe gegen das Gesetz.

Die beiden Satzungsregeln zeigen, dass bei den Gewerkschaften ein Bedürfnis nach der Disziplinierung von Streikbrechern besteht. Aufgrund der gesetzlichen Regelung sind sie jedoch daran gehindert, autonom darüber zu entscheiden.

## II. Gesetzliche Anforderungen an eine rechtmäßige Urabstimmung

Wie eine rechtmäßige Urabstimmung vor einem Arbeitskampf durchzuführen ist, regeln die Sections 226 bis 235 TULR(C)A 1992 sehr detailliert. Das Gesetz gibt den chronologischen Ablauf einer Urabstimmung[93] genau vor.

92 *Deakin/Morris*, Labour law, S. 1158.

93 Eine übersichtliche Zeitleiste des typischen Ablaufs findet sich bei *Upex/Benny/Hardy*, Employment law, S. 458.

## 1. Vorbemerkungen

Das Gesetz wird flankiert von dem sogenannten Code of Practice. Die Definitionen der wesentlichen, vom Gesetz verwendeten Begriffe finden sich jedoch nicht hierin, sondern direkt im TULR(C)A 1992.

### a. Code of Practice

Neben den Regeln des TULR(C)A 1992 existiert ein vom Arbeitsministerium veröffentlichter Leitfaden zur Durchführung von Urabstimmungen, der *Code of Practice Industrial Action Ballots and Notice to Employers*. Der Gesetzgeber ermächtigte das Ministerium in Section 203 (1) (b) TULR(C)A 1992 zur Veröffentlichung dieser praktischen Handlungsanweisung. Der aktuelle Code of Practice ist seit dem 1. Oktober 2005 in Kraft.

#### i. Keine Bindungswirkung für die Gerichte

In der Präambel stellt das Ministerium klar, dass der Code of Practice keine Bindungswirkung für die Gerichte entfaltet. Es seien zwar alle Anstrengungen unternommen worden, um sicherzustellen, dass die im Code enthaltenen Informationen möglichst korrekt sind. Die Kompetenz zur Auslegung des Gesetzes liege jedoch allein bei den Gerichten. Damit schützt die Befolgung der Handlungsanweisungen aus dem Code die Gewerkschaften nicht sicher vor einer Haftung für die Folgen des Arbeitskampfs.

Section 207 (3) TULR(C)A 1992 bestimmt jedoch, dass ein vom Arbeitsministerium erlassener Code of Practice ein zulässiges Beweismittel in einem Gerichtsprozess sein kann. Zudem ist eine Handlungsanweisung aus dem Code vom Gericht bei der Beurteilung aller Fragen während des Prozesses zu berücksichtigen, für die sie relevant ist.

In der Praxis ziehen die Gerichte den Code, wie vom Gesetz gefordert, immer wieder heran. In den vergangenen vier Jahren ergingen acht veröffentlichte Entscheidungen im Zusammenhang mit der Durchführung von gewerkschaftlichen Urabstimmungen vor Arbeitskämpfen, in denen die Anweisungen des Code of Practice berücksichtigt wurden.[94]

---

94 *Metroline Travel Ltd v. Unite the Union*, [2012] IRLR 749 ff.; *Balfour Beatty Engineering Services Ltd v. Unite the Union*, [2012] ICR 822 ff.; [2012] IRLR 452 ff.; *London Underground Ltd v. ASLEF*, [2011] IRLR 196 ff.; *London and Birmingham Railway Ltd. v. ASLEF*, [2011] ICR 848 ff.; [2011] IRLR 399 ff.; *British Airways v.*

ii. Wirkung für die Betroffenen

In einer Einführung in Section A des Code of Practice wird seine Natur als Leitfaden deutlich. Dort heißt es unter Ziffer 1, dass der Code praktische Anweisungen für Gewerkschaften und Arbeitgeber gibt, um das Verhältnis zwischen beiden Parteien zu verbessern und eine gute Praxis bei der Durchführung gewerkschaftlicher Urabstimmungen vor Arbeitskämpfen zu etablieren.

Ziffer 5 verdeutlicht anschließend, dass auch für die Adressaten des Code of Practice keine rechtliche Verbindlichkeit erzielt werden soll. Der Verstoß gegen eine Anweisung des Code allein genüge nicht für eine Haftung. Der Gesetzgeber bestätigt dies in Section 207 (1) TULR(C)A 1992.

Der Court of Appeal ging in der Sache *Metrobus Ltd. v. Unite* näher auf die Frage ein, inwieweit eine Gewerkschaft den Code beachten muss. Fraglich war, ob bestimmte Urabstimmungsregelungen des TULR(C)A 1992 unverhältnismäßig sind. Die Richter betonten zwar die fehlende rechtliche Verbindlichkeit der im Code of Practice enthaltenen Anweisungen. Sie begründeten jedoch unter anderem mit dessen Existenz die Verhältnismäßigkeit der gesetzlichen Regelungen. Der Code habe die Funktion, Gewerkschaften und Arbeitgeber bei Zweifeln und Schwierigkeiten in der Anwendung der Urabstimmungsregelungen zu unterstützen. Es sei legitim, diesen Umstand bei der Frage nach der Verhältnismäßigkeit zu berücksichtigen. Die beklagte Gewerkschaft Unite habe die Empfehlungen des Code nicht beachtet, obgleich sie dazu in der Lage gewesen sei. Die in Rede stehende gesetzliche Anordnung zu erfüllen sei nicht schwierig, wenn bekannt sei, dass dies notwendig ist.[95]

Diese Begründung legt nahe, dass die Nichtbeachtung des Code of Practice zu Lasten der Gewerkschaft berücksichtigt wurde. Zwar löste sie nicht allein die Haftung aus. Fraglich bleibt aber, inwieweit ein Gericht einer Gewerkschaft die Nichtbeachtung des Code vorwerfen darf.

Nach den Ausführungen des Gerichts sind die Regelungen des TULR(C)A 1992 über die Urabstimmung auch deshalb verhältnismäßig und den Gewerkschaften damit zumutbar, weil sie durch den Code of Practice ergänzt werden. Wenn allerdings die Ergänzungen durch den Code notwendig sind, um das Gesetz verhältnismäßig zu machen, wird der Code zum zwingenden

---

*Unite the Union*, [2010] ICR 1316 ff.; [2010] IRLR 809 ff.; *Network Rail Infrastructure Ltd. v. RMT*, [2010] EWHC 1084 ff. (QB); *EDF Energy Powerlink Ltd v. RMT*, [2010] IRLR 114 ff.; *Metrobus Ltd v. Unite the Union*, [2010] ICR 173 ff.; [2009] IRLR 851 ff.

95 *Metrobus Ltd v. Unite the Union*, [2010] ICR 173, 207; [2009] IRLR 851, 867.

Bestandteil des Gesetzes. Dann sind die Adressaten, also insbesondere die Gewerkschaften, mittelbar verpflichtet, seinen Anweisungen zu folgen. Diese sind damit nicht mehr unverbindliche Empfehlungen, sondern zwingende Vorschriften und ein Verstoß gegen sie löst einen Verstoß gegen die damit zusammenhängende gesetzliche Vorschrift aus. Das widerspräche dem vom Gesetz in Section 207 TULR(C)A 1992 und vom Code of Practice selbst ausgegebenen Zweck. Die Adressaten des Gesetzes müssen auch ohne den Code in der Lage sein, den gesetzlichen Anforderungen zu genügen. Der Code darf daher nicht zur zwingenden Erweiterung des Gesetzes werden, sondern muss stets unverbindliche Ergänzung bleiben.

Doch auch wenn man dem Code eine weniger weitreichende Funktion zuschreibt, bleibt zwischen Absatz (1) und (3) der Section 207 TULR(C)A 1992 ein Spannungsverhältnis. Die Gerichte sollen den Code zwar berücksichtigen, ein Verstoß dagegen allein darf jedoch keine Haftung begründen. Denkbar erscheint, dass der Code zwar nicht zur zwingenden Erweiterung des Gesetzes, wohl aber zum Auslegungsmaßstab wird. Die Auslegung darf jedoch nicht so weit gehen, dass bei einem Verstoß gegen den Code of Practice stets auch ein Verstoß gegen den TULR(C)A 1992 anzunehmen ist. Denn das wollte der Gesetzgeber durch Section 207 (1) TULR(C)A 1992 erkennbar vermeiden.

Am Zweck des Code of Practice und den Anforderungen von Section 207 (1) TULR(C)A 1992 orientiert, ist dieser daher nur insoweit in einem gerichtlichen Verfahren zu berücksichtigen, wie es zu Gunsten seiner Adressaten geschieht. Genügt die Gewerkschaft also den Empfehlungen des Code, ist grundsätzlich anzunehmen, dass sie auch den gesetzlichen Anforderungen genügt. Grenzen müssen dieser Auslegung dort gesetzt werden, wo der Code das Gesetz fehlinterpretiert und seine Adressaten dies auch erkennen konnten.

Eine ebenso zurückhaltende Anwendung des Code of Practice muss in Bezug auf die Empfehlungen an die Arbeitgeber gelten. Gemäß Section C Nummer 18 des Code ist ein Arbeitgeber beispielsweise angehalten, die Gewerkschaft zu informieren, sobald er den vor der Urabstimmung an ihn zu erteilenden Hinweis[96] für nicht gesetzeskonform hält. Das Gericht soll er in dieser Sache zuvor nicht anrufen. Solche Empfehlungen dürfen jedoch nicht zu einer rechtlichen Verpflichtung des Arbeitgebers führen. Die Haftung der Gewerkschaft darf nicht allein deshalb entfallen, weil der Arbeitgeber dieser Empfehlung nicht gefolgt ist. Auch zu einer Einschränkung des Rechtswegs dürfen die Empfehlungen des Code nicht führen.

---

96 Dazu näher unten unter C. II. 2. a.

Nachfolgend soll in Bezug auf die einzelnen Vorschriften des TULR(C)A 1992 zur Urabstimmung immer wieder Bezug auf die Empfehlungen des Code of Practice genommen werden.

### b. Begriffsbestimmungen

Die vom Gesetz verwendeten Begriffen *industrial action, ballot* und *trade union* definiert der TULR(C)A 1992 im Wesentlichen selbst.

#### i. Arbeitskampf

Das Gesetz gebraucht den Begriff der *industrial action* zwar an den zentralen Stellen im Zusammenhang mit dem Urabstimmungserfordernis[97], definiert ihn jedoch nicht ausdrücklich. In der Literatur wird darunter in einem sehr weiten Verständnis jede Störung in den kollektiven Beziehungen zwischen dem Arbeitgeber und der Belegschaft verstanden.[98] Eine sehr ähnliche Definition findet sich an anderer Stelle zum Begriff des *strike.*[99] Diesen Begriff definiert auch das Gesetz. Gemäß Section 246 TULR(C)A 1992 liegt ein *strike* bei jeder gemeinschaftlichen Arbeitsniederlegung vor. Das Gesetz stellt zudem klar, dass *strike* und *industrial action* nicht dasselbe bedeuten, beispielsweise in Section 229 TULR(C)A 1992. Dort ist die Form des Wahlzettels bei der Urabstimmung normiert. In Section 229 (2) TULR(C)A 1992 unterscheidet das Gesetz die von der Gewerkschaft auf dem Wahlzettel zu stellenden Fragen danach, ob die Abstimmenden über die Teilnahme an einem *strike* oder an einer *industrial action short of a strike* teilnehmen sollen. *Industrial action* ist danach der Oberbegriff zu *strike* und wird hier mit Arbeitskampf übersetzt. Der Begriff des *strike* im Sinne der Sections 226 bis 235 TULR(C)A 1992 wird mit Streik übersetzt.

Daneben spricht das Gesetz unter anderem in Section 226 (1) (a) TULR(C)A 1992 von einem *act done by a trade union to induce a person to take part, or continue to take part, in industrial action.* Dieser Akt der Gewerkschaft unterliegt nach der Vorschrift der Immunität vor deliktischer Haftung, sofern er die

---

97 So in Section 226 (1) (a) TULR(C)A 1992: „An act done by a trade union (…) is not protected unless the industrial action has the support of a ballot (…)".

98 *Honeyball/Bowers*, Textbook on employment law, S. 397: „The breakdown in collective relations between the employer and the workforce."

99 *Bowers/Duggan/Reade*, The law of industrial action and trade union recognition, S. 1.

Legitimation durch eine Urabstimmung besitzt. Er stellt damit das haftungsauslösende Ereignis, mithin die konkrete, den Arbeitgeber durch Veranlassung der Arbeitnehmer zum Arbeitskampf schädigende Maßnahme dar. Wenn das Gesetz also von einem *act done by a trade union* spricht, wird das hier mit Kampfmaßnahme übersetzt.

### ii. Urabstimmung

Den Begriff *ballot* verwendet das Gesetz nicht nur in den Sections 226 bis 235 TULR(C)A 1992. Auch die Wahlen von Gewerkschaftsfunktionären bezeichnet der Gesetzgeber, insbesondere in Chapter IV des TULR(C)A 1992, als *ballot*. Der Begriff Urabstimmung als Übersetzung für *ballot* wird hier jedoch grundsätzlich zur Bezeichnung der Abstimmung vor einem Arbeitskampf nach den Sections 226 bis 235 TULR(C)A 1992 verwendet.

In den übrigen Fällen, in denen das Gesetz von *ballot* spricht, wird der Begriff mit Wahl der Gewerkschaftsführung oder von Gewerkschaftsvertretern übersetzt.

### iii. Gewerkschaft

Den Begriff der *trade union* definiert das Gesetz in Section 1 TULR(C)A 1992. Nach Section 1 (a) TULR(C)A 1992 ist eine *trade union* eine Organisation, die, entweder dauerhaft oder vorübergehend, allein oder überwiegend aus Arbeitern besteht, die sich unter einen oder mehrere Oberbegriffe fassen lassen. Die Organisation muss im Wesentlichen den Zweck verfolgen, die Beziehungen zwischen den unter einem Oberbegriff zusammengefassten Arbeitern auf der einen und Arbeitgebern sowie Arbeitgeberverbänden auf der anderen Seite zu regeln.

Ebenfalls als *trade union* werden vom Gesetz in Section 1 (b) (i) TULR(C)A 1992 Zusammenschlüsse aus mehreren Organisationen nach littera (a) definiert. Ausreichend ist nach Section 1 (b) (ii) TULR(C)A 1992 auch der Zusammenschluss von Repräsentanten der Organisationen nach littera (a). Beide Formen von Zusammenschlüssen nach littera (b) müssen im Wesentlichen dazu dienen, die Beziehungen zwischen Arbeitern und Arbeitgebern beziehungsweise Arbeitgeberverbänden oder zwischen den eigenen Mitgliedsorganisationen zu regeln.

Die in Section 1 (a) TULR(C)A 1992 genannten Organisationen werden hier als Gewerkschaften bezeichnet. Die Zusammenschlüsse nach Section 1 (b) TULR(C)A 1992 werden als Gewerkschaftsverbände bezeichnet.

## 2. Vorbereitung der Urabstimmung

Vor der tatsächlichen Durchführung einer Urabstimmung zur Legitimation eines Arbeitskampfs haben die Gewerkschaften umfassende, vom Gesetz detailliert beschriebene Vorbereitungsmaßnahmen zu treffen.

### a. Hinweis an den Arbeitgeber

Die Gewerkschaft hat die vom Arbeitskampf betroffenen Arbeitgeber vor der Durchführung der Urabstimmung sehr genau zu informieren. Die in Section 226A TULR(C)A 1992 enthaltenen gesetzlichen Anforderungen an diesen Hinweis konkretisierte die Rechtsprechung in den vergangenen Jahren in mehreren Entscheidungen.

#### i. Section 226A TULR(C)A 1992

Neben einem umfassenden Katalog an zwingenden Inhalten stellt das Gesetz in Section 226A TULR(C)A 1992 auch formale Anforderungen an den Hinweis vor einer Urabstimmung.

##### *(1) Formale Anforderungen*

Zunächst hat die Gewerkschaft die Fristen in Absatz (1) einzuhalten. Nach littera (a) ist dem Arbeitgeber ein Hinweis mit dem in den folgenden Absätzen näher beschriebenen Inhalt spätestens sieben Tage vor dem Eröffnungstag der Urabstimmung zuzustellen. Den Eröffnungstag der Urabstimmung definiert das Gesetz in Absatz (4) als den Tag, an dem erstmals ein Wahlzettel an eine abstimmungsberechtigte Person versendet wird.

Unter Nummer 17 in Section C empfiehlt der Code of Practice, dass die Gewerkschaft für die Übermittlung des Hinweises einen geeigneten Übertragungsweg wählen soll. Als Beispiele sind hier der vertrauliche Brief, der Kurier, das Fax, die E-Mail oder eine direkte Aushändigung genannt. Dabei soll die Gewerkschaft möglichst sicherstellen, dass sie einen Nachweis über den Eingang beim Empfänger erhält.

Der Hinweis nach Absatz (1) littera (a) an den Arbeitgeber hat gemäß Absatz (2) schriftlich zu erfolgen.

Sowohl der Hinweis als auch der Musterwahlzettel sind nach Absatz (1) all denjenigen Personen zuzustellen, in deren Fall die Gewerkschaft vernünftigerweise (*reasonable*) davon ausgehen musste, dass sie abstimmungsberechtigte

Arbeitnehmer beschäftigen. Diese Personen meint das Gesetz stets, wenn es von den betroffenen Arbeitgebern spricht, wie Absatz (2H) klarstellt.

Die unbestimmten Begriffe *reasonable* und *reasonably* benutzt das Gesetz nicht nur bei der Bestimmung der betroffenen Arbeitgeber. Auch im Zusammenhang mit den Fristen heißt es in Absatz (1), die Gewerkschaft müsse derartige Schritte unternehmen, die *reasonably* notwendig sind, um sicherzustellen, dass die betroffenen Arbeitgeber den schriftlichen Hinweis und den Musterwahlzettel innerhalb der genannten Fristen erhalten. Diese Begriffe werden hier mit vernünftigerweise übersetzt. In der Rechtsprechung zeigte sich in der Vergangenheit, dass sie viel Interpretationsspielraum lassen, den die Gerichte auch ausschöpfen.[100]

*(2) Inhaltliche Anforderungen*

Die in den Hinweis aufzunehmenden Angaben listet Section 226A (2) TULR(C)A 1992 auf.

So muss die Gewerkschaft nach littera (a) zunächst ihre Absicht klar zum Ausdruck bringen, eine Urabstimmung durchzuführen. Das Datum des von der Gewerkschaft anvisierten Eröffnungstages der Urabstimmung ist nach littera (b) anzugeben. Auch hier ist maßgeblich, von welchem Datum die Gewerkschaft vernünftigerweise ausgeht (*reasonably believes*).

Daneben hat die Gewerkschaft gemäß littera (c) Listen und Zahlenmaterial beizubringen, die in den nachfolgenden Absätzen (2A) und (2B) näher beschrieben sind. Listen und Zahlenmaterial müssen so genau und sorgfältig erarbeitet werden, wie es für die Gewerkschaft vernünftigerweise realisierbar (*reasonably practicable*) ist, Absatz (2D).[101] Maßgeblich bei der Beurteilung, ob die Gewerkschaft dieser Anforderung genügt, sind die Informationen, die sie zum Zeitpunkt der Hinweiserteilung an den Arbeitgeber hat. Die Gewerkschaft verfügt nach Absatz (2E) über eine Information, wenn diese in einem Dokument in elektronischer oder anderer Form verkörpert und im Besitz oder unter der Kontrolle eines Funktionärs oder Angestellten der Gewerkschaft ist.

---

100 Siehe zur Rechtsprechung zu Section 226A TULR(C)A 1992 unten unter C. II. 2. a. ii.

101 Section 226A (2D) TULR(C)A 1992 wird vereinzelt als „Du kommst aus dem Gefängnis frei"-Karte („get out of jail free card") oder „Flucht-Klausel" („escape clause") der Gewerkschaft bezeichnet, *British Airways v. Unite the Union*, [2010] IRLR 423, 425. Die Gewerkschaften berufen sich in gerichtlichen Verfahren über die Rechtmäßigkeit des Hinweises regelmäßig darauf, sie hätten alles getan, was „vernünftigerweise realisierbar", ihnen also zumutbar war; siehe dazu unten unter C. II. 2. a. ii.

Zu den Inhalten nach littera (c) empfiehlt der Code of Practice in Section C Nummer 18, dass die Gewerkschaft beim Arbeitgeber nachfragt, ob dieser die gegebenen Informationen für hinreichend und gesetzeskonform hält.

(a) Listen nach Section 226A (2A) TULR(C)A 1992

Gemäß Section 226A (2A) TULR(C)A 1992 müssen zwei Arten von Listen an den Arbeitgeber gehen. Zum einen sind die betroffenen Arbeitnehmer nach ihrer Tätigkeit oder Funktion im Unternehmen zu beschreiben. Das Gesetz spricht diesbezüglich von der Gruppe (*category*) des Arbeitnehmers (littera [a]). Zum anderen sind nach littera (b) alle Arbeitsstätten der betroffenen Arbeitnehmer aufzulisten.

Den Begriff der Arbeitsstätte (*workplace*) definiert das Gesetz in Absatz (2I). Für Arbeitnehmer, die nur in einem Betriebsgebäude (*premises*) arbeiten, legt Absatz (2I) (a) dieses Gebäude als Arbeitsstätte fest. Wird ein Arbeitnehmer in mehreren Gebäuden eingesetzt, gilt nach Absatz (2I) (b) dasjenige Gebäude als seine Arbeitsstätte, zu dem er nach seiner Beschäftigung die engste Verbindung hat.[102] Damit ist sein Arbeitsplatz gemeint.[103] Der Begriff des Betriebsgebäudes wird vom Gesetz nicht definiert. Hat ein Unternehmen mehrere Standorte, stellt jedenfalls jeder Standort ein eigenes Betriebsgebäude im Sinne des Gesetzes dar. Unklar ist, ob innerhalb eines Standorts, der über mehrere einzelne Gebäude verfügt, noch zwischen diesen differenziert werden muss.[104] Der Hinweis dient der Information des Arbeitgebers und dessen Vorbereitung auf den Arbeitskampf.[105] Daher ist bei mehreren Gebäuden an einem Standort zu unterscheiden. Beherbergt jedes Gebäude eine funktional abgetrennte Abteilung, kann der Arbeitgeber bei Nennung der einzelnen Gebäude ablesen, welche seiner Abteilungen während der Kampfmaßnahme ausfallen oder in ihrer Arbeit beeinträchtigt sind. Dies bringt ihm einen signifikanten Mehrwert in der Vorbereitung. Sind die Abteilungen jedoch jeweils über mehrere Gebäude verteilt, ist die Nennung der Gebäude nicht nützlich. Daher sollte die Nennung einzelner Gebäude an einem Standort nur im ersten Fall geboten sein. Wegen der unklaren

---

102 „(…) the premises with which his employment has the closest connection."

103 Für einen Transportfahrer ist das beispielsweise das Depot, von dem aus er Waren ausliefert, siehe *Deakin/Morris*, Labour law, S. 1075.

104 *Deakin/Morris*, Labour law, S. 1075.

105 *Metrobus Ltd. v. Unite the Union*, [2010] ICR 173, 203 f.; [2009] IRLR 851, 865. Siehe dazu ausführlich unten unter C. II. 2. a. ii.

Rechtslage und weil die Listen so genau sein sollen wie vernünftigerweise realisierbar (Absatz 2D), ist es jedoch empfehlenswert, auch im zweiten Fall die einzelnen Gebäude anzugeben, um keinen Verstoß gegen Section 226A (2A) (b) TULR(C)A 1992 zu riskieren.

Der Code of Practice macht nähere Angaben dazu, wie die Arbeitnehmer gemäß littera (a) einzugruppieren sind. Unter Nummer 15 in Section C des Code wird zunächst etwas unbestimmt empfohlen, bei der Wahl einer Gruppe maßgeblich auf den Charakter der Arbeit eines Arbeitnehmers abzustellen. Beispielhaft nennt der Code anschließend die konkrete Tätigkeit, die Position im Unternehmen und die Gehaltsgruppe als mögliche Grundlagen für eine Gruppierung. Alternativ könne die Gewerkschaft die Gruppenbezeichnungen verwenden, die der Arbeitgeber in seiner Kommunikation mit der Gewerkschaft nutzt.

Eine Ausnahme von der Pflicht zur Bereitstellung der Listen enthält Absatz (2) (c) (ii). Danach hat die Gewerkschaft die Wahl, ob sie die Listen oder die Informationen aus Absatz (2C) bereitstellt, sofern einige oder alle betroffenen Mitglieder ihren Gewerkschaftsbeitrag nach dem sogenannten DOCAS-System[106] leisten. Nach dem System behält der Arbeitgeber einen Teil des Arbeitsentgelts in Höhe des konkreten Beitrags ein und führt ihn direkt an die Gewerkschaft ab. Daher ist ihm in einem solchen Fall bekannt, welcher Gewerkschaft der konkrete Arbeitnehmer angehört. Er muss nicht gesondert darüber informiert werden, dass die Gewerkschaft diesen Arbeitnehmer zur Urabstimmung aufrufen wird.

Nimmt die Gewerkschaft einen solchen Arbeitnehmer nicht in die Listen nach Absatz (2A) auf, muss sie dem Arbeitgeber jedoch die in Absatz (2C) beschriebenen Informationen zur Verfügung stellen. Das Gesetz definiert diese Informationen nicht positiv, sondern lediglich nach ihrem Zweck. Der Arbeitgeber soll aus ihnen ablesen können, wie viele Arbeitnehmer insgesamt an der Urabstimmung teilnehmen sollen, welchen Gruppen von Arbeitnehmern sie angehören und wie viele Arbeitnehmer in den einzelnen Gruppen betroffen sind. Zudem sollen die Arbeitsstätten der betroffenen Arbeitnehmer und die Anzahl von Arbeitnehmern in den jeweiligen Arbeitsstätten erkennbar sein. Letztlich muss die Gewerkschaft bei der Zusammenstellung der Informationen nach Absatz (2C) also sicherstellen, dass der Arbeitgeber genauso gestellt wird, wie er bei der Bereitstellung der Listen aus Absatz (2A) stünde.

---

106 Dieses wird auch „check-off-system“ genannt, dazu ausführlich *Emir*, Law of employment, S. 604.

Das Gesetz ist nicht eindeutig in der Frage, ob die Wahlmöglichkeit aus Absatz (2) (c) (ii) für alle betroffenen Arbeitnehmer gilt, wenn nur ein Teil von ihnen das DOCAS-System nutzt. Es ist unklar, ob die Gewerkschaft in einem solchen Fall für alle an der Urabstimmung teilnehmenden Arbeitnehmer die Informationen nach Absatz (2C) bereitstellen kann. Nach dem Wortlaut erscheint eine solche Auslegung möglich, denn dieser beschränkt die Wahlmöglichkeit nicht auf die Nutzer des DOCAS-Systems. Um jedoch keine etwaigen Angriffspunkte gegen die Urabstimmung zu liefern und weil sie den Arbeitgeber ohnehin mit Informationen versorgen muss, die den Zweck der Listen aus Section (2A) erfüllen, tut die Gewerkschaft gut daran, wenigstens die übrigen Mitglieder in diese Listen aufzunehmen. Eine solche Vorgehensweise empfiehlt auch der Code of Practice in Section C unter Nummer 14.[107]

### (b) Zahlenmaterial nach Section 226A (2B) TULR(C)A 1992

Neben den Listen hat die Gewerkschaft umfassendes Zahlenmaterial bereitzustellen. Gemäß Section 226A (2B) TULR(C)A 1992 sind die Zahl der insgesamt betroffenen Arbeitnehmer, die Zahl der betroffenen Arbeitnehmer bezogen auf die Gruppen aus Absatz (2A) (a) und die Zahl der Arbeitnehmer bezogen auf die einzelnen Arbeitsstätten aus Absatz (2A) (b) genau anzugeben.

Daneben muss die Gewerkschaft eine Erklärung abgeben, wie sie die genannten Zahlen ermittelt hat, Absatz (2) (c) (i).

Nach den Empfehlungen des Code of Practice in Section C Nummer 16 soll die Erklärung die genauen Quellen der im Hinweis enthaltenen Daten angeben. So soll die Gewerkschaft beispielsweise deutlich machen, ob Mitgliederlisten zentral oder in den regionalen Büros geführt werden. Auch soll angegeben sein, ob die Daten durch Umfragen oder auf anderen Wegen erlangt wurden. Es sei vernünftigerweise nicht zu erwarten, dass die Aufzeichnungen einer Gewerkschaft, anhand derer sie die Daten zusammenstellt, absolut korrekt seien und detaillierte Informationen zu allen Mitgliedern enthielten, so die Angaben im Code. Solange die Gewerkschaft jedoch von Lücken oder Ungenauigkeiten in ihren Aufzeichnungen wisse, solle sie diese Defizite in der Erklärung angeben. In einigen Fällen ließen sich die Daten nur anhand von Schätzungen und Vermutungen zusammenstellen.

---

107 Zu dieser Frage äußerte sich der Court of Appeal in der Entscheidung *Metrobus Ltd. v. Unite the Union*, [2010] ICR 173, 202, 204; [2009] IRLR 851, 865 f.; siehe dazu unten unter C. II. 2. a. ii.

Welche Vermutungen die Gewerkschaft in einem solchen Fall angestellt hat, soll sie nach den Empfehlungen des Code ebenfalls erklären.

Wie bei den Listen nach Absatz (2A)[108] besteht auch hinsichtlich des Zahlenmaterials die Wahlmöglichkeit nach Absatz (2) (c) (ii), sofern ein Teil oder alle betroffenen Arbeitnehmer ihren Mitgliedsbeitrag über das DOCAS-System an die Gewerkschaft abführen.

Sowohl in Bezug auf die Listen als auch in Bezug auf die Materialien ist die Gewerkschaft nicht verpflichtet, dem Arbeitgeber die Namen der betroffenen Arbeitnehmer zu nennen, wie Absatz (2G) klarstellt. Ein Verbot zur Nennung von Namen normiert das Gesetz nicht. Allerdings wird eine Gewerkschaft in der Praxis keine Namen von potentiellen Teilnehmern am Arbeitskampf angeben, um den Arbeitgeber nicht noch besser auf die Kampfmaßnahmen vorzubereiten, als es das Gesetz ohnehin vorschreibt.

#### (c) Muster des Wahlzettels

Neben dem Hinweis an den Arbeitgeber muss die Gewerkschaft ihm auch ein Muster des in der Urabstimmung zu verwendenden Wahlzettels zusenden.

Section 226A (1) (b) TULR(C)A 1992 bestimmt, dass dieses Muster spätestens drei Tage vor dem Eröffnungstag der Urabstimmung den betroffenen Arbeitgebern zugestellt worden sein muss.

Sofern alle abstimmungsberechtigten Arbeitnehmer den gleichen Wahlzettel zugesandt bekommen, ist dem Arbeitgeber gemäß Absatz (2F) (a) ein Muster allein dieses Zettels zuzustellen. Plant die Gewerkschaft jedoch, verschiedene Wahlzettel zu verwenden, ist ein Muster von jeder Art von Zettel zu übersenden, Absatz (2F) (b).

Der Code of Practice empfiehlt, den Musterwahlzettel gemeinsam mit dem Hinweis zu verschicken, sofern er beim Versand des Hinweises bereits zur Verfügung steht. Im Übrigen gelte hier dasselbe wie beim Versand des Hinweises. Das Risiko eines Gesetzesverstoßes könne minimiert werden, indem der Wahlzettel rechtzeitig vor Ablauf der gesetzlichen Frist mit einer geeigneten Versandmethode verschickt werde. Zudem solle die Gewerkschaft auch hier nach Möglichkeit eine Empfangsbestätigung des Arbeitgebers anfordern.

---

108 Siehe dazu oben unter C. II. 2. a. (2) (a).

*(3) Pflicht zur Durchführung des Arbeitskampfs bei Hinweiserteilung?*

Hat die Gewerkschaft einmal einen Hinweis an die betroffenen Arbeitgeber erteilt, treffen diese die entsprechenden Vorbereitungen, um die durch den Streik drohenden Schäden abzuwenden. Damit können unter Umständen erhebliche Aufwendungen verbunden sein, beispielsweise bei einer Fluggesellschaft oder anderen Beförderungsunternehmen. Hier werden entweder Flüge ganz gestrichen, was zu Ansprüchen der Reisenden führen kann, oder es werden vorübergehend Aushilfskräfte eingestellt, die Kosten verursachen. Führt die Gewerkschaft den Arbeitskampf dann doch nicht durch, tätigte der Arbeitgeber diese Aufwendungen vergeblich.

Das führt zu einem erheblichen Missbrauchspotential. Die Gewerkschaft könnte eine Urabstimmung allein mit der Absicht ankündigen, den Arbeitgeber auf diese Weise zu schädigen. Fraglich ist deshalb, ob sich die Gewerkschaft mit der Hinweiserteilung verpflichtet, die Urabstimmung oder sogar einen Arbeitskampf durchzuführen.

Jedenfalls zur Durchführung eines Arbeitskampfs kann die Gewerkschaft sich nicht verpflichten, denn sie ist an das Ergebnis der Urabstimmung gebunden. Sprechen sich die Arbeitnehmer in dieser gegen einen Arbeitskampf aus, kann die Gewerkschaft nicht rechtmäßig zu einem solchen aufrufen. Der Arbeitgeber unterliegt also immer dem Risiko vergeblicher Aufwendungen, sofern er diese bereits nach dem Hinweis über die Durchführung der Urabstimmung trifft.

Hinsichtlich der Durchführung der Urabstimmung ist dagegen eine Bindung der Gewerkschaft an die im Hinweis gegebenen Informationen anzunehmen. Zum einen ergibt sie sich aus dem Missbrauchspotential. Section 226A TULR(C)A 1992 dient nach ihrem Wortlaut sowie ihrem Sinn und Zweck dazu, Vorbereitungen des Arbeitgebers auf den Arbeitskampf zu ermöglichen.[109] Könnte die Gewerkschaft einen Hinweis erteilen und sich anschließend dennoch frei gegen die Durchführung einer Urabstimmung und damit von vornherein gegen einen Arbeitskampf entscheiden, würde das dem Zweck der Norm zuwider laufen. Der Arbeitgeber trägt schon das Risiko, dass seine Vorbereitungen aufgrund einer negativen Urabstimmung vergeblich waren. Müsste er daneben auch mit einer spontanen Absage der Urabstimmung durch die Gewerkschaft rechnen, wären sinnvolle Vorbereitungen auf der Basis des Hinweises kaum mehr möglich.

Zum anderen kommt eine Bindung der Gewerkschaft gegenüber ihren Mitgliedern zur Durchführung der Urabstimmung in Betracht, sobald sie eine solche

109 *Metrobus Ltd. v. Unite the Union,* [2010] ICR 173, 203 f.; [2009] IRLR 851, 865 f.; siehe dazu ausführlich unten unter C. II. 2. a. ii.

einmal angekündigt hat. Die Urabstimmungsregelungen dienen unter anderem der innergewerkschaftlichen Demokratie.[110] Allein die Mitglieder sollen über die Durchführung eines Arbeitskampfs entscheiden können. Die Gewerkschaftsführung ist diesbezüglich auf die Rolle als ausführendes Organ des Mitgliederwillens zu beschränken. Dürfte sie die Urabstimmung nach freiem Ermessen wieder absagen, könnte sie so auf die Stimmung unter den Mitgliedern nach der Ankündigung reagieren. Passt die Stimmung nicht zu dem von der Gewerkschaftsführung bevorzugten Abstimmungsergebnis, könnte sie die Abstimmung allein deshalb unterbinden. Das liefe jedoch dem Zweck der Urabstimmungsregelungen zuwider. Daher muss die Gewerkschaft auch gegenüber ihren Mitgliedern an die Ankündigung einer Urabstimmung gebunden sein, sodass danach allein die betroffenen Arbeitnehmer über die Aufnahme des Arbeitskampfs entscheiden.

#### ii. Rechtsprechung zu Section 226A TULR(C)A 1992

Der ordnungsgemäße Hinweis an den Arbeitgeber gemäß Section 226A TULR(C)A ist ein wesentlicher Streitpunkt zwischen den Parteien des Tarifkonflikts. In diesem Bereich ergingen in der Vergangenheit die meisten gerichtlichen Entscheidungen im Vergleich zu den übrigen Vorschriften zum Urabstimmungserfordernis.[111]

Inwieweit die Mitwirkung des Arbeitgebers bei der Erstellung des Hinweises geboten ist und wie aktuell die darin enthaltenen Listen mit den betroffenen Arbeitnehmern sein müssen, hatte der High Court 2003 in der Sache *Willerby Holiday Homes v. Union of Construction Allied Trades and Technicians*[112] zu beurteilen. Die Gewerkschaft UCATT hatte ihre Mitgliederlisten in den Regionalbüros und im Hauptsitz nicht synchron geführt. Anträge neuer Mitglieder wurden zunächst regional bearbeitet und anschließend schubweise alle drei Monate per Post an das Büro in London geschickt. Damit entstand eine Diskrepanz zwischen den regionalen Mitgliederlisten und denen am Hauptsitz. Die Gewerkschaft gab in ihrem Hinweis über die beabsichtigte Aufnahme eines Arbeitskampfs an, dass 397 ihrer Mitglieder daran teilnehmen sollten. Diese Zahl hatte das Regionalbüro der Gewerkschaft, das den Arbeitskampf organisieren sollte, vom Hauptsitz in London erhalten. Dessen Mitgliederlisten waren jedoch

110 Siehe zum Sinn und Zweck der Vorschriften ausführlich unten unter E.

111 Seit 1995 setzten sich die Gerichte in 15 veröffentlichten Entscheidungen mit Streitigkeiten nach Section 226A TULR(C)A 1992 auseinander.

112 *Willerby Holiday Homes v. Union of Construction Allied Trades and Technicians*, [2003] EWHC 2608 (QB).

nicht aktuell. Nur einen Tag nach dem Zugang des ersten Hinweises erhielt der Arbeitgeber einen zweiten Hinweis von der Gewerkschaft, in dem die Zahl der betroffenen Arbeitnehmer mit 457 angegeben war. Zur Begründung hieß es, es seien 60 neue Mitglieder hinzugekommen. Diese habe ein regionaler Vertreter rekrutiert, weshalb sie noch nicht hätten erfasst werden können. Der zweite Hinweis war schon nicht mehr innerhalb der Frist der Section 226A (1) (a) TULR(C)A 1992 ergangen. Der Arbeitgeber Willerby informierte daraufhin die Gewerkschaft darüber, dass man von der Rechtswidrigkeit des Hinweises ausgehe. Die Gewerkschaft begann nach einigen Nachforschungen dennoch mit der Durchführung der Urabstimmung aber zum im ersten Hinweis angegebenen Zeitpunkt.

Die Vertreter von Willerby hielten vor dem High Court den ersten Hinweis, der allein innerhalb der Frist der Section 226A (1) (a) TULR(C)A 1992 zugegangen sei, für rechtswidrig. Die Gewerkschaft habe Informationen besessen und zurückgehalten, die es dem Arbeitgeber erleichtert hätten, Pläne in Bezug auf den Arbeitskampf zu machen. Dies betreffe die 60 Mitglieder. Ihre Zahl hätte im ersten Hinweis enthalten sein müssen, so der Arbeitgeber in seinem Klageantrag. Das Gericht schloss sich Willerbys Argumentation an. Das Gesetz verpflichte die Gewerkschaft nach seinem Wortlaut zwar lediglich dazu, dem Arbeitgeber die Anzahl der Arbeitnehmer mitzuteilen, von denen sie vernünftigerweise (*reasonable*) ausgehen musste, dass diese am Arbeitskampf teilnehmen würden. In diesem Fall sei der Hinweis in Bezug auf die Anzahl jedoch objektiv falsch gewesen. Auf der Ebene des Regionalbüros habe die Gewerkschaft von diesem Fehler auch gewusst. Den Einwand von UCATT, der Arbeitgeber habe bei der Erstellung des Hinweises hinderlich gehandelt, ließ das Gericht nicht gelten. Willerby habe die Gewerkschaft gerade darauf hingewiesen, dass der erste Hinweis nicht den gesetzlichen Vorgaben entsprach.

Das Urteil zeigt, dass die Gewerkschaft bei der Erstellung des Hinweises nach Section 226A TULR(C)A 1992 sehr gut organisiert sein muss. Besitzt auch nur irgendeiner ihrer Vertreter Informationen über zu beteiligende Mitglieder, kann der Gewerkschaft dieses Wissen zugerechnet werden. Zwar ist aufgrund der zunehmenden Digitalisierung von Mitgliederlisten und Mitgliedsanträgen nicht mehr davon auszugehen, dass die zentralen zu den regionalen Listen eine derartige Diskrepanz zeigen können. Die Gewerkschaften sollten ihre Mitgliederlisten dennoch mit größter Sorgfalt führen und vor der Erteilung eines Hinweises gründlich überprüfen.

Ebenso gibt die Entscheidung Anhaltspunkte, inwieweit der Arbeitgeber bei der Erstellung der Listen für den Hinweis Unterstützung leisten muss.

Obgleich der Code of Practice und dessen Section C Nummer 18[113] in der aktuellen Fassung noch nicht in Kraft war, ergäbe sich heute kein Anlass zu einer anderen Beurteilung. Denn den Arbeitgeber kann auch nach dem geltenden Code allenfalls die Obliegenheit treffen, die Gewerkschaft auf die von ihm angenommene Rechtswidrigkeit des Hinweises aufmerksam zu machen. Das hatte Willerby hier getan. Darüber hinaus formuliert der Code keine Empfehlung für den Arbeitgeber, eigene Materialien an die Gewerkschaft weiterzugeben. Dies muss umso mehr gelten, als dass der Arbeitgeber in der Regel allenfalls Informationen über die Nutzer des DOCAS-Systems hat. Diese Informationen hat jedoch auch zwangsläufig die Gewerkschaft. Wäre der Arbeitgeber verpflichtet, seine Daten an die Gewerkschaft weiterzugeben, müsste man ihm auch etwaige Fehler darin zurechnen, da er die Gewerkschaft sonst ungestraft bewusst mit falschen Informationen versorgen könnte. Das würde jedoch zu einer Verschiebung der Pflichten nach Section 226A (2) (c) (2D) TULR(C)A 1992 führen, die fortan nicht mehr nur die Gewerkschaft, sondern auch den Arbeitgeber treffen würden. Zudem würde die Vorschrift letztlich leer laufen, wenn der Arbeitgeber Informationen bereitstellen muss, die er anschließend von der Gewerkschaft im Hinweis zurückbekommt.

Daher ist Section 226A TULR(C)A 1992 auch heute noch derart auszulegen, dass selbst eine Weigerung des Arbeitgebers, seine Informationen der Gewerkschaft bereitzustellen, in einem gerichtlichen Verfahren nicht zu seinen Ungunsten berücksichtigt werden darf.

In der jüngeren Vergangenheit wurde die Hinweispflicht zunächst in der Entscheidung des Court of Appeal in der Sache *Metrobus Ltd. v. Unite the Union*[114] aus dem Jahr 2009 thematisiert. Nach der im Jahr 2005 neu gefassten Section 226A (2) (c) (i) TULR(C)A 1992 traf die Gewerkschaft nun die Pflicht, zusammen mit den abzugebenden Listen und Materialien eine Erklärung zu liefern, wie diese zustande gekommen sind. Dies gilt nur für diejenigen Mitglieder, die nicht das DOCAS-System nutzen. Für die DOCAS-Nutzer kann die Gewerkschaft entweder die Listen und Materialien nach Absatz (2) (c) (i) oder aber die Informationen nach Absatz (2C) bereitstellen.[115] Hier sollten sowohl DOCAS-Nutzer als auch andere Mitglieder an der Urabstimmung teilnehmen. Die beklagte Gewerkschaft Unite hatte die

113 Danach ist der Arbeitgeber angehalten, die Gewerkschaft zu informieren, falls er den ihm gegebenen Hinweis für rechtswidrig hält, siehe dazu oben unter C. II. 1. a. ii.

114 *Metrobus Ltd. v. Unite the Union*, [2010] ICR 173 ff.; [2009] IRLR 851 ff.

115 Siehe dazu ausführlich oben unter C. II. 2. a. i. (2) (a).

Anzahl und die Gruppe der übrigen Mitglieder genau angegeben, jedoch auf eine explizite Erläuterung dazu verzichtet.[116]

Ihre Vertreter argumentierten nun vor Gericht, dass für alle beteiligten Mitglieder die Ausnahme nach Absatz (2C) Anwendung finden müsse, sobald einige von ihnen das DOCAS-System nutzen. Das Gesetz ist in diesem Punkt nicht eindeutig.[117] Das Gericht schloss sich der Argumentation von Unite nicht an. Zwar sei es der Gewerkschaft unbenommen, auch für die DOCAS-Nutzer die für die übrigen Mitglieder notwendigen Listen und Materialien nach Absatz (2) (c) (i) anzugeben. Umgekehrt könne sie jedoch nicht für alle Betroffenen auf Absatz (2C) ausweichen, sofern nur einige mittels DOCAS ihre Beiträge entrichten. Denn nur in Bezug auf die DOCAS-Nutzer könne die Gewerkschaft erwarten, dass der Arbeitgeber, wie von Absatz (2C) gefordert, selbst erkennen kann, welche seiner Arbeitnehmer an dem Arbeitskampf teilnehmen, zu welchen Gruppen sie gehören und welche Arbeitsstätten betroffen sind, ohne mit diesen Informationen explizit versorgt zu werden. Deshalb ließe sich der mögliche Verzicht auf eine Erklärung aus Absatz (2C) nicht auf die übrigen Mitglieder übertragen. Aufgrund der fehlenden Erläuterung genügte der von Unite gegebene Hinweis nicht den gesetzlichen Anforderungen, so das Gericht.[118]

In diesem Zusammenhang äußerte sich der Court of Appeal auch zum Sinn und Zweck sowie zum Inhalt der Erklärung nach Absatz (2) (c) (i). Der Arbeitgeber könne in Bezug auf die übrigen Mitglieder die für ihn relevanten Informationen nicht ohne den Hinweis ermitteln. Daher müsse er beurteilen können, wie verlässlich und beständig die im Hinweis gegebenen Informationen seien, um seine Vorbereitungen entsprechend anpassen zu können.[119] Die Gewerkschaft habe in der Erklärung anzugeben, auf welchem Stand ihre Mitgliederlisten sind und inwieweit sie ihre zentralen Daten mit den regionalen Registern abgeglichen hat, um eventuelle Abweichungen zu ermitteln.[120]

Durch dieses Urteil waren die Anforderungen an die neu eingeführte Erklärung nach Absatz (2) (c) (i) im Wesentlichen geklärt. Ein völliger Verzicht darauf scheidet dort aus, wo auch solche Mitglieder an der Urabstimmung beteiligt werden sollen, die nicht das DOCAS-System nutzen. Durch die Erläuterung soll

116 Zum Sachverhalt siehe *Metrobus Ltd. v. Unite the Union,* [2010] ICR 173, 195 f.; [2009] IRLR 851, 861 f.

117 Siehe zu diesem Problem schon oben unter C. II. 2. a. i. (2) (a).

118 *Metrobus Ltd. v. Unite the Union,* [2010] ICR 173, 202, 204; [2009] IRLR 851, 864 ff.

119 *Metrobus Ltd. v. Unite the Union,* [2010] ICR 173, 204; [2009] IRLR 851, 865 f.

120 *Metrobus Ltd. v. Unite the Union,* [2010] ICR 173, 203; [2009] IRLR 851, 865.

der Arbeitgeber abschätzen können, inwieweit die gegebenen Informationen bis zu einem tatsächlich stattfindenden Arbeitskampf Bestand haben. Er soll sich letztlich nicht blind auf die von der Gewerkschaft gegebenen Informationen verlassen müssen. Hinsichtlich der DOCAS-Nutzer dagegen hat er eigene Informationen, anhand derer er sich auf den Arbeitskampf vorbereiten kann. Ob diese Informationen verlässlich sind, kann er selbst einschätzen.

Wie genau die Gruppen der betroffenen Arbeitnehmer im Hinweis angegeben werden müssen, konkretisierte der High Court in der Entscheidung *EDF Energy Powerlink Ltd. v. National Union of Rail, Maritime and Transport Workers.*[121] Der klagende Arbeitgeber EDF beschäftigte 270 Mitarbeiter, die unterschiedlichen Gewerkschaften angehörten. Das DOCAS-System fand im gesamten Unternehmen keine Anwendung. Die an der Urabstimmung zu beteiligenden Mitglieder der beklagten Gewerkschaft RMT waren zur Wartung der Londoner U-Bahn in unterschiedlichen Funktionen beschäftigt. Im Hinweis erklärte die Gewerkschaft, die betroffenen Arbeitnehmer gehörten zur Gruppe „Ingenieur/Techniker". Daneben waren ihre Anzahl und die betroffenen Arbeitsstätten angegeben. Eine Erklärung über das Zustandekommen der Informationen war beigefügt. Danach waren diese auf der Grundlage der Aufzeichnungen der Gewerkschaft erstellt worden. Der Arbeitgeber äußerte gegenüber der Gewerkschaft, er halte den Hinweis für rechtswidrig. Es sei für ihn unmöglich zu erkennen, zu welcher Gruppe die betroffenen Mitarbeiter gehörten. Die Gewerkschaft entgegnete, sie sei nicht verpflichtet, die Gruppenbezeichnungen oder Tätigkeitsbeschreibungen des Arbeitgebers zu übernehmen. Auch mit der von ihr vorgenommenen Gruppierung könne der Arbeitgeber die Mitglieder problemlos identifizieren.[122]

Dieser Auffassung folgte das Gericht in seiner Entscheidung nicht. Es stellte auf den Zweck des Hinweises ab. Dieser solle den Arbeitgeber erkennen lassen, welche Teile seiner Belegschaft an dem Arbeitskampf potentiell beteiligt sind. Dies gelte umso mehr, als die hier betroffenen Arbeitnehmer an der Stromversorgung der U-Bahn arbeiteten. Ein Ausfall dieser Tätigkeit hätte schwerwiegende Folgen für den Arbeitgeber.[123] Es mache für ihn einen erheblichen Unterschied, ob ein Mechaniker seine Arbeit niederlege oder der Aufseher eines Prüfraums. Beide Tätigkeiten unterfielen der von RMT hier verwendeten Gruppenbezeichnung. Zwar sei die Pflicht der Gewerkschaft zur Hinweiserteilung nicht absolut, so das Gericht. Es müsse genügen, wenn sie dabei ihr Bestes tue. Daher müsse

121 *EDF Energy Powerlink Ltd. v. RMT*, [2010] IRLR 114.
122 *EDF Energy Powerlink Ltd. v. RMT*, [2010] IRLR 114, 116 f.
123 *EDF Energy Powerlink Ltd. v. RMT*, [2010] IRLR 114, 116.

berücksichtigt werden, wenn die Gewerkschaft in ihren Unterlagen nicht auf dieselbe Art Gruppen bilde wie der Arbeitgeber und die wesentlichen Informationen nicht zur Verfügung habe. Dies könne jedoch nicht entscheidend sein. Denn andernfalls würden die Gewerkschaften verleitet, in ihre Unterlagen nur ein Mindestmaß an Information aufzunehmen.[124]

Die Gruppierung der Arbeitnehmer muss die Gewerkschaft nach dieser Entscheidung möglichst genau vornehmen. Sie muss sich fragen, ob der Arbeitgeber die betroffenen Arbeitnehmer ohne weiteres erkennen und damit auch für die Dauer des Arbeitskampfs ersetzen kann. Das gilt gerade im Konflikt mit Arbeitgebern, die das DOCAS-System nicht nutzen. Zwar ist die Gewerkschaft nur verpflichtet, so viel zu tun, wie ihr vernünftigerweise zumutbar ist. Jedoch zeigt die Entscheidung, dass es dabei letztlich auf eine Abwägung mit den Interessen des Arbeitgebers hinausläuft. Hat der Arbeitgeber ein sehr hohes Interesse an einer genauen Identifikation der einzelnen Mitarbeiter, insbesondere in einem hochspezialisierten Bereich, muss die Gewerkschaft umso genauere Angaben machen. Dies darf zwar nicht die Nennung von Namen notwendig machen, wie Section 226A (2G) TULR(C)A 1992 klarstellt. Die Pflicht der Gewerkschaft kann aber so weit gehen, die Arbeitnehmer nach ihrer konkreten Tätigkeit derart genau zu beschreiben, dass der Arbeitgeber auch einzelne Arbeitnehmer zweifelsfrei erkennen kann.

Fraglich ist dabei, inwieweit diese Ausdehnung der Pflichten der Gewerkschaft mit dem Sinn und Zweck von Section 226A (2G) TULR(C)A 1992 übereinstimmt. Die Vorschrift dient offensichtlich dazu, die einzelnen Arbeitnehmer gegen mögliche Repressalien des Arbeitgebers zu schützen. Der Arbeitgeber soll nicht mithilfe einer Namensliste einzelne Mitglieder gezielt unter Druck setzen können.[125] Kann er die Gewerkschaftsmitglieder jedoch aufgrund ihrer konkreten Tätigkeit identifizieren, ist dieser Schutz praktisch wertlos. Daher kann eine detaillierte Tätigkeitsbeschreibung anstelle einer pauschalen Gruppierung nur in absoluten Ausnahmefällen gefordert werden. Die Gewerkschaft muss einen Mittelweg zwischen möglichst genauer Gruppenbildung und genügendem Schutz der Arbeitnehmer vor Enttarnung finden.

Ende 2009 beschäftigte sich der High Court erstmals mit einem Streit zwischen der Gewerkschaft Unite und British Airways über die Rechtmäßigkeit

---

124 *EDF Energy Powerlink Ltd. v. RMT*, [2010] IRLR 114, 118.

125 Zu diesen Erwägungen bei der Schaffung von Section 226A (2G) TULR(C)A 1992: *London and Birmingham Railway Ltd. v. ASLEF*, [2011] ICR 848, 865 ff.; [2011] IRLR 399, 407 ff.

einer Urabstimmung.[126] In ihrem Hinweis hatte die beklagte Gewerkschaft auch solche Mitglieder aufgeführt, die zum anvisierten Zeitpunkt des Arbeitskampfs schon nicht mehr Arbeitnehmer der Fluggesellschaft sein würden. Diese Arbeitnehmer konnten daher nicht mehr an den geplanten Kampfmaßnahmen teilnehmen und waren somit nicht abstimmungsberechtigt. British Airways brachte vor, die Gewerkschaft habe davon gewusst und hätte die ausscheidenden Arbeitnehmer nicht in den Hinweis aufnehmen dürfen.[127] In einem Treffen mit Gewerkschaftsvertretern habe man diese darüber informiert, so der Arbeitgeber. Die Gewerkschaft entgegnete, bei diesem Treffen sei sie lediglich über die Gruppen der ausscheidenden Arbeitnehmer informiert worden, nicht aber über deren Identität oder den genauen Zeitpunkt des Ausscheidens. Nach dem Treffen erhielt die Gewerkschaft die Abschrift der Zeugenaussage eines Mitarbeiters von British Airways aus einem anderen Rechtsstreit zwischen den Parteien, aus der sich genauer ablesen ließ, welche Arbeitnehmer ausscheiden würden.[128] Das Gericht nahm daher an, dass Unite jedenfalls wusste, dass unter den im Hinweis angegebenen Mitgliedern auch solche waren, die nicht am Arbeitskampf würden teilnehmen dürfen. Es sei der Gewerkschaft zumutbar gewesen, ihre Mitglieder zu befragen, ob sie demnächst aus dem Arbeitsverhältnis mit British Airways ausscheiden würden. Daher habe der gegebene Hinweis nicht den Anforderungen der Section 226A TULR(C)A 1992 genügt.[129]

Die Gewerkschaft muss also beim Erarbeiten des Hinweises auch ein mögliches Ausscheiden der betroffenen Arbeitnehmer berücksichtigen. Allerdings kann diese Pflicht nur so weit gehen, wie die Gewerkschaft auch positive Kenntnis vom Ende des Arbeitsverhältnisses hat. Sie kann nicht verpflichtet werden, beim Arbeitgeber die vertragliche Situation aller zu beteiligenden Mitglieder zu erfragen. Zum einen wird der Arbeitgeber in der Regel ein schützenswertes Interesse daran haben, diese Informationen nicht an die Gewerkschaft weiterzugeben. Zum anderen würde das bei der Gewerkschaft den ohnehin schon hohen Organisationsaufwand bei der Vorbereitung der Urabstimmung unzumutbar machen. Gerade bei einer sehr hohen Anzahl an betroffenen Arbeitnehmern – in diesem Fall sollten insgesamt 12 780 Mitglieder abstimmen[130] – müsste die Gewerkschaft erhebliche Mühen auf sich nehmen, um die Vertragslage jedes Einzelnen zu prüfen. Müssen sich der Gewerkschaft diesbezüglich allerdings

126 *British Airways v. Unite the Union*, [2010] IRLR 423.
127 *British Airways v. Unite the Union*, [2010] IRLR 423, 425.
128 *British Airways v. Unite the Union*, [2010] IRLR 423, 427 f.
129 *British Airways v. Unite the Union*, [2010] IRLR 423, 428 ff.
130 *British Airways v. Unite the Union*, [2010] IRLR 423, 427.

Zweifel bei einer nicht völlig unerheblichen Zahl an Mitgliedern aufdrängen, muss sie diese über deren Verbleib im Unternehmen befragen.

In der Rechtssache *Network Rail Infrastructure Ltd. v. National Union of Rail, Maritime and Transport Workers*[131] waren im Hinweis der Gewerkschaft RMT zahlreiche Fehler hinsichtlich der betroffenen Arbeitsstätten enthalten. Entsprechende Fehler hatte die Gewerkschaft auch schon in zwei zuvor ergangenen Hinweisen gemacht, auf die aus unterschiedlichen Gründen jeweils kein Arbeitskampf gefolgt war. Der Arbeitgeber hatte RMT jeweils auf die Fehler aufmerksam gemacht. Zwar handelte es sich aufgrund der zahlreichen betroffenen Arbeitnehmer (insgesamt 4 556) und Arbeitsstätten (851) um eine komplizierte Vorbereitung der Urabstimmung, mit der RMT einen Mitarbeiter speziell betraut und die einige Zeit in Anspruch genommen hatte. Dennoch hielt der High Court in seiner Entscheidung den gegebenen Hinweis für ungenügend. Dieser sei nicht, wie von Section 226A (2D) TULR(C)A 1992 gefordert, so genau und sorgfältig ausgearbeitet worden, wie es für die Gewerkschaft vernünftigerweise realisierbar war. Diese hätte auf die Kritik des Arbeitgebers nach den zuvor fehlerhaft ergangenen Hinweisen reagieren müssen. Die notwendigen Informationen für einen fehlerfreien Hinweis hätten RMT danach zur Verfügung gestanden.

Auch vor sehr komplizierten Urabstimmungen mit zahlreichen Abstimmenden und betroffenen Arbeitsstätten müssen die Gewerkschaften den Arbeitgeber mit korrekten Informationen versorgen. Die Größe der Abstimmung macht Fehler für sich genommen noch nicht unbeachtlich. Zwar sind diese in einem unerheblichen Maß wohl zulässig, da die Anforderungen an den Hinweis gemäß Absatz (2D) nicht zu hoch sein dürfen. Hat der Arbeitgeber die Gewerkschaft jedoch zuvor auf die Fehler aufmerksam gemacht, ist es ihr umso eher zuzumuten, sie zu beseitigen. Ist wie hier eine erhebliche Anzahl von Arbeitsstätten (mindestens 114 von 851) betroffen, kann nicht mehr von unerheblichen Fehlern ausgegangen werden. Denn die Planungen des Arbeitgebers fallen erheblich anders aus als bei einem korrekten Hinweis.

In der Rechtssache *London and Birmingham Railway Ltd. v. ASLEF*[132] befasste sich der Court of Appeal mit der Frage, ob sich die Gewerkschaft über ihre eigenen Mitgliederverzeichnisse hinaus Informationen beschaffen muss, wenn jene nicht so genau sind, wie es vernünftigerweise realisierbar ist. Gemäß Section 24

---

131 *Network Rail Infrastructure Ltd. v. The RMT*, [2010] EWHC 1084 (QB).

132 *London and Birmingham Railway Ltd. v. ASLEF*, [2011] ICR 848 ff.; [2011] IRLR 399 ff.

(1) TULR(C)A 1992 sind die Gewerkschaften verpflichtet, ein Register mit den Namen und Adressen ihrer Mitglieder zu führen und dieses stets genau und aktuell zu halten.[133] Der Code of Practice stellt in Section C Nummer 16 fest, dass von der Gewerkschaft keine Perfektion hinsichtlich der Genauigkeit ihrer Register erwartet werden könne.[134]

Mitglieder informierten die Gewerkschaft oft nur unzureichend über Veränderungen in ihren Daten, so das Gericht. Section 24 (3) TULR(C)A 1992 fordere daher, dass die Gewerkschaft ihre Mitglieder zur Mitteilung der nach Absatz (1) notwendigen Informationen anhalte. Es gebe jedoch keine gesetzliche Verpflichtung, Aufzeichnungen über die Arbeitsstätten oder Gruppen der Mitglieder zu führen. Fraglich sei also, ob eine solche Pflicht entstehe, sobald die Gewerkschaft zu einem Arbeitskampf aufrufen möchte.[135] Bei der Beantwortung der Frage sei die historische Entwicklung von Section 226A TULR(C)A 1992 zu berücksichtigen. Zwar habe der Gesetzgeber im Jahr 2004 die Vorschrift derart geändert, dass nun nicht mehr allein die Informationen anzugeben sind, die auch tatsächlich im Besitz der Gewerkschaft sind. Ob die gegebenen Informationen so genau wie vernünftigerweise realisierbar gewesen sind, sei aber auch heute gemäß Absatz (2D) im Licht der Informationen zu beantworten, die der Gewerkschaft bei Erteilung des Hinweises zur Verfügung standen. Hätte das Parlament den Gewerkschaften die Pflicht zur Bereitstellung von Informationen auferlegen wollen, die nicht in ihrem Besitz sind, hätte es eine solche Pflicht unmissverständlich normiert.

Gleichwohl genüge es nicht, wenn die Gewerkschaft schlicht die Informationen aus ihren Registern kopiere. Stelle sie Informationen bereit, von deren Fehlerhaftigkeit sie wisse, verstoße sie gegen ihre gesetzlichen Pflichten.[136] Die bereits in der Entscheidung *EDF Energy Powerlink Ltd. v. National Union of Rail, Maritime and Transport Workers*[137] geäußerte Sorge, die Gewerkschaft werde bei einer solchen Auslegung ihre Register in Zukunft bewusst ungenau

---

133 Section 24 (1) TULR(C)A 1992: „A trade union shall compile and maintain a register of the names and addresses of its members, and shall secure, so far as is reasonably practicable, that the entries in the register are accurate and are kept up-to-date."

134 Siehe dazu oben unter C. II. 2. a. i. (2) (b).

135 *London and Birmingham Railway Ltd. v. ASLEF*, [2011] ICR 848, 864 f.; [2011] IRLR 399, 406 f.

136 *London and Birmingham Railway Ltd. v. ASLEF*, [2011] ICR 848, 867 f.; [2011] IRLR 399, 408.

137 *EDF Energy Powerlink Ltd. v. RMT*, [2010] IRLR 114, 118.

führen, erkannten die Richter hier zwar grundsätzlich an. Gewerkschaften müssten jedoch schon aus praktischen Gründen und zudem indirekt aufgrund gesetzlicher Bestimmungen stets auf aktuelle und vollständige Daten zurückgreifen können. Daher würden sie ihre Register auch bei dieser Auslegung stets aktuell halten und zudem die Gruppen und Arbeitsstätten in ihre Aufzeichnungen aufnehmen.[138]

Die Gewerkschaft ist nach dieser Entscheidung formal nicht verpflichtet, über ihre eigenen Aufzeichnungen hinaus Informationen für den Hinweis zu sammeln. Praktisch dürfte diese Einschränkung jedoch kaum etwas wert sein, wie das Gericht feststellt. Denn letztlich trifft die Gewerkschaft sowohl direkt in Section 24 TULR(C)A 1992 als auch indirekt die Pflicht, ihre Mitgliedsregister stets aktuell und vollständig zu halten sowie die Gruppen und Arbeitsstätten der einzelnen Mitglieder aufzunehmen. Mindestens die in den Registern enthaltenen Informationen muss sie im Hinweis an den Arbeitgeber weitergeben.[139] Stellt die Gewerkschaft die Fehlerhaftigkeit der eigenen Aufzeichnungen fest, muss sie Auskünfte bei ihren Mitgliedern einholen, um die Fehler zu beheben. Insofern besteht die Pflicht zur Aktualisierung und Ergänzung veralteter oder fehlerhafter Mitgliedsregister jedenfalls, sofern die Gewerkschaft von den Mängeln im Register wusste. Welche Anforderungen an dieses Wissen zu stellen sind, ließ das Gericht offen. Leichte Zweifel können allerdings nicht ausreichen, denn andernfalls wäre die Einschränkung aus Absatz (2D) in Section 226A TULR(C)A 1992[140] vollkommen wertlos.

Daher müssen sich der Gewerkschaft erhebliche Zweifel an der Richtigkeit ihrer eigenen Aufzeichnungen aufdrängen, ehe sie Nachforschungen anstellen muss. Da sich die im Hinweis enthaltenen Fehler hier letztlich nur auf zwei der insgesamt 600 betroffenen Mitglieder auswirkten[141], ist fraglich, ob sich die vergleichsweise großzügige Rechtsprechung des Court of Appeal auch in Fällen fortsetzt, in denen die von der Gewerkschaft unbeabsichtigten Fehler im Hinweis gravierende Folgen haben.

Neben der Frage nach dem notwendigen Inhalt des Hinweises beschäftigte sich das Gericht auch mit der beizufügenden Erklärung nach Section 226A (2) (c) (i)

---

138 *London and Birmingham Railway Ltd. v. ASLEF*, [2011] ICR 848, 868 f.; [2011] IRLR 399, 408.

139 *London and Birmingham Railway Ltd. v. ASLEF*, [2011] ICR 848, 865; [2011] IRLR 399, 407.

140 Section 226A (2D) TULR(C)A 1992: „(...) in the light of the information in the possession of the union at the time when it complies with subsection (1)(a)."

141 *London and Birmingham Railway Ltd. v. ASLEF*, [2011] ICR 848, 849.

TULR(C)A 1992 und gab einige Hinweise dazu, wie detailliert diese sein muss. Die Richter folgten in ihrer Begründung dem in der *Metrobus*-Entscheidung[142] genannten Zweck der Erklärung. Durch sie solle der Arbeitgeber einschätzen können, wie verlässlich die im Hinweis gegebenen Daten seien. Gleichwohl könne sie eine absolute Verlässlichkeit nie garantieren.[143] Daher solle die Gewerkschaft in der Erklärung die vermuteten Schwächen, also Fehler und Ungenauigkeiten in den eigenen Aufzeichnungen in der Erklärung identifizieren. Zudem sollten die Quellen der angegebenen Daten erläutert werden.

Das Gericht orientierte sich bei seiner Auslegung stark an den Empfehlungen des Code of Practice in Section C Nummer 16.[144] Die in der Erklärung enthaltenen Informationen müssten nicht weiter gehen, als dort angegeben. Die Gewerkschaft müsse also nicht, wie vom Vertreter des Arbeitgebers gefordert, präzise erläutern, welche Personen wann welche Informationen für den Hinweis zusammengetragen haben oder auf welchem Stand die Mitgliedsregister der Gewerkschaft sind. Diese Angaben würden dem Arbeitgeber nicht bei der Beurteilung der Verlässlichkeit der Daten helfen. Derartiges von der Gewerkschaft zu verlangen, hätte also keinen nachvollziehbaren Sinn, sondern würde lediglich „Fallen oder Hürden“[145] für die Gewerkschaft aufstellen. Angeben solle diese insbesondere, ob sie die Informationen im Hinweis aus ihrem Register entnommen habe oder nicht, ob die Informationen national oder lokal seien und wie sie die Informationen erlangt habe, sofern diese nicht aus ihren Registern stammen. Darüber hinaus solle der Anwendungsbereich der Pflicht zur Erklärung des Hinweises nicht ausgedehnt werden, so das Gericht. Die Pflicht sei damit auch nicht unzumutbar für die Gewerkschaft.[146]

Das Gericht bestätigte, dass ein Hinweis auch dann rechtmäßig sein kann, wenn die Gewerkschaft davon ausgeht, dass er in begrenztem Maß fehlerhaft oder ungenau ist. Denn ansonsten könnte die Gewerkschaft in der Erklärung die vermuteten Fehler und Ungenauigkeiten nicht angeben. Diese Auslegung deckt sich mit den Empfehlungen im Code of Practice. Die Gewerkschaft ist jedoch

---

142 *Metrobus Ltd. v. Unite the Union,* [2010] ICR 173, 204, [2009] IRLR 851, 865 f.

143 *London and Birmingham Railway Ltd. v. ASLEF,* [2011] ICR 848, 872; [2011] IRLR 399, 410.

144 Dazu oben unter C. II. 2. a. i. (2) (b).

145 „(...) to require this would simply be to set traps or hurdles for the union which have no legitimate purpose or function.“, *London and Birmingham Railway Ltd. v. ASLEF,* [2011] ICR 848, 873; [2011] IRLR 399, 410.

146 *London and Birmingham Railway Ltd. v. ASLEF,* [2011] ICR 848, 873; [2011] IRLR 399, 410.

nicht von der Pflicht zu Nachforschungen und Korrekturen entbunden, sofern sie positiv von den Fehlern wusste, sich deren Existenz geradezu aufdrängen musste oder sie Fehler vermutete, die gravierende Auswirkungen auf die Informationen im Hinweis haben werden.

Zum Inhalt der Erklärung führte das Gericht anschließend aus, dass die Anforderungen an die Formulierung nicht zu hoch sein dürfen. Die Gewerkschaftsvertreter verfassten keine Rechtsnorm und müssten keine übermäßige sprachliche Präzision oder Genauigkeit aufbringen.[147] Gerichte sollten nicht zum drakonischen Mittel der Unwirksamkeit der Urabstimmung greifen und damit den Arbeitskampf rechtswidrig machen, nur weil die Beschreibung des Prozesses zur Informationsbeschaffung unpassend war. Diese Rechtsfolge komme nur in Betracht, sofern die Erklärung mit dem positiven Wissen der Gewerkschaft erheblich irreführend sei.[148]

iii. Zusammenfassung

Die Hinweispflicht nach Section 226A TULR(C)A 1992 ist für die Gewerkschaften eine der höchsten Hürden vor einer rechtmäßigen Urabstimmung. Das zeigen zum einen die detaillierte und komplizierte gesetzliche Regelung, zum anderen die zahlreichen gerichtlichen Verfahren.

Angesichts der offensichtlich immer noch erheblichen Schwierigkeiten der Gewerkschaften bei der Umsetzung der Hinweispflicht erscheint die drohende Rechtsfolge bei einem Verstoß gegen Section 226A TULR(C)A 1992 hier besonders einschneidend.

Sinnvoll ist die Empfehlung des Code of Practice in Section C Nummer 18, wonach die Gewerkschaft nach der Hinweiserteilung Rücksprache mit dem Arbeitgeber halten soll. Erklärt der Arbeitgeber daraufhin, er halte den Hinweis für gesetzeskonform, kann dies die Haftung der Gewerkschaft aufgrund eines Verstoßes gegen Section 226A TULR(C)A 1992 zwar nicht von vornherein ausschließen. Der Arbeitgeber verhielte sich aber zutiefst widersprüchlich, wenn er anschließend ein Gerichtsverfahren wegen eines solchen Verstoßes anstrengt. Dies kann und soll (Section 207 [3] TULR[C]A 1992) durch das Gericht bei der Entscheidungsfindung berücksichtigt werden. Die Befürchtung, der Arbeitgeber

147 „(...) the union officials providing it are not drafting a statute, and nor are they required to use undue precision or accuracy in their use of language.“, *London and Birmingham Railway Ltd. v. ASLEF*, [2011] ICR 848, 875; [2011] IRLR 399, 411.

148 *London and Birmingham Railway Ltd. v. ASLEF*, [2011] ICR 848, 875; [2011] IRLR 399, 411.

werde das Ergebnis der Urabstimmung abwarten und bei einer positiven Abstimmung etwaige Fehler im Hinweis zur Erlangung einstweiligen Rechtsschutzes nutzen[149], mag zwar in Einzelfällen berechtigt sein. Die Gerichte sollten ein solches Verhalten jedoch durch die Anwendung von Section 207 (3) TULR(C)A 1992 zu Gunsten der Gewerkschaft berücksichtigen, wenn diese zuvor den Empfehlungen aus Section C Nummer 18 des Code of Practice entsprochen hat.

Gerade in der jüngeren Vergangenheit informierten die Arbeitgeber die Gewerkschaften vor der Antragstellung bei Gericht über ihre Zweifel hinsichtlich der Rechtmäßigkeit des Hinweises, so wie es der Code of Practice in Section C Nummer 18 fordert.[150] Allerdings reagierten die Gewerkschaften entweder gar nicht oder sie besserten den Hinweis zu spät oder unzureichend nach. Sie tun gut daran, die Kritik der Arbeitgeber anzunehmen, um eine Niederlage vor Gericht zu vermeiden.

Alle dargestellten gerichtlichen Entscheidungen hatten einstweiligen Rechtsschutz gegen einen Arbeitskampf zum Gegenstand. Sie ergingen also, bevor überhaupt eine Kampfmaßnahme ergriffen wurde. Bei Fehlern im Hinweis erfüllen die oben angesprochenen Haftungsgrenzen[151] für die Gewerkschaft also den Zweck, Schadenersatzprozesse zu verhindern. Denn der Arbeitgeber wird nicht riskieren, aufgrund der Haftungsgrenzen einen Teil des verursachten Schadens selbst tragen zu müssen. Er wird eher versuchen, den Arbeitskampf abzuwenden, was Schäden auf beiden Seiten und bei Dritten vermeidet. So können die Haftungsgrenzen jedenfalls im Zusammenhang mit fehlerhaften Hinweisen zu einem verantwortungsvollen Umgang beider Seiten mit dem Tarifkonflikt beitragen. Erkennt jedoch der Arbeitgeber erst spät, möglicherweise erst nach der Durchführung einer Kampfmaßnahme, dass der Hinweis rechtswidrig war und hat er seine Vorbereitungen auf den fehlerhaften Hinweis gestützt, muss er wegen der Haftungsgrenzen unter Umständen einen Teil des von der Gewerkschaft rechtswidrig verursachten Schadens selbst tragen. Das kann gerade in Extremfällen zu einer erheblichen, existenzbedrohenden Belastung für ein Unternehmen werden. Der Arbeitgeber hat also schon im eigenen Interesse genau zu prüfen, ob der gegebene Hinweis rechtmäßig, also fehlerfrei ist.

In der Rechtsprechung zeigte sich insbesondere der High Court in der jüngeren Vergangenheit wenig nachsichtig bei Fehlern und Ungenauigkeiten im Hinweis

---

149 So *Bowers/Duggan/Reade*, The law of industrial action and trade union recognition, S. 90.

150 Entsprechende Hinweise finden sich in den Entscheidungen *EDF Energy Powerlink Ltd. v. RMT*, [2010] IRLR 114, 116 und *Network Rail Infrastructure Ltd. v. RMT*, [2010] EWHC 1084 (QB).

151 Siehe dazu oben unter C. I. 1.

oder in der beigefügten Erklärung.[152] Der Court of Appeal dagegen war insbesondere in der Sache *London and Birmingham Railway Ltd. v. ASLEF* großzügiger und empfahl eine gewerkschaftsfreundlichere Auslegung der Section 226A TULR(C)A 1992. Jedenfalls dürften die Urabstimmungsregelungen nicht mehr einseitig zu Lasten der Gewerkschaften beurteilt werden.[153] Ob sich eine solche Auslegung durchsetzt, insbesondere wenn die von der Gewerkschaft begangenen Fehler mehr als wie hier nur zwei von 600 betroffenen Mitgliedern betreffen, muss bezweifelt werden. Einen gewissen Einfluss auf die Auslegung könnte, wie die Begründungen in dieser und der *Metrobus*-Entscheidung bereits andeutungsweise nahelegen, in Zukunft Art. 11 EMRK haben.[154]

### b. Bestellung des Wahlprüfers

Vor der Durchführung der Urabstimmung müssen Gewerkschaften gemäß Section 226B TULR(C)A 1992 eine geeignete Person zum Wahlprüfer bestellen. Dieser soll nach Absatz (1) (a) von der Gewerkschaft mit der Kompetenz ausgestattet werden, den in Section 231B TULR(C)A 1992 näher bezeichneten Bericht über den Ablauf der Abstimmung[155] ausarbeiten zu können.

Welche Personen oder Organisationen als geeignete Wahlprüfer in Betracht kommen, legt Absatz (2) fest. Nach littera (a) wird das Arbeitsministerium ermächtigt, geeignete Personen in einer entsprechenden Verfügung[156] zu benennen. Das Ministerium erließ im Jahr 1993 die *Trade Union Ballots and Elections Order 1993*[157] (TUBEO 1993). Nachdem zunächst lediglich drei Organisationen in Regulation 7 TUBEO 1993 mit Namen aufgeführt waren, sind mit der letzten Änderung der Verfügung im Jahr 2010 nunmehr sechs Organisationen als geeignete Wahlprüfer festgelegt: die *Association of Electoral Administrators*, die *DRS Data Services Limited*, die *Electoral Reform Services Limited*, die *Involvement and Participation Association*, die *Opt2Vote Limited* und die *Popularis Limited*. Daneben können nach Regulation 3 und 4 TUBEO 1993 allgemein auch

152 *Dukes*, ILJ 2011, 302, 309.
153 Dazu *Dukes*, ILJ 2011, 302, 310.
154 Dazu unten im zweiten Kapitel.
155 Siehe dazu ausführlich unten unter C. II. 5. c.
156 „By order of the secretary of state".
157 *Trade Union Ballots and Elections (Independent Scrutineer Qualifications) Order 1993, Statutory Instruments (SI) 1993/1909*, geändert durch die Amendments *SI 2002/2267* und *SI 2010/436*; siehe dazu *Bowers/Duggan/Reade*, The law of industrial action and trade union recognition, S. 86.

praktizierende Mitglieder der Anwaltskammern von England und Wales oder von Schottland, sowie der in Section 34 (1) TULR(C)A 1992 näher bezeichnete Buchprüfer der Gewerkschaft zum Wahlprüfer bestellt werden. Anwälte und Buchprüfer sind jedoch nach Regulation 3 (2) und 4 (2) TUBEO 1993 vom Amt des Wahlprüfers ausgeschlossen, sofern sie oder einer ihrer Partner in den vorausgehenden zwölf Monaten Mitglied, Vertreter oder Arbeitnehmer der die Urabstimmung durchführenden Gewerkschaft waren (Regulation 5 [1] [a] TUBEO 1993). Ebenso dürfen weder sie noch einer ihrer Partner bereits als Wahlprüfer für irgendeine Gewerkschaft tätig gewesen sein und dabei Unterstützung eines Mitglieds, Vertreters oder Arbeitnehmers der Gewerkschaft angenommen haben (Regulation 5 [1] [b] TUBEO 1993). Die betreffende Person darf also ihre Pflichten als Wahlprüfer nicht schon einmal verletzt haben.

Erfüllt ein von der Gewerkschaft ausgesuchter Wahlprüfer die gesetzlichen Anforderungen nicht, ist der Verlust der Immunität denkbar. Dies erscheint problematisch, wenn der Wahlprüfer die Gewerkschaft nicht über einen in der Vergangenheit im Rahmen seiner Tätigkeit begangenen Pflichtverstoß aufgeklärt hat. Grundsätzlich ist die Gewerkschaft nach dem Wortlaut der Section 226B TULR(C)A 1992 zur Auswahl eines geeigneten Kandidaten verpflichtet. Genügt sie dieser Pflicht nicht, verliert sie die Immunität. Grenzen muss dieser Grundsatz jedoch dort finden, wo die Gewerkschaft alles ihr Zumutbare getan hat, um die Geeignetheit der betroffenen Person zu gewährleisten. Nachforschungen über vergangenes Fehlverhalten des Kandidaten hat die Gewerkschaft dabei nur anzustellen, sofern sich ihr diesbezüglich Zweifel aufdrängen müssen. Denn das Ministerium geht in seiner Verfügung davon aus, dass im Grunde jeder Anwalt und Buchprüfer, sowie die in Regulation 7 TUBEO 1993 genannten Organisationen die Voraussetzungen erfüllen. Davon darf also auch die Gewerkschaft grundsätzlich ausgehen.

Erfüllt der von der Gewerkschaft ausgesuchte Wahlprüfer die Voraussetzungen der TUBEO 1993, darf die Gewerkschaft gemäß Section 226B (2) (b) TULR(C)A 1992 zusätzlich keine Zweifel an dessen kompetenter Ausführung der Pflichten nach Absatz (1) haben. Auch darf seine Unabhängigkeit im Verhältnis zur Gewerkschaft oder der konkreten Urabstimmung nicht in Frage stehen. Hier können keine anderen Maßstäbe gelten als die oben zum TUBEO 1993 genannten. Zweifel an der Kompetenz oder der Unabhängigkeit müssen sich der Gewerkschaft aufdrängen.[158]

158 In diese Richtung geht auch der Wortlaut von Section 226B (2) (b) TULR(C)A 1992: „(...) the trade union has no grounds for believing (...)."

Die Gewerkschaft muss sicherstellen, dass der Wahlprüfer seine Aufgaben nach Absatz (1) ordnungsgemäß erfüllt und dabei nicht von Mitgliedern, Vertretern oder Arbeitnehmern der Gewerkschaft behindert wird, Section 226B (3) TULR(C)A 1992. Zudem hat sie dem Wahlprüfer nach Section 226B (4) TULR(C)A 1992 jede von ihm angeforderte Unterstützung zu gewähren.

Der Code of Practice empfiehlt in Section C Nummer 11, den Wahlprüfer vor der Aufnahme jeglicher Vorbereitungshandlungen für die Urabstimmung zu benennen. So könne sich dieser besser davon überzeugen, dass die Gewerkschaft den gesetzlichen Anforderungen genügt. Dem Wahlprüfer obliegt nach dem Gesetz die Überwachung des Abstimmungs- und Auszählungsvorgangs[159]. Möglich erscheint, dass ihn die Gewerkschaft auch bei der Ausarbeitung des Hinweises an den Arbeitgeber[160] bereits beteiligt. Zwar kann auch ein positiver Bericht des Wahlprüfers etwaige Fehler bei der Durchführung der Urabstimmung nicht heilen.[161] Dennoch geht der Code of Practice davon aus, dass die Gewerkschaft die Rechtmäßigkeit der Urabstimmung leichter belegen kann, wenn sie den Wahlprüfer über das gesetzlich notwendige Maß hinaus beteiligt.[162] Eine Beteiligung schon bei der Ausarbeitung des Hinweises und bis zum endgültigen Abschluss der Urabstimmung ist daher ratsam.

In dieselbe Richtung zielt die Empfehlung des Code in Section C Nummer 12. Die Gewerkschaft solle dem Wahlprüfer mehr Kompetenzen einräumen, als gesetzlich gefordert. So soll ein gesetzmäßiger Ablauf der Abstimmung gewährleistet werden. Zu diesem zähle die Produktion und Ausgabe der Wahlzettel. Die Rückgabe der Zettel durch die Abstimmenden solle an den Wahlprüfer erfolgen, der sie anschließend für eine zuvor bestimmte Frist verwahren solle.

Plant die Gewerkschaft die Beteiligung von 50 oder weniger Abstimmungsberechtigten (bei Urabstimmungen an mehreren Arbeitsstätten zählt die

159 Siehe Section 231B TULR(C)A 1992 über den anzufertigenden Bericht, dazu näher unten unter C. II. 5. c.

160 Dazu oben unter C. II. 2. a.

161 *RJB Mining Ltd. v. National Union of Mineworkers*, [1997] IRLR 621, 624: Die Wahlprüfer hatten hinsichtlich des Verlaufs der Urabstimmung nichts zu beanstanden. Der High Court gewährte dem Arbeitgeber dennoch einstweiligen Rechtsschutz, unter anderem wegen vorhandener Fehler im Hinweis an den Arbeitgeber. In dem Fall ist jedoch nicht ersichtlich, dass die Gewerkschaft den Wahlprüfer schon bei der Ausarbeitung des Hinweises beteiligt hatte. Dazu auch *Bowers/Duggan/Reade*, The law of industrial action and trade union recognition, S. 87.

162 Section C Nummer 13 Code of Practice.

Gesamtzahl der Abstimmenden), muss sie gemäß Section 226C TULR(C)A 1992 keinen Wahlprüfer einsetzen.

Der Code of Practice empfiehlt in Section C Nummer 13 für einen solchen Fall dennoch die Bestellung eines solchen. Der Gewerkschaft falle es dann leichter, die Rechtmäßigkeit der Urabstimmung zu demonstrieren. Diese Formulierung spricht dafür, dass die Gerichte den Bericht des Wahlprüfers bei ihrer Entscheidung jedenfalls berücksichtigen sollen. Ihm kommt, wie gezeigt, dennoch keine heilende Wirkung in Bezug auf etwaige Fehler zu.

### c. Ausarbeiten des Wahlzettels

Auch hinsichtlich der zu verteilenden Wahlzettel macht das Gesetz genaue Angaben. Nach Section 229 (1A) TULR(C)A 1992 muss darauf der Name des Wahlprüfers und das Ablaufdatum der Rücksendefrist angegeben sein. Ebenso muss der Zettel die Adresse ausweisen, an die er zurückgesandt werden soll. Zudem sind die Wahlzettel mit fortlaufenden Nummern zu versehen.

Gemäß Section 233 (1) TULR(C)A 1992 muss zum Arbeitskampf von einer Person aufgerufen werden, die zu den in Section 20 (2) TULR(C)A 1992 genannten gehört und deren Handeln der Gewerkschaft zugerechnet wird.[163] Diese muss auf dem Wahlzettel entweder genau benannt oder zumindest durch eine entsprechende Beschreibung spezifiziert werden. Es kann sich auch um eine Gruppe von Personen handeln.

Hinsichtlich der auf dem Wahlzettel gestellten Frage nach der Aufnahme eines Arbeitskampfs gibt das Gesetz in Section 229 (2) TULR(C)A 1992 zwei Möglichkeiten vor. So kann die Gewerkschaft zum einen fragen, ob der Abstimmende bereit ist, an einem Streik teilzunehmen oder diesen fortzusetzen. Zum anderen kann nach der Bereitschaft zur Teilnahme oder Fortsetzung an allen übrigen Arten von Arbeitskampfmaßnahmen[164] gefragt werden. Die genaue Formulierung ist den Gewerkschaften überlassen. Beide Varianten müssen jedoch mit Ja oder Nein beantwortet werden können.

Die Legitimation durch die Urabstimmung erstreckt sich nur auf den in der Frage beschriebenen Arbeitskampf. Gewerkschaften haben sich in der Vergangenheit nicht immer leicht getan, diesen auf dem Wahlzettel genau zu beschreiben. Gerade wenn sie wegen mehrerer Angelegenheiten im Streit mit einem Arbeitgeber lagen oder wenn zu bestimmten Punkten des Konflikts kurzfristig

---

163 Siehe dazu oben C. I. 3.

164 „Industrial action short of a strike."

eine Einigung erzielt worden war, kam es zu einer Diskrepanz zwischen dem beschriebenen und dem durchgeführten Arbeitskampf.[165] Die Rechtsprechung war hier in der Vergangenheit streng.[166]

Daher sollten Gewerkschaften die beabsichtigte Kampfmaßnahme nicht detaillierter beschreiben als vom Gesetz verlangt. Ansonsten binden sie sich an die im Wahlzettel gegebene Beschreibung.[167] Da das Gesetz nur allgemein die Begriffe Streik und sonstiger Arbeitskampf verwendet, sollte nur danach gefragt werden. Allerdings werden die Abstimmenden ohne genaue Informationen zur Kampfmaßnahme häufig nicht in der Lage sein, die Folgen ihrer Zustimmung zu erfassen. Das läuft dem ursprünglich ausgegebenen Zweck[168] des Urabstimmungserfordernisses entgegen. Können die Mitglieder nicht über konkrete Kampfmaßnahmen sondern nur allgemein über Streik oder sonstigen Arbeitskampf abstimmen, sind sie ihrer Gewerkschaftsführung hinsichtlich der genauen Ausgestaltung ausgeliefert. Denn diese kann dann willkürlich darüber entscheiden. Eine Bindung der Gewerkschaft an eine auf dem Wahlzettel angegebene Beschreibung führt daher mittelbar zu einer geringeren Mitgliederbeteiligung. Die strenge Rechtsprechung beeinträchtigt die Erreichung des ursprünglich verfolgten Zwecks der Vorschriften. Sachgerecht wäre eine Verpflichtung der Gewerkschaft, neben der gesetzlich vorgeschriebenen Frage eine unverbindliche Beschreibung des geplanten Arbeitskampfs auf dem Wahlzettel anzugeben.

Der Code of Practice empfiehlt in Section C Nummer 36 trotz der strengen Rechtsprechung, den Mitgliedern alle relevanten Informationen zum Arbeitskampf, insbesondere zum thematischen Hintergrund, zur zeitlichen Lage und zum Umfang zu geben. Die so angegebenen Informationen sollten genau und nicht irreführend sein. Der Code macht keine Angaben, wie diese Informationen zu übermitteln sind. Aus den oben genannten Gründen empfiehlt es sich

165 Siehe zum Problem der Identität zwischen dem auf dem Wahlzettel angegebenen und dem tatsächlich durchgeführten Arbeitskampf *Michlik*, Die gewerkschaftliche Urabstimmung vor einem Arbeitskampf, S. 82 f.; *Deakin/Morris*, Labour law, S. 1078.

166 Vgl. die Entscheidungen in den Rechtssachen *London Underground v. National Union of Railwaymen*, [1989] IRLR 341 f., und *University College London Hospitals NHS Trust v. UNISON*, [1999] ICR 204 ff.; siehe dazu auch *Michlik*, Die gewerkschaftliche Urabstimmung vor einem Arbeitskampf, S. 82 f.

167 *Deakin/Morris*, Labour law, S. 1077 und Fn. 331: In der Rechtssache *Blue Circle v. TGWU* aus dem Jahr 1989 war entschieden worden, dass eine Abstimmung über einen 24 Stunden dauernden Streik pro Woche nicht ausreicht, um über diese Grenze hinausgehende Maßnahmen zu legitimieren.

168 Dazu oben unter B. III.

nicht, sie auf dem Wahlzettel anzugeben, sondern in separatem Begleitmaterial. Solches Material ist nicht gesetzlich vorgeschrieben. Es steht zudem dem Arbeitgeber nicht zur Verfügung, da er hiervon kein Beispielexemplar erhalten muss. So gibt ihm die Gewerkschaft nicht mehr Informationen zum Arbeitskampf als unbedingt notwendig und liefert ihm zudem keinen Angriffspunkt in einem gerichtlichen Verfahren. Denn an die Angaben im Begleitmaterial kann die Gewerkschaft nicht gebunden werden, insbesondere dann nicht, wenn sie auf deren Unverbindlichkeit hinweist.

Neben der Frage aus Section 229 (2) TULR(C)A 1992 muss auf dem Wahlzettel auch der in Section 229 (4) TULR(C)A 1992 wörtlich angegebene Hinweis abgedruckt sein: „Sobald Sie an einem Streik oder anderen Arbeitskampfmaßnahmen teilnehmen, können sie einen Arbeitsvertragsbruch begehen. Sofern Ihnen wegen der Teilnahme an einem Streik oder einer anderen Arbeitskampfmaßnahme, zu denen offiziell aufgerufen wurde und die ansonsten rechtmäßig sind, gekündigt wurde, ist die Kündigung rechtswidrig, wenn sie früher als zwölf Wochen nach dem Beginn Ihrer Teilnahme an der betreffenden Kampfmaßnahme ausgesprochen wurde. In Anbetracht der konkreten Umstände kann auch eine spätere Kündigung rechtswidrig sein.“[169] Den Hinweis darf die Gewerkschaft nicht durch irgendeine Beurteilung oder einen sonstigen Kommentar auf dem Wahlzettel ergänzen.

Der Code of Practice empfiehlt in Section C Nummer 31 eine leicht verständliche Formulierung der auf dem Wahlzettel gestellten Frage. Nichts auf dem Wahlzettel solle die Abstimmenden in eine bestimmte Richtung beeinflussen. Zudem solle die Gewerkschaft nach der „guten Praxis“ auf dem Zettel keine weiteren Fragen stellen, beispielsweise hinsichtlich einer Bereitschaft zur „Unterstützung“[170] des Arbeitskampfs. Stelle sie solche dennoch, sollten sie von den gesetzlich vorgeschriebenen Fragen klar abgegrenzt sein.

Zwar empfiehlt der Code einen Verzicht auf jede Form der Beeinflussung auf dem Wahlzettel selbst. Die Gewerkschaften dürfen aber zusammen mit dem Zettel tendenziöse Materialien versenden, um den Mitgliedern ein bestimmtes

---

169 Section 229 (4) TULR(C)A 1992: „If you take part in a strike or other industrial action, you may be in breach of your contract of employment. However, if you are dismissed for taking part in strike or other industrial action which is called officially and is otherwise lawful, the dismissal will be unfair if it takes place fewer than twelve weeks after you started taking part in the action, and depending on the circumstances may be unfair if it takes place later.“ Der Teil des Hinweises zur Rechtswidrigkeit einer etwaigen Kündigung wurde erst mit Wirkung zum 18.9. 2000 eingefügt.

170 In Abgrenzung zur eigentlich zu erfragenden Bereitschaft zur Teilnahme.

Abstimmungsverhalten nahezulegen oder die Position der Gewerkschaftsführung zu erläutern. Von diesem Mittel haben sie in der Vergangenheit immer wieder Gebrauch gemacht.[171] Ein Verbot zum Beifügen von Informations- oder Kampagnenmaterial sieht das Gesetz nicht vor. Ein solches hätte wohl auch nur eine geringe praktische Bedeutung. Denn die Gewerkschaft kann ihre Mitglieder jederzeit schriftlich kontaktieren, auch während der Abstimmungsphase. Dürfte sie die Materialien nicht mit dem Wahlzettel versenden, könnte sie einen zweiten Umschlag damit verschicken. Ein umfassendes Kommunikationsverbot während des Abstimmungsprozesses ist bisher nicht gesetzlich geregelt. Auch der Code of Practice geht von einem solchen nicht aus.

Die Gewerkschaft darf im beigefügten Material auch den auf dem Wahlzettel anzugebenden Hinweis nach Section 229 (4) TULR(C)A 1992 kommentieren. So kann sie darauf aufmerksam machen, dass bestimmte Formen des Arbeitskampfs keinen Arbeitsvertragsbruch darstellen können.[172]

Hinsichtlich des Drucks und der Versendung der Wahlzettel empfiehlt der Code in Section C Nummer 34 und 35 sich gegen Fehler abzusichern, die eine Urabstimmung rechtswidrig machen. Dazu könne der Wahlprüfer konsultiert werden. Wenigstens solle die Gewerkschaft beim Druck der Wahlzettel darauf achten, dass keine Duplikate entstehen. Zudem solle sie bei Druck und Versendung der Zettel auf Verfahren setzen, die ein hinreichendes Maß an Sicherheit gewährleisten. Diese sehr abstrakt gehaltenen Hinweise machen lediglich darauf aufmerksam, dass auch nach der Ausarbeitung des Wahlzettels Fehler auftreten können, die eine Urabstimmung unwirksam machen. Daher ist auch bei Druck und Versendung höchste Sorgfalt geboten.

---

171 *Bowers/Duggan/Reade*, The law of industrial action and trade union recognition, S. 83. Auch abseits von Urabstimmungen über Arbeitskämpfe ergreifen die Gewerkschaften Partei. Bei der Abstimmung über den neuen Labour-Vorsitzenden im Jahr 2010 verschickte die GMB die Wahlzettel an ihre Mitglieder in einem speziellen Umschlag. Darauf war ein Bild vom späteren Wahlsieger Ed Miliband abgedruckt, versehen mit dem Hinweis, dass er der Favorit der Gewerkschaft sei und daher gewählt werden solle. Dazu *Mulholland/Owen*, Ed Miliband victory is 'a great leap backwards', say Tories, The Guardian Onlineausgabe 25.9. 2010, www.theguardian.com/politics/2010/sep/25/ed-miliband-victory-tories, abgerufen am 27.1. 2014. Eine solche Form der Wahlempfehlung ist auch vor einer Urabstimmung denkbar.

172 *Deakin/Morris*, Labour law, S. 1077.

### d. Bestimmung der Abstimmungsberechtigten

Einige Schwierigkeiten bereitete den Gewerkschaften in der Vergangenheit neben der Hinweiserteilung an den Arbeitgeber die Bestimmung der zur Abstimmung berechtigten Personen.

#### i. Section 227 TULR(C)A 1992

Das Gesetz verwendet auch hier einen unbestimmten Rechtsbegriff. Gemäß Section 227 (1) TULR(C)A 1992 sind alle Mitglieder an der Abstimmung zu beteiligen, von denen die Gewerkschaft zur Zeit der Abstimmung vernünftigerweise ausgehen muss, dass sie sie zur Teilnahme an der betreffenden Kampfmaßnahme veranlassen wird[173]. Mit Veranlassen ist der Kampfaufruf der Gewerkschaft gemeint.[174] Andere Mitglieder darf die Gewerkschaft nicht abstimmen lassen. Es liegt ein Verstoß gegen die Pflicht nach Absatz (1) vor, wenn an der Kampfmaßnahme Personen teilnehmen, die zum Zeitpunkt der Abstimmung Mitglieder der Gewerkschaft waren, aber nicht an der Abstimmung teilnehmen durften, Section 227 (2) TULR(C)A 1992.

Durch die Verwendung des Begriffs vernünftigerweise überließ der Gesetzgeber die Konkretisierung der gesetzlichen Anforderungen erneut den Gerichten.

Zugleich lassen dieser Begriff und der maßgebliche Beurteilungszeitpunkt den Gewerkschaften Spielraum. Im Laufe von Tarifverhandlungen kann sich die Arbeitskampftaktik schnell ändern. Wenn in den Verhandlungen für bestimmte Gruppen von Mitgliedern bereits zufriedenstellende Ergebnisse erreicht worden sind, haben weder die Gewerkschaft noch diese Mitglieder ein Interesse an deren Teilnahme am Arbeitskampf. Dürften diese Personen über die Aufnahme von Kampfmaßnahmen abstimmen, würden Unbeteiligte Einfluss auf das Abstimmungsergebnis nehmen. Dies diente jedoch gerade nicht der demokratischen Legitimation des Arbeitskampfs. Müsste die Gewerkschaft pauschal alle ihre Mitglieder abstimmen lassen oder wäre der Beginn der Tarifverhandlungen

---

173 „(...) to all members (...) who it is reasonable at the time of the ballot for the union to believe (...)“.

174 Nach der zuvor geltenden Fassung des Gesetzes waren auch Mitglieder erfasst, die aus eigenen Motiven an der Kampfmaßnahme teilnehmen wollten und nicht von der Gewerkschaft aufgerufen werden sollten. Siehe dazu *Deakin/Morris*, Labour law, S. 1074; *Bowers/Duggan/Reade*, The law of industrial action and trade union recognition, S. 80 und die Entscheidung des Court of Appeal in der Sache *RMT v. Midland Mainline Ltd.*, [2001] IRLR 813, 814, 816.

maßgeblicher Zeitpunkt für die Bestimmung der Abstimmungsberechtigten, könnte die Gewerkschaft Unbeteiligte nicht mehr ausschließen. Mit dem offenen Beurteilungsmaßstab und dem Beginn der Urabstimmung als maßgeblichen Zeitpunkt trägt das Gesetz dem Zweck einer demokratischen Legitimation Rechnung.[175]

Veranlasst die Gewerkschaft jemanden zur Teilnahme am Arbeitskampf, der zuvor nicht an der entsprechenden Abstimmung teilnehmen durfte, gilt der Arbeitskampf gemäß Section 232A TULR(C)A 1992 als nicht durch eine Urabstimmung legitimiert. Dies gilt nur, wenn die Person zur Zeit der Abstimmung bereits Mitglied war und die Gewerkschaft vernünftigerweise davon ausgehen musste, dass sie zum Arbeitskampf veranlasst werde.

Die Vorschrift hat der Gesetzgeber im Jahr 2000 eingeführt. Zuvor war bereits der Court of Appeal in der Sache *London Underground Ltd. v. National Union of Railwaymen, Maritime and Transport Staff*[176] davon ausgegangen, dass Nicht-Mitglieder an der Urabstimmung nicht beteiligt werden müssen. Das gelte auch, wenn diese nach der Abstimmung in die Gewerkschaft eintreten und am Arbeitskampf teilnehmen. Das Recht der Gewerkschaft zur Veranlassung von Nicht-Mitgliedern werde durch die Urabstimmungsregelungen nicht eingeschränkt. Diese sollten allein die demokratischen Rechte der Mitglieder stärken. Daher seien Nicht-Mitglieder grundsätzlich nicht an einer Urabstimmung zu beteiligen. Nichts anderes gelte, wenn diese Personen nach der Abstimmung Mitglieder der Gewerkschaft werden.[177] Die Immunität der Gewerkschaft vor einer deliktischen Haftung wegen der Verleitung zum Vertragsbruch gelte auch für die Veranlassung von Nicht-Mitgliedern zum Arbeitskampf. Sie setze jedoch in Bezug auf diese gerade keine Urabstimmung voraus.

#### ii. Rechtsprechung zu Section 227 TULR(C)A 1992

In der Sache *RJB Mining Ltd. v. National Union of Mineworkers*[178] erläuterte der High Court, welche Anforderungen der Begriff *reasonable* (vernünftigerweise) bei der Bestimmung der Abstimmungsberechtigten stellt. Von den

---

175 Vgl. dazu *Bowers/Duggan/Reade*, The law of industrial action and trade union recognition, S. 80.

176 *London Underground Ltd. v. National Union of Railwaymen, Maritime and Transport Staff*, [1996] ICR 170.

177 *London Underground Ltd. v. National Union of Railwaymen, Maritime and Transport Staff*, [1996] ICR 170, 181.

178 *RJB Mining Ltd. v. NUM*, [1997] IRLR 621.

Gewerkschaften sei diesbezüglich keine Perfektion zu erwarten. Es gebe stets Veränderungen bei den betroffenen Arbeitnehmern, die auch die besten Aufzeichnungen und Computersysteme nicht erfassten. Erwartet werden könne nur, was vernünftigerweise realisierbar sei. Kleine Fehler seien im Rahmen des De minimis-Grundsatzes[179] zu vernachlässigen. Jedoch könne sich die Gewerkschaft nicht mit der Behauptung rechtfertigen, ihre Struktur mache sie für solche Fehler besonders anfällig.[180]

Das Gericht erkannte hier das grundlegende Problem der Gewerkschaft, teilweise spontan auf Verhandlungsergebnisse in einem Tarifkonflikt oder auf Mitgliederfluktuation reagieren zu müssen.[181] Die Nachsicht bei Fehlern schränkte es dennoch nach ähnlichen Maßstäben wie beim Hinweis an den Arbeitgeber ein. Dort kann sich die Gewerkschaft nicht mit der Behauptung entlasten, sie unternehme keine großen Anstrengungen bei der Aktualisierung ihrer Aufzeichnungen und habe daher keinen präziseren Hinweis geben können.[182]

Mit der Rechtsfolge der Section 232A TULR(C)A 1992 befasste sich das House of Lords 2003 in der Sache *P. v. National Association of School Masters Union of Women Teachers*.[183] Die Vorschrift ersetzte im Jahr 2000 die damalige Fassung der Section 227 (2) TULR(C)A 1992. Nach dieser genügte die Gewerkschaft den Anforderungen der Section 227 (1) TULR(C)A 1992 nicht, wenn sie ein Mitglied zum Arbeitskampf veranlasste, dem zuvor die Teilnahme an der Urabstimmung *verweigert* worden war.[184] Die bis heute geltende Section 232A TULR(C)A 1992 entzieht dem Arbeitskampf dagegen die Legitimation, sofern dem Mitglied die Abstimmungsberechtigung *nicht erteilt* wird. Die Richter gingen davon aus, dass durch die Neufassung des Gesetzes keine wesentliche inhaltliche Änderung der Rechtslage erzielt wurde. Es gelte weiterhin, was der Court of Appeal bereits in *British Railways Board v. National Union of Railwaymen*[185] festgestellt hatte:

179 Dazu ausführlich unten unter C. II. 9.

180 *RJB Mining Ltd. v. NUM*, [1997] IRLR 621.

181 Siehe dazu schon oben unter C. II. 2. d. i.

182 Vgl. dazu *EDF Energy Powerlink Ltd. v. RMT*, [2010] IRLR 114, 118 und oben unter C. II. 2. a. ii.

183 *P. v. NASUWT*, [2003] ICR 386.

184 Section 227 (2) TULR(C)A 1992 in der Fassung vom 16.10. 1992: „The requirement in subsection (1) shall be taken not to have been satisfied if any person who was a member of the trade union at the time when the ballot was held and was denied entitlement to vote in the ballot is induced by the union to take part or, as the case may be, to continue to take part in the industrial action."

185 *British Railways Board v. National Union of Railwaymen*, [1989] ICR 678.

Zwischen der *Verweigerung* der Abstimmungsberechtigung und der *versehentlichen Versäumnis*, jemandem die Möglichkeit zur Abstimmung zu geben, bestehe ein tiefgreifender Unterschied.[186] Mit der versehentlichen Nichtberücksichtigung von zwei Mitgliedern habe die Gewerkschaft ihnen die Abstimmungsberechtigung gerade nicht verweigert. Section 232A TULR(C)A 1992 sei hier also nicht anzuwenden, so das House of Lords.[187]

Für die Rechtsfolge der Section 232A TULR(C)A 1992 muss danach eine Weigerung der Gewerkschaft vorliegen, einen an sich Berechtigten an der Abstimmung teilnehmen zu lassen. Die Begründung des Gerichts zeigt, dass diese Weigerung ein bewusstes Verhalten voraussetzt. Bei einer größeren Anzahl übergangener Mitglieder liegt ein solches bewusstes Verhalten grundsätzlich nahe. Es ist unwahrscheinlich, dass ein Gericht auch bei einer erheblichen Anzahl Nichtberücksichtigter von einem Versehen und nicht von einer bewussten Weigerung ausgehen würde.

Der High Court entschied 2011 in der Sache *London Underground Ltd. v. ASLEF*[188] über die Abstimmungsberechtigung von Mitgliedern, die an der betreffenden Arbeitsniederlegung nicht hätten teilnehmen können, weil diese außerhalb ihrer Arbeitszeit stattfinden sollte. Der Arbeitgeber hatte beanstandet, dass die Gewerkschaft Mitglieder zur Abstimmung berechtigt hatte, die während der Kampfmaßnahme im Urlaub waren. Der Wortlaut von Section 227 (1) TULR(C)A 1992 bestimme, so das Gericht, dass die Gewerkschaft solche Mitglieder zur Abstimmung berechtigen solle, von deren *Teilnahme* am Arbeitskampf sie ausgehe. Die Vorschrift beschränke sich nicht auf Mitglieder, die den Arbeitskampf *aufnehmen*, also tatsächlich ihre Arbeit niederlegen. Ein Arbeitnehmer, der während des Arbeitskampfs nicht zur Arbeit erscheinen muss, weil dieser außerhalb seiner regulären Arbeitszeit oder während einer Krankheit oder seinem Urlaub stattfindet, könne den Arbeitskampf zwar nicht durch Niederlegung der Arbeit *aufnehmen*. Er könne jedoch daran *teilnehmen*, beispielsweise durch Unterstützungshandlungen. Daher könne die Gewerkschaft grundsätzlich auch solche Mitglieder an der Abstimmung beteiligen, die am Tag des Arbeitskampfs nicht zur Arbeit erscheinen müssen.[189] Solche Mitglieder *darf* sie grundsätzlich abstimmen lassen. Sie *muss* es auch, sofern sie davon ausgeht, dass die Mitglieder ihrem Aufruf folgen und wenigstens Unterstützungshandlungen vornehmen.

---

186 „There is a profound difference (…) between denying someone's entitlement to vote and inadvertently failing to give him an opportunity to vote." *British Railways Board v. National Union of Railwaymen*, [1989] ICR 678, 683.

187 *P. v. NASUWT*, [2003] ICR 386, 403 f.

188 *London Underground Ltd. v. ASLEF*, [2012] IRLR 196.

189 *London Underground Ltd. v. ASLEF*, [2012] IRLR 196, 200 f.

### iii. Zu vernachlässigende Fehler bei der Bestimmung der Abstimmungsberechtigten

Auf Section 227 (1) TULR(C)A 1992 findet die Regelung der Section 232B TULR(C)A 1992 gemäß deren Absatz (2) Anwendung. Einer oder mehrere Fehler bei der Bestimmung der Abstimmungsberechtigten sind danach unbeachtlich, wenn sie unbeabsichtigt waren und das Abstimmungsergebnis nicht beeinflussen können.[190] Die Vorschrift schafft Abhilfe gerade in Bezug auf Mitglieder, die aufgrund ihrer Tätigkeit von der Gewerkschaft nicht oder nicht gut kontaktiert werden können.[191] Die Gewerkschaft muss jedoch auch bei solchen Personen einen Kontaktversuch unternehmen. Bewusst übergehen darf sie wegen des eindeutigen Wortlauts der Vorschrift („unbeabsichtigt") niemanden, wie aussichtslos der Versuch einer Kontaktaufnahme auch erscheinen mag.

Section 232B TULR(C)A 1992 wurde wie Section 232A TULR(C)A 1992 mit Wirkung zum 18.9. 2000 eingeführt und setzte gesetzgeberisch um, was der Court of Appeal schon 1989 entschieden hatte[192].

In dem zur aktuellen Rechtslage zuletzt ergangenen Urteil *London and Birmingham Railway Ltd. v. ASLEF*[193] entschied der Court of Appeal entgegen der Vorinstanz, dass ein Fehler nach Section 232B (1) TULR(C)A 1992 nicht sowohl unbeabsichtigt als auch unvermeidbar sein muss. Die Gewerkschaft sei hier davon ausgegangen, dass sie alle und ausschließlich die zum Arbeitskampf veranlassten Mitglieder habe abstimmen lassen. Allein aufgrund menschlichen Versagens habe sie zwei Mitglieder unberechtigterweise zur Abstimmung aufgerufen. Eben für einen solchen Fall sei Section 232B (1) TULR(C)A 1992 geschaffen worden.[194]

Fehler müssen also grundsätzlich nicht unvermeidbar sein. Dafür spricht auch der Wortlaut der amtlichen Überschrift („Small accidental failures to be disregarded") und von Section 232B (1) TULR(C)A 1992 selbst. Danach sollen „kleine unbeabsichtigte Fehler" außer Acht gelassen werden. Unbeabsichtigt meint etwas anderes als unvermeidbar.

---

190 „(…) the failure is accidental and on a scale which is unlikely to affect the result of the ballot (…)".

191 *Deakin/Morris*, Labour law, S. 1074.

192 *British Railways Board v. National Union of Railwaymen*, [1989] ICR 678, 683; dazu auch oben unter C. II. 2. d. ii.

193 *London and Birmingham Railway Ltd. v.ASLEF*, [2011] ICR 848 ff.; [2011] IRLR 399 ff.

194 *London and Birmingham Railway Ltd. v.ASLEF*, [2011] ICR 848, 864; [2011] IRLR 399, 406.

Gleichwohl stimmte das Gericht in seiner Begründung[195] der Entscheidung des High Court in der Sache *British Airways v. Unite the Union*[196] zu. Dort wusste die Gewerkschaft, dass einige ihrer Mitglieder zum Zeitpunkt des Arbeitskampfs schon nicht mehr beim betroffenen Arbeitgeber beschäftigt sein würden. Sie erteilte ihnen dennoch die Abstimmungsberechtigung. Die Gewerkschaft hätte vernünftigerweise ihre Mitglieder zuvor über ihr Ausscheiden befragen oder ihnen andernfalls die Teilnahme an der Urabstimmung untersagen können, sofern sie zur Zeit des Arbeitskampfs nicht mehr beschäftigt sein würden. Ein solcher Fehler sei nicht mehr unbeabsichtigt im Sinne der Section 232B (1) TULR(C)A 1992.[197]

Gewerkschaften dürfen danach zwar vermeidbare Fehler begehen. Die Grenze liegt jedoch dort, wo ihnen ihr eigener Fehler bewusst ist oder zumindest bewusst sein muss. Erkennt sie einen drohenden Fehler, muss sie alle zumutbaren und vernünftigen Schritte einleiten, um ihn zu vermeiden.

#### e. Zusammenfassung

Bei der Vorbereitung der Urabstimmung stehen Gewerkschaften vor zwei wesentlichen Herausforderungen. Sie müssen zum einen den Hinweis an den Arbeitgeber erteilen. Zum anderen müssen sie die Abstimmungsberechtigten bestimmen.

Dagegen bereiten weder die Auswahl eines geeigneten Wahlprüfers noch die Ausarbeitung des Wahlzettels größere Probleme. Das liegt an den sehr klar formulierten Vorschriften in diesen Bereichen. So sind der Benennung des Wahlprüfers im TUBEO 1993 enge Grenzen gesetzt. Es gibt zudem eine Liste mit geeigneten Instituten, die von der Gewerkschaft gefahrlos benannt werden können. Die Formulierung der Frage auf dem Wahlzettel ist durch das Gesetz im Wesentlichen genau vorgegeben. Im Anhang 2 zum Code of Practice ist ein Musterwahlzettel abgedruckt.

Im Bereich des Hinweises und der Bestimmung der Abstimmungsberechtigung benutzt das Gesetz dagegen die auslegungsbedürftigen Begriffe vernünftigerweise und vernünftigerweise realisierbar[198]. Sie bieten den Gerichten viel Spielraum bei der Anwendung des Gesetzes. Die Folge ist eine nicht immer klare

195 *London and Birmingham Railway Ltd. v.ASLEF*, [2011] ICR 848, 864; [2011] IRLR 399, 406.

196 *British Airways v. Unite the Union*, [2010] IRLR 423 ff.

197 *British Airways v. Unite the Union*, [2010] IRLR 423, 424.

198 „Reasonable“ und „reasonably practicable“.

Rechtslage. Der Aufwand, den die Gewerkschaften betreiben müssen, wächst daher in diesen Bereichen. Sie müssen juristisches Fachpersonal beschäftigen, um sich gegen mögliche Fehler abzusichern. Teilweise Abhilfe schafft Section 232B TULR(C)A 1992. Jedoch vermag die Vorschrift nur kleine Fehler zu heilen. Grundsätzliche Missverständnisse des Gesetzes kompensiert sie nicht. Die Gewerkschaften sind daher auf die Zusammenarbeit mit dem Arbeitgeber und die ständige Rückfrage bei diesem angewiesen. Dessen Einwände gegen den Vorbereitungsprozess müssen sie ernst nehmen. Damit legen sie ihm zugleich unweigerlich wenigstens einen Teil ihrer Kampftaktik offen und machen ihn unter Umständen auf Fehler im Vorbereitungsprozess aufmerksam. Das gewonnene Wissen kann der Arbeitgeber bis zur Missbrauchsgrenze in einem gerichtlichen Verfahren nutzen.

Die Rechtsprechung zeigte in der Vergangenheit sowohl Strenge als auch Nachsicht mit den Gewerkschaften. Es ist jedoch die Tendenz erkennbar, keine zu hohen Hürden aufstellen zu wollen. So entschied der High Court 2012 unter Berufung auf das Urteil des Court of Appeal in der Sache *London and Birmingham Railway Ltd. v. ASLEF*[199], dass von der Gewerkschaft normalerweise keine detaillierten Erkundigungen und Untersuchungen erwartet werden könnten, wenn sie die Voraussetzungen der Sections 226 bis 230 TULR(C)A 1992 zu erfüllen versucht. Das Bemühen um demokratische Legitimation dürfe nicht zu einer Bürde für die Gewerkschaft werden.[200]

### 3. Durchführung der Urabstimmung

Auch hinsichtlich der Durchführung einer Urabstimmung macht der TULR(C)A 1992 genaue Vorgaben.

#### a. Section 230 TULR(C)A 1992

Maßgeblich für den Abstimmungsprozess ist Section 230 TULR(C)A 1992. Nach deren Absatz (2) ist die Abstimmung grundsätzlich auf dem Postweg durchzuführen, sofern dies vernünftigerweise realisierbar ist. Die Gewerkschaft muss dazu jedem Berechtigten die Abstimmungsunterlagen an die Heimatadresse oder jede andere Adresse schicken, die er der Gewerkschaft für den Briefverkehr

---

199 *London and Birmingham Railway Ltd. v. ASLEF*, [2011] ICR 848 ff.; [2011] IRLR 399 ff.

200 *Balfour Beatty v. Unite the Union*, [2012] ICR 822, 831 f.; [2012] IRLR 452, 456 f.

genannt hat. Anschließend muss sie die ausgefüllten Unterlagen auch per Post wieder entgegennehmen.

Die Gewerkschaft, ihre Mitglieder, Vertreter oder Angestellten dürfen keinen Einfluss auf den Abstimmungsvorgang nehmen, Section 230 (1) (a) TULR(C)A 1992. Die Abstimmungsberechtigten müssen frei von jeglichem Druck abstimmen können und zwar unabhängig davon, ob dies vernünftigerweise realisierbar ist. Grundsätzlich sollen den Abstimmenden bei der Abstimmung keine Kosten entstehen, Section 230 (1) (b) TULR(C)A 1992. Auch das steht jedoch unter dem Vorbehalt der vernünftigen Realisierbarkeit. Der Code of Practice empfiehlt hierzu in Section C Nummer 26, den Abstimmungsunterlagen frankierte Rückumschläge beizulegen. Gemäß Section 230 (4) TULR(C)A 1992 muss die Gewerkschaft eine geheime Abstimmung sicherstellen, sofern dies vernünftigerweise realisierbar ist.

Vor 2001 enthielt Section 298 TULR(C)A 1992 eine Definition des Postwegs. Danach war nur eine Übermittlung mithilfe eines staatlich anerkannten Postdienstleisters möglich. Es war nicht zulässig, die Abstimmungsunterlagen direkt zu übergeben oder mittels eines gewerkschaftsinternen oder sonstigen Kuriers zuzustellen.[201] Die Definition wurde jedoch mit Wirkung zum 26.3. 2001 gestrichen. Daher ist heute grundsätzlich jede Art von Übermittlung möglich, auch durch Boten der Gewerkschaft. Dennoch müssen die Unterlagen an die vom Mitglied bestimmte Adresse zugestellt werden. Die Möglichkeit zur Zustellung am Arbeitsplatz hat der Gesetzgeber zum 30.8. 1993 gestrichen. Durch die räumliche Trennung des Abstimmungsvorgangs vom Arbeitsplatz sollen die Abstimmenden vor jeglicher Form von Druck geschützt werden. Zwar besteht nun grundsätzlich die Gefahr, dass die Gewerkschaft durch ihre Boten Einfluss zu nehmen versucht. Dies ist aber auf den Übergabevorgang beschränkt. Beim Abstimmungsvorgang ist die Einflussnahme ausdrücklich ausgeschlossen.

Das bedeutet gleichwohl nicht, dass die Gewerkschaft keine Werbung für ein bestimmtes Abstimmungsergebnis machen darf. Der Court of Appeal entschied in der Rechtssache *Newham London Borough Council v. National and Local Government Officers Association*[202], dass eine Gewerkschaft im Vorfeld der Urabstimmung sehr wohl Wahlkampf betreiben kann. Die Gewerkschaft NALGO hatte vor der Abstimmung einen Brief an alle ihre Mitglieder verschickt, in dem sie unter anderem die Notwendigkeit eines positiven Abstimmungsergebnisses betonte. Der Arbeitgeber argumentierte, damit hätte NALGO bereits

---

201 *Deakin/Morris*, Labour law, S. 1079.

202 *Newham London Borough Council v. NALGO*, [1993] ICR 189.

zu einem (unrechtmäßigen) Streik aufgerufen. Das Gericht wies das zurück. Die Gewerkschaft habe lediglich ausdrücken wollen, dass sie einen gesetzmäßigen Arbeitskampf mit einer ordnungsgemäßen Urabstimmung durchführen wolle. Zwar mache das Anschreiben an die Mitglieder deutlich, dass NALGO keine neutrale Haltung zu diesem Arbeitskampf einnehme. Eine solche Haltung sei jedoch ohnehin unrealistisch und vom Gesetz auch nicht verlangt. Die Gewerkschaft könne sich, solange sie die Gesetze achte, durchaus parteiisch verhalten.[203]

Da der Gesetzgeber eine Verpflichtung zur Neutralität bisher nicht eingeführt hat, lässt sich diese Rechtsprechung auf die heutige Rechtslage übertragen. Die Grenze der gewerkschaftlichen Einflussnahme ist bisher nicht klar gezogen worden.[204] Nach dem Sinn und Zweck des Urabstimmungserfordernisses muss sie dort liegen, wo sich die abstimmenden Mitglieder in ihrer Entscheidung nicht mehr frei fühlen. Grundlage der Entscheidung darf kein von der Gewerkschaft verursachtes extrinsisches Motiv sein. Daher darf die Gewerkschaft für ein bestimmtes Abstimmungsverhalten weder konkrete Vorteile versprechen, noch konkrete Nachteile oder Bestrafungen in Aussicht stellen, auf deren Eintreten sie Einfluss hat oder zu haben vorgibt.

Dieselbe Grenze muss auch für die Einflussnahme durch den Arbeitgeber gelten. Dieser darf zwar auch für ein bestimmtes Abstimmungsergebnis werben, jedoch die Freiheit der Abstimmung nicht beeinträchtigen. Zur Organisation seines Wahlkampfs kann er die im Hinweis nach Section 226A TULR(C)A 1992 enthaltenen Informationen nutzen.[205] Fälle, in denen ein Arbeitgeber unzulässigen Einfluss auf die Abstimmenden genommen hat, sind bisher nicht bekannt.[206]

Eine Rücksendefrist für die Abstimmung per Post gibt das Gesetz nicht an, sie liegt im Ermessen der Gewerkschaft. Der Code of Practice empfiehlt in Section C Nummer 27 und 28, die Frist unter Berücksichtigung der Zustelldauer und einer ausreichenden Bedenkzeit für die Mitglieder festzulegen. Die angemessene Frist variiere aufgrund von verschiedenen Faktoren. Hierzu zählten die räumliche Verteilung der Heimatadressen der Abstimmenden, ihre Vertrautheit mit dem Tarifkonflikt, die Wahl des Zustelldienstes und die Jahreszeit, zu der die Urabstimmung durchgeführt wird. Werde diese beispielsweise während

---

203 *Newham London Borough Council v. NALGO,* [1993] ICR 189, 194 f., 197.

204 *Deakin/Morris*, Labour law, S. 1079 und Fn. 353: Dort wird im Zusammenhang mit der Wahl der Gewerkschaftsführung darauf abgestellt, ob die Einflussnahme zu Angst beim Wähler führt oder die Grenze zur physischen Gewalt überschreitet.

205 Dazu schon oben unter C. II. 2. a. ii.

206 *Deakin/Morris*, Labour law, S. 1079.

einer typischen Ferienzeit abgehalten, sei die Frist entsprechend zu verlängern. Als Minimum gibt der Code sieben oder 14 Tage an, je nach Versendungsart. Kürzere Fristen werden nicht generell ausgeschlossen und sollen je nach den Umständen des Einzelfalls noch angemessen sein. Um Streitigkeiten über die Angemessenheit der Frist zu vermeiden, solle die Gewerkschaft mithilfe von Belegen sicherstellen, dass sie das Datum der Absendung und die Anzahl der Briefe an die Mitglieder genau nachweisen kann.

Nach den Empfehlungen des Code of Practice in den Nummern 38 bis 40 unter Section D soll die Gewerkschaft ein geeignetes Kontrollsystem errichten. Damit soll sie sicherstellen, dass niemand an der Abstimmung beteiligt wird, der nicht abstimmungsberechtigt ist sowie, dass alle Stimmen der Abstimmungsberechtigten auch berücksichtigt werden. Hierzu könne der Wahlprüfer nähere Hinweise geben. Daneben sind Vorkehrungen zu treffen, um die Anonymität der Abstimmenden zu gewährleisten.

#### b. Zu vernachlässigende Fehler im Abstimmungsvorgang

Grundsätzlich müssen gemäß Section 230 (2) TULR(C)A 1992 jedem Abstimmungsberechtigten die Abstimmungsunterlagen zugesandt werden. Auf diese Vorschrift ist gemäß deren Absatz (2) Section 232B TULR(C)A 1992 ausdrücklich anwendbar. Unbeabsichtigte Fehler, die das Ergebnis nicht beeinflussen können, sind daher auch hier unbeachtlich.[207]

### 4. Abstimmungsergebnis

Gemäß Section 226 (2) (a) (iii) TULR(C)A 1992 hat der Arbeitskampf die Legitimation durch eine Urabstimmung, wenn bei dieser die Mehrheit der Abstimmenden mit „Ja" auf die von Section 229 (2) TULR(C)A 1992[208] vorgegebene Frage geantwortet hat. Ausreichend ist demnach eine einfache Mehrheit. Das Gesetz lässt allerdings offen, wie ungültige Stimmzettel und Enthaltungen gewertet werden. Mit dieser Frage beschäftigte sich der Court of Appeal bereits 1994 in der Sache *West Midlands Ltd. v. Transport and General Workers' Union.*[209] Die Gewerkschaft hatte in der Urabstimmung nach der Bereitschaft zur Teilnahme an einem

207 Vgl. dazu ausführlich oben unter C. II. 2. d. iii.

208 Dazu ausführlich oben unter C. II. 2. c.

209 *West Midlands Travel Ltd. v. Transport and General Workers' Union*, [1994] ICR 978.

Streik sowie an anderen Arbeitskampfmaßnahmen gefragt.[210] Auf die erste Frage hatten 1 265 Mitglieder zustimmend und 1 225 ablehnend gestimmt. 147 hatten sich enthalten. Die zweite Frage beantworteten 1 059 mit Ja und 1 156 mit Nein. Hier gab es 427 Enthaltungen. Der Arbeitgeber brachte nun vor, die Enthaltungen seien bei der Berechnung der Gesamtzahl der Abstimmenden zu berücksichtigen. Es hätte also nicht die Mehrheit für eine Streikteilnahme gestimmt. Das Gericht ignorierte diesen Einwand und hielt das Abstimmungsergebnis für ausreichend.

Zu beiden Fragen hatte es jeweils ungültige Abstimmungsversuche gegeben. Insgesamt hatten aber 2 642 Mitglieder wenigstens zu einer Frage eine gültige Stimme abgegeben. Der Arbeitgeber argumentierte, es hätte nur eine Minderheit derer für den Streik gestimmt, die am Abstimmungsprozess insgesamt teilgenommen hatten. Die beiden Fragen seien nicht isoliert zu betrachten, sondern die Urabstimmung als Ganzes. Es bedürfe einer Mehrheit der an der Urabstimmung insgesamt beteiligten Personen.[211] Das Gericht wies auch diesen Einwand zurück. Beide Fragen gemeinsam zu betrachten wäre regelwidrig. Daher sei die erste Frage hier mit ausreichender Zustimmung beantwortet worden.[212]

Anders als sonst im Zusammenhang mit Fehlern bei der Urabstimmung üblich[213] hatte der Arbeitgeber hier keinen einstweiligen Rechtsschutz sondern Schadenersatz für die Folgen des Arbeitskampfs begehrt.

Das Urteil erging zwar noch zur Rechtslage nach dem Trade Union Act 1984. Die entscheidungserhebliche Passage der damals geltenden Section 10 (3) TUA 1984 ist allerdings in Section 226 (2) (a) (iii) TULR(C)A 1992 im Wesentlichen übernommen worden, sodass sich die Ausführungen des Court of Appeal auf die heutige Rechtslage übertragen lassen. Andernfalls hätten Enthaltungen und ungültige Wahlzettel praktisch die Wirkung einer Nein-Stimme. Möchte jedoch ein Mitglied durch seine Enthaltung gerade keinen Einfluss auf das Abstimmungsergebnis nehmen, darf seiner Stimme eine solche Wirkung nicht unterstellt werden.[214]

---

210 Die erste Frage lautete: „Are you prepared to take part in strike action?" Daran schloss sich die zweite Frage an: „Are you prepared to take part in industrial action short of a strike?"

211 *West Midlands Travel Ltd. v. Transport and General Workers' Union*, [1994] ICR 978, 981.

212 *West Midlands Travel Ltd. v. Transport and General Workers' Union*, [1994] ICR 978, 981 f.; zum Ganzen auch *Bowers/Duggan/Reade*, The law of industrial action and trade union recognition, S. 90.

213 Siehe dazu unter C. II. 2. a. iii. und C. III. 2.

214 Zwar behaupten *Honeyball/Bowers*, Textbook on employment law, S. 424, dass ungültige Wahlzettel zu Ungunsten der Gewerkschaft berücksichtigt würden. Begründet wird

Section 230 (4) (b) TULR(C)A 1992 schreibt vor, dass die abgegebenen Stimmen gerecht und genau ausgezählt werden. Zugleich erklärt die Vorschrift – mit ähnlichem Wortlaut wie Section 232B TULR(C)A 1992 – kleine Ungenauigkeiten bei der Auszählung für unbeachtlich, wenn sie versehentlich geschehen und das Abstimmungsergebnis nicht beeinflussen können. Dafür gilt grundsätzlich derselbe Maßstab wie bei Section 232B TULR(C)A 1992.[215]

Für die Auszählung stellt der Code of Practice in Section E Nummer 42 eine Reihe von Empfehlungen auf. Darin heißt es unter anderem, dass die Gewerkschaft nach dem Ende der Rücksendefrist jeden Stimmzettel zurückweisen solle. Sie solle auch alle erhaltenen Stimmzettel an einem sicheren Ort verwahren, bis sie ordnungsgemäß ausgezählt sind.

## 5. Verkündung des Ergebnisses

Die Gewerkschaft muss das Ergebnis der Urabstimmung sowohl den betroffenen Mitgliedern (Section 231 TULR[C]A 1992) als auch den betroffenen Arbeitgebern (Section 231A TULR[C]A 1992) mitteilen. Die Arbeitgeber müssen zudem einen detaillierten Hinweis vor der Aufnahme des Arbeitskampfs erhalten (Section 234A TULR[C]A 1992), vergleichbar mit dem Hinweis vor der Durchführung der Urabstimmung[216]. Daneben muss der Wahlprüfer seinen Bericht ausfertigen und vorlegen (Sections 226B, 231B TULR[C]A 1992).

### a. Verkündung gegenüber den Mitgliedern

Gemäß Section 231 TULR(C)A 1992 muss die Gewerkschaft nach der Durchführung der Urabstimmung so bald wie vernünftigerweise realisierbar die vernünftigerweise notwendigen Schritte unternehmen, um die Abstimmungsberechtigten über das Ergebnis zu informieren. Die anzugebenden Informationen werden vom Gesetz genau benannt. So müssen den Mitgliedern die Gesamtzahl der abgegebenen Stimmen, die Anzahl der Ja- und der Nein-Stimmen jeweils in Bezug auf die gestellten Fragen sowie die Zahl der ungültigen Wahlzettel mitgeteilt werden.

Das Gesetz lässt offen, auf welchem Weg die genannten Informationen zu übermitteln sind. Offen ist insbesondere, wie der Begriff vernünftigerweise

---

diese Annahme jedoch nicht. Es ist daher davon auszugehen, dass auch heute ungültige Stimmen und Enthaltungen bei der Auszählung nicht berücksichtigt werden.

215 Siehe dazu oben unter C. 2. d. iii.

216 Siehe dazu oben unter C. II. 2. a.

notwendig auszulegen ist und ob die Gewerkschaft diesbezüglich eine Einschätzungsprärogative hat. In zwei Entscheidungen aus dem Jahr 2010 machte die Rechtsprechung genauere Angaben zur Auslegung der Section 231 TULR(C)A 1992.

Der High Court hatte zunächst in der Sache *Network Rail Infrastructure Ltd. v. National Union of Rail, Maritime and Transport Workers*[217] zu klären, ob die Veröffentlichung der Daten im Internet ausreichend ist. Die Gewerkschaft RMT hatte ihren Mitgliedern eine Kurznachricht geschickt. Darin hieß es, es habe eine klare Zustimmung zum Arbeitskampf gegeben. Daneben war ein Link zur Homepage der Gewerkschaft angegeben, auf der die genauen Ergebnisse eingesehen werden konnten. Das Gericht sah darin keine hinreichende Form der Verkündung im Sinne der Section 231 TULR(C)A 1992. Die Vorschrift verlange von der Gewerkschaft ein aktives Handeln. Ein solches liege in der Übersendung der Informationen. Das Aufzeigen einer Quelle, aus der die Mitglieder bei Bedarf die Informationen ersehen können, reiche nicht aus.[218]

Nur etwa einen Monat später zeigte sich der Court of Appeal in der Sache *British Airways v. Unite the Union*[219] im Ergebnis – wenn auch nicht einstimmig – deutlich nachsichtiger mit der Gewerkschaft Unite. Diese hatte die relevanten Informationen ebenfalls auf ihrer Homepage veröffentlicht. Zusätzlich hatte sie Handzettel mit den Ergebnissen in den Räumlichkeiten des Arbeitgebers verteilt sowie dort entsprechende Aushänge angebracht.

Gegen die Stimme eines Richters entschied das Gericht zugunsten der Gewerkschaft. Durch das Wort „informieren“ in Section 231 TULR(C)A 1992 habe der Gesetzgeber keine Verpflichtung zu einer persönlichen Kommunikation mit jedem betroffenen Mitglied normieren wollen. Eine Mitteilung per Post sei vom Gesetz gerade nicht angeordnet. Die Mitglieder könnten nach dem Gesetzeswortlaut auch kollektiv angesprochen werden.[220] Unite habe auf der Basis eigener Erfahrungen in einer vernünftigen und geeigneten Weise mit den Mitgliedern kommuniziert.[221] Das Gericht stellte ausdrücklich auf die sonst innerhalb der

---

217 *Network Rail Infrastructure Ltd. v. RMT*, [2010] EWHC 1084 (QB); zu dieser Entscheidung auch *Deakin/Morris*, Labour law, S. 1079.

218 „It seems to me that section 231 (...) requires active steps to be taken to provide information. I think there is a real distinction between taking active steps by sending information to the members concerned, and identifying for them a place where they can go and get the information if they wish to have it."

219 *British Airways v. Unite the Union*, [2010] ICR 1316 ff.; [2010] IRLR 809 ff.

220 *British Airways v. Unite the Union*, [2010] ICR 1316, 1339 f.; [2010] IRLR 809, 821.

221 *British Airways v. Unite the Union*, [2010] ICR 1316, 1324; [2010] IRLR 809, 814.

Gewerkschaft übliche Art der Mitteilung wichtiger Informationen ab. Die Unite-Mitglieder waren aufgrund ihrer beruflichen Betätigung erfahren im Umgang mit Computern und dem Internet. Sie kommunizierten üblicherweise auf einem digitalen Weg mit ihrer Gewerkschaft. Die Entscheidung ist also nicht ohne weiteres auf andere Gewerkschaften und ihre Mitgliederstruktur übertragbar. Muss eine Gewerkschaft damit rechnen, dass ihre Mitglieder mit der gewählten Art der Kommunikation nicht vertraut sind, muss sie andere Kommunikationsmittel nutzen. Die Begründung des Gerichts legt jedoch nahe, dass die Gewerkschaft eine gewisse Einschätzungsprärogative hat.

Die Richter äußerten sich auch zum Begriff vernünftigerweise notwendig. Durch diese Wortwahl habe der Gesetzgeber ausgedrückt, dass die Gewerkschaft gerade nicht *alles* Notwendige tun muss, um die betroffenen Mitglieder zu informieren. Genügend sei, was eine vernünftige und umsichtige Person tun würde.[222] Die Gewerkschaft muss also nicht jeden denkbaren Kommunikationsweg ausschöpfen. Sie darf sich auf den nach ihrer Ansicht effektivsten beschränken.

Das Gericht erwog zudem eine analoge Anwendung der Section 232B (1) TULR(C)A 1992 auf Section 231 TULR(C)A 1992. Nach Section 232B (1) TULR(C)A 1992 sind unbeabsichtigte Fehler, die das Abstimmungsergebnis nicht beeinflussen können, unbeachtlich.[223] Die Vorschrift findet gemäß ihrem Absatz (2) nur auf die Sections 227 (1), 230 (2) und 230 (2B) TULR(C)A 1992 Anwendung. Der Vertreter des Arbeitgebers folgerte daraus, dass die übrigen Vorschriften über die Urabstimmung strikt einzuhalten seien und Fehler diesbezüglich nicht außer Acht gelassen werden könnten. Das Gericht stimmte dem nicht zu. Zwar sei eine ordnungsgemäße Urabstimmung gesetzlich vorgeschrieben. Fehler jedoch, die keine Konsequenzen zeitigten, seien grundsätzlich nicht zu berücksichtigen. Die drei in Section 232B (2) TULR(C)A 1992 genannten Normen bezögen sich auf den Abstimmungsprozess als solchen und damit auf den besonders sensiblen Teil der Urabstimmung. Wenn Fehler schon hier unberücksichtigt bleiben könnten, müsse das erst recht für Fehler in der Nachbereitung der Abstimmung gelten. Denn sie seien weniger gravierend.[224]

Mit einer Übertragung dieser Auslegung auf alle Fehler in der Vor- und Nachbereitung der Urabstimmung sollte jedoch vorsichtig umgegangen werden. Die Entscheidung ist nicht bestätigt worden. Aufgrund des eindeutigen Wortlauts der Section 232B (2) TULR(C)A 1992 erscheint es höchst zweifelhaft, dass sich

222 *British Airways v. Unite the Union*, [2010] ICR 1316, 1339; [2010] IRLR 809, 821.

223 Siehe zu dieser Vorschrift ausführlich oben unter C. II. 2. d. iii.

224 *British Airways v. Unite the Union*, [2010] ICR 1316, 1340; [2010] IRLR 809, 821.

die hier formulierte Auffassung durchsetzt. Wahrscheinlicher ist die bereits mehrfach vorgenommene Anwendung des De minimis-Grundsatzes[225] auf kleine Fehler, die nicht von Section 232B TULR(C)A 1992 erfasst sind.

Die *British Airways*-Entscheidung passt in die erkennbar nachsichtige Rechtsprechung des Court of Appeal in der jüngeren Vergangenheit.[226] Das Gericht ist bemüht, die strengen gesetzlichen Anforderungen milde auszulegen und kleine Fehler zu tolerieren. Grund dafür ist zum einen der bereits erwähnte steigende Einfluss von Art. 11 EMRK.[227] Zum anderen wird gerade in dieser Entscheidung deutlich, dass die Urabstimmungsregelungen aus Sicht des Gerichts nicht zur Waffe in der Hand des Arbeitgebers[228] verkommen sollen. So spricht einer der drei Richter in seiner Begründung von einer gewissen Ironie, dass gerade der Arbeitgeber den Verstoß gegen eine Vorschrift geltend macht, die im Interesse der Gewerkschaftsmitglieder eingeführt worden ist. Das sei umso bemerkenswerter, als der Arbeitgeber hier aufgrund des Ergebnisses der Urabstimmung sehr wohl gewusst habe, dass eine überwältigende Mehrheit der Mitglieder die Aufnahme des Arbeitskampfs befürwortete. Dieses widersprüchliche Verhalten sei vom Gesetz jedoch nicht untersagt und daher zulässig, so der Richter.[229]

### b. Verkündung gegenüber dem Arbeitgeber

Nach Section 231A (1) TULR(C)A 1992 sind auch jedem betroffenen Arbeitgeber die in Section 231 TULR(C)A 1992 genannten Informationen zu übermitteln. Der Wortlaut beider Vorschriften deckt sich im Wesentlichen. Insbesondere hat die Gewerkschaft ihrer Verpflichtung auch hier so bald nachzukommen, wie es vernünftigerweise realisierbar ist. „Betroffener Arbeitgeber" ist gemäß Section 231A (2) TULR(C)A 1992 derjenige, von dem die Gewerkschaft vernünftigerweise ausgehen muss, dass er zur Zeit der Urabstimmung Arbeitgeber eines der Abstimmungsberechtigten ist. Bleibt einer von mehreren betroffenen

---

225 Siehe dazu unten unter C. II. 9.

226 Siehe dazu schon oben unter C. II. 2. a. iii.

227 *Metrobus Ltd. v. Unite the Union* [2010] ICR 173, 183 ff.; [2009] IRLR 851, 857 ff.; *London and Birmingham Railway Ltd. v. ASLEF,* [2011] ICR 848, 853; [2011] IRLR 399, 401 f.

228 *Hardy*, Labour law in Great Britain, S. 297, spricht von einer taktischen Waffe in der Hand des Arbeitgebers: „(...) the balloting provisions place a significant tactical weapon in the hands of employers, suppliers or customers who are affected by the industrial action (...)".

229 *British Airways v. Unite the Union*, [2010] ICR 1316, 1320; [2010] IRLR 809, 812.

Arbeitgebern unberücksichtigt, führt dies zwar zum Verlust der Immunität in Bezug auf den Arbeitskampf in dessen Unternehmen. Die übrigen Kampfmaßnahmen bleiben jedoch geschützt.[230]

Der Court of Appeal entschied in der Sache *Metrobus Ltd. v. Unite the Union*, dass die Gewerkschaft der Verpflichtung aus Section 231A TULR(C)A 1992 unabhängig davon nachkommen muss, ob sie tatsächlich zum Arbeitskampf aufruft.[231] Zudem äußerte sich das Gericht dazu, wie bald die Informationen an den Arbeitgeber weitergeleitet werden müssen, nachdem die Gewerkschaft sie erhalten hat. Sobald sie der für die Weitergabe geeigneten Person zur Verfügung stehen, muss diese sie an den Arbeitgeber übermitteln. Eine aus Sicht dieser Person notwendige Autorisation der Weitergabe durch den Generalsekretär der Gewerkschaft rechtfertige keine Verzögerung, so das Gericht.[232]

Die internen Abläufe und Strukturen in der Gewerkschaft bleiben also bei der Beurteilung der Frage, ob die Informationen so bald wie vernünftigerweise realisierbar übermittelt wurden, außer Betracht. Jedes Zögern bei der Weitergabe aus internen Gründen ist der Gewerkschaft grundsätzlich als Organisationsverschulden zuzurechnen und stellt einen Verstoß gegen Section 231A TULR(C)A 1992 dar. Die Vorschrift dient erkennbar allein der Vorbereitung des Arbeitgebers auf den Arbeitskampf. Da dieser jedoch bereits durch die Hinweise vor Urabstimmung und Arbeitskampf[233] umfassend über die beteiligten Arbeitnehmer informiert wird, erscheint es fraglich, warum es zusätzlich der Übermittlung der detaillierten Ergebnisse unmittelbar nach deren Bekanntgabe bedarf. Ausreichend an dieser Stelle wäre eine einfache Mitteilung über den Ausgang der Urabstimmung. Das Gesetz schafft an dieser Stelle nur eine weitere Hürde für die Gewerkschaft, an der sie, wie die *Metrobus*-Entscheidung zeigt, leicht ins Straucheln gerät. Der Arbeitgeber erlangt durch die Informationen einen erkennbaren Vorteil. Section 231A TULR(C)A 1992 ist so ein bloßer Formalismus, der den Arbeitgebern lediglich einen weiteren potentiellen Angriffspunkt gegen die Gewerkschaft liefert.

In Section E Nummer 44 empfiehlt der Code of Practice unter anderem die Einrichtung eines Beauftragten für die Sammlung und Übermittlung der nach Section 231 TULR(C)A 1992 notwendigen Informationen. Dieser ist dann zweifelsfrei die geeignete Person zur Weitergabe der Informationen. Er muss nach der *Metrobus*-Entscheidung die Weitergabe selbständig und ohne

---

230 Section E Nummer 45 des Code of Practice.

231 *Metrobus Ltd. v. Unite the Union,* [2010] ICR 173, 199; [2009] IRLR 851, 863.

232 *Metrobus Ltd. v. Unite the Union,* [2010] ICR 173, 201; [2009] IRLR 851, 864.

233 Zu letzterem siehe unten unter C. II. 6. a.

schuldhaftes Zögern vornehmen. Daneben solle die Gewerkschaft bei den adressierten Arbeitgebern erfragen, ob sie die relevanten Informationen erhalten haben.

### c. Bericht des Wahlprüfers

Der vor der Abstimmung benannte Wahlprüfer[234] muss seinen Bericht gemäß Section 226B (1) (b) TULR(C)A 1992 so bald wie vernünftigerweise realisierbar fertigstellen, spätestens jedoch vier Wochen nach dem Datum der Urabstimmung. Dieses Datum ist im Gesetz anders als der Eröffnungstag der Urabstimmung[235] nicht definiert. Gemeint sein kann hier allein der letzte Tag, an dem die Gewerkschaft Stimmzettel entgegen nimmt. Denn der Wahlprüfer kann seinen Bericht erst sinnvoll erarbeiten, wenn der Abstimmungsvorgang endgültig abgeschlossen ist.

Was in den Bericht aufzunehmen ist, beschreibt Section 231B (1) TULR(C)A 1992. Der Wahlprüfer soll darin erklären, ob er davon überzeugt ist, dass es keine Verstöße gegen gesetzliche Anforderungen im Zusammenhang mit der Urabstimmung gab und die Gewerkschaft im Umgang mit den Wahlzetteln und der Auszählung das Risiko eines Missbrauchs minimiert hat. Zudem soll er angeben, ob er seine Pflichten gemäß Section 226B (1) TULR(C)A 1992 ohne Behinderung durch die Gewerkschaft oder ihre Mitglieder, Vertreter oder Angestellten ausüben konnte. Sofern er bezüglich eines dieser Punkte Einwände hat, soll er diese im Einzelnen begründen.

Der Bericht ist gemäß Section 226B (1) (a) TULR(C)A 1992 der Gewerkschaft zu übergeben. Begehrt einer der Abstimmungsberechtigten oder ein betroffener Arbeitgeber innerhalb von sechs Monaten nach Abschluss der Urabstimmung eine Kopie des Berichts, so hat die Gewerkschaft ihm eine solche gemäß Section 231B (2) TULR(C)A 1992 so schnell wie möglich entweder kostenfrei oder zu einer von ihr festgelegten, angemessenen Gebühr bereitzustellen.

Ein positiver Bericht des Wahlprüfers kann etwaige Fehler im Urabstimmungsprozess nicht heilen.[236] Zugleich macht ein negativer Bericht die Urabstimmung aber auch nicht rechtswidrig.[237]

Der Code of Practice empfiehlt in Section E Nummer 49, dass die Gewerkschaft mit dem Aufruf zum Arbeitskampf warten soll, bis sie den Bericht des

234 Siehe dazu oben unter C. II. 2. b.

235 Siehe dazu oben unter C. II. 2. a. i. (1).

236 *RJB Mining Ltd. v. National Union of Mineworkers*, [1997] IRLR 621, 624; siehe dazu auch oben unter C. II. 2. b. und Fn. 161.

237 *Deakin/Morris*, Labour law, S. 1080.

Wahlprüfers erhalten hat. Da jedoch der Aufruf zum Arbeitskampf binnen vier Wochen nach dem Abschluss der Urabstimmung erfolgen muss[238], scheint diese Empfehlung wenig praxisgerecht.[239] Es bliebe unter Umständen nur eine äußerst begrenzte Zeit zur Vorbereitung des Arbeitskampfs.

## 6. Vorbereitung des Arbeitskampfs

In Vorbereitung des Arbeitskampfs muss die Gewerkschaft einen entsprechenden Hinweis an den Arbeitgeber geben, durch eine geeignete Person zur konkreten Kampfmaßnahme aufrufen und die Geltungsdauer der Urabstimmung beachten.

### a. Hinweis an den Arbeitgeber

Wie vor der Durchführung der Urabstimmung muss die Gewerkschaft auch vor dem Aufruf zum Arbeitskampf gemäß Section 234A TULR(C)A 1992 einen Hinweis an den Arbeitgeber erteilen. Die Vorschrift ähnelt im Wesentlichen Section 226A TULR(C)A 1992 über den Hinweis vor der Abstimmung, ist aber etwas umfangreicher. Die Gewerkschaft hat auch hier die oben bereits beschriebenen Listen und Materialien bereitzustellen. Alternativ kann sie wieder vereinfachte Informationen für diejenigen Mitglieder angeben, die ihre Beiträge nach dem DOCAS-System bezahlen. Die Angaben müssen erneut so genau wie vernünftigerweise realisierbar sein. Namen müssen nicht genannt werden.[240]

Die Informationen haben sich auf die „betroffenen Arbeitnehmer" zu beziehen. Das sind nach der Definition in Section 234A (5C) TULR(C)A 1992 alle Arbeitnehmer, von denen die Gewerkschaft vernünftigerweise ausgehen muss, dass sie von ihr an einem Arbeitskampf beteiligt werden.

Da die Anforderungen an beide Hinweise sehr ähnlich sind, wiederholen sich beim Hinweis vor der Urabstimmung gemachte Fehler häufig. Daher beschäftigen sich die Gerichte in einem Urteil regelmäßig sowohl mit Section 226A TULR(C)A 1992 als auch mit Section 234A TULR(C)A 1992.[241] Die oben bereits

---

238 Siehe dazu unten unter C. II. 6. c.

239 *Deakin/Morris*, Labour law, S. 1080, Fn. 359.

240 Zum Ganzen vgl. oben die Ausführungen zu Section 226A TULR(C)A 1992 unter C. II. 2. a. i.

241 Seit 2009 war das beispielsweise in folgenden Rechtssachen der Fall: *London and Birmingham Railway Ltd. v. ASLEF*, [2011] ICR 848 ff.; [2011] IRLR 399 ff.; *British Airways v. Unite the Union*, [2010] IRLR 423 ff.; *Network Rail Infrastructure Ltd. v.*

skizzierten Grundsätze der Rechtsprechung zu Section 226A TULR(C)A 1992[242] lassen sich auf Section 234A TULR(C)A 1992 übertragen.

Auch der Hinweis vor dem Arbeitskampf birgt das Risiko, dass die Arbeitgeber ihre Beschäftigten identifizieren können. Die Namen der beteiligten Arbeitnehmer müssen zwar nicht genannt werden. Gerade in kleineren Unternehmen können diese jedoch schon durch die Nennung ihrer Gruppe und ihres Arbeitsplatzes recht zuverlässig erkannt werden. Der Arbeitgeber kann mithilfe des Hinweises versuchen, die kampfbereiten und aufgerufenen Mitglieder vom Arbeitskampf abzuhalten. Vor Kündigungen schützt das Gesetz jedenfalls für die Dauer von zwölf Wochen.[243] Die kampfbereiten Arbeitnehmer sind sonstigen Repressalien durch den Arbeitgeber allerdings ausgeliefert.[244]

Der Code of Practice gibt keine speziellen Empfehlungen zum Hinweis nach Section 234A TULR(C)A 1992. Wegen der Ähnlichkeit zum Hinweis vor der Urabstimmung verweist er in Section E Nummer 51 im Wesentlichen auf die Ausführungen zu diesem Hinweis.

Auf die Besonderheiten der Section 234A TULR(C)A 1992 im Vergleich zu Section 226A TULR(C)A 1992 soll im Folgenden eingegangen werden.

#### i. Angemessener Zeitraum

Gemäß Section 234A (1) TULR(C)A 1992 muss der Hinweis innerhalb eines angemessenen Zeitraums versendet werden. Diesen definiert das Gesetz in Absatz (4). Er beginnt mit dem Tag, an dem die Gewerkschaft ihre Pflichten aus Section 231A TULR(C)A 1992 erfüllt, also dem Arbeitgeber das Abstimmungsergebnis[245] mitteilt. Dabei könnte auf den Zeitpunkt der Versendung der Ergebnismitteilung oder auf den Zeitpunkt von deren Erhalt abzustellen sein. Das Gesetz stellt auf die *Erfüllung* der Pflicht aus Section 231A TULR(C)A 1992 ab. Die Gewerkschaft muss danach alles *vernünftigerweise Notwendige* tun, um sicherzustellen, dass jeder Arbeitgeber die Informationen erhält. Die Pflicht

---

*RMT*, [2010] EWHC 1084 ff. (QB); *EDF Energy Powerlink Ltd. v. RMT*, [2010] IRLR 114 ff.; *Metrobus Ltd. v. Unite the Union*, [2010] ICR 173 ff.; [2009] IRLR 851 ff.

242 Siehe dazu oben unter C. II. 2. a. ii.

243 Siehe zur Unwirksamkeit von Arbeitgeberkündigungen aufgrund der Teilnahme an einem offiziellen Arbeitskampf oben unter C. I. 4. und C. II. 2. c.

244 *Deakin/Morris*, Labour law, S. 1084.

245 Siehe dazu ausführlich oben unter C. II. 5. b.

der Gewerkschaft ist also auf dasjenige beschränkt, was nach ihrer Ansicht notwendig ist.[246] Dem genügt sie bereits, wenn sie eine sichere Versendungsmethode wählt und die Mitteilung anschließend dem Boten übergibt. Dass sie die Übermittlung der Informationen in eigener Organisation übernimmt, verlangt das Gesetz gerade nicht. Daher genügt die Gewerkschaft ihrer Pflicht aus Section 231A TULR(C)A 1992 bereits mit der Übergabe der Ergebnismitteilung an den Versender. Dies ist dementsprechend der Beginn des Zeitraums aus Section 234A (4) TULR(C)A.[247]

Der Zeitraum endet mit dem siebten Tag vor der erstmaligen Aufnahme der Arbeitskampfmaßnahme, auf die sich der Hinweis bezieht. Unklar ist, ob der Hinweis dem Arbeitgeber dann bereits zugegangen sein muss. Zwar muss die Gewerkschaft auch gemäß Section 234A (1) TULR(C)A 1992 lediglich alles *vernünftigerweise Notwendige* getan haben, um sicherzustellen, dass der Arbeitgeber den Hinweis im angemessenen Zeitraum erhält. Der Bezug zum Arbeitskampf bei der Bestimmung des Endes des angemessenen Zeitraums macht jedoch klar, dass der Arbeitgeber nach Erhalt des Hinweises noch ausreichend Zeit zur Reaktion und Vorbereitung haben soll. Das ist nur sichergestellt, wenn der Hinweis sieben Tage vor Beginn des Arbeitskampfs auch tatsächlich bei ihm eingegangen ist. Daher ist der Hinweis nur dann innerhalb des angemessenen Zeitraums versendet worden.

#### ii. Ununterbrochene und unterbrochene Arbeitskämpfe

Neben den erwähnten Listen und Materialien muss die Gewerkschaft in diesem Hinweis auch angeben, ob sie einen ununterbrochenen oder unterbrochenen Arbeitskampf beabsichtigt, Section 234A (3) (b) TULR(C)A 1992.[248] Bei einem ununterbrochenen Arbeitskampf ist für jeden betroffenen Arbeitnehmer das

246 Vgl. zur Einschätzungsprärogative der Gewerkschaft bei der Erfüllung der Informationspflichten oben unter C. II. 5. a. und b.

247 Andere Ansicht wohl *Deakin/Morris*, Labour law, S. 1083, die davon sprechen, dass der Zeitraum nicht beginnt, ehe alle betroffenen Arbeitgeber informiert wurden („[...] before relevant employers have been informed [...]"). Wie hier auch *Metrobus Ltd. v. Unite the Union*, [2010] ICR 173, 199; [2009] IRLR 851, 863: Der Court of Appeal entschied, dass Hinweis und Information sogar gleichzeitig verschickt werden können. Geschieht dies nicht, muss allerdings der Hinweis auf die Ergebnismitteilung folgen. Ein Eintreffen beim Arbeitgeber in umgekehrter Reihenfolge schließe das Gesetz aus.

248 Section 234A (3) (b) TULR(C)A 1992: „(...) whether industrial action is intended to be *continuous or discontinuous* (...)".

genaue Datum anzugeben, an dem er die Kampfmaßnahme aufnehmen soll. Zu einem unterbrochenen Arbeitskampf sind für die betroffenen Arbeitnehmer die Zeitpunkte zu benennen, an denen sie jeweils an Kampfmaßnahmen teilnehmen sollen.

Ein unterbrochener Arbeitskampf liegt vor, wenn die Gewerkschaft nur an einigen Tagen Maßnahmen plant. An diesen Tagen muss jedoch nur die Möglichkeit der Durchführung der Maßnahmen gegeben sein. Sie müssen nicht zwangsläufig stattfinden.[249]

Zwar spricht das Gesetz davon, dass für *jeden* betroffenen Arbeitnehmer ein Zeitpunkt anzugeben ist.[250] Die Gewerkschaft muss aber nicht, wie Section 234A (3F) TULR(C)A 1992 eindeutig klarstellt, die betroffenen Arbeitnehmer namentlich nennen. Daher genügt es, wenn sie die geplanten Zeitpunkte jeweils in Zusammenhang mit den im Hinweis anzugebenden Listen und Materialien setzt.

Unterbricht die Gewerkschaft einen als ununterbrochen angegebenen Arbeitskampf und möchte ihn anschließend wieder aufnehmen, muss sie dafür einen erneuten Hinweis geben. Dieser muss erneut angeben, ob der nun fortzusetzende Arbeitskampf ununterbrochen oder unterbrochen sein soll.[251]

Der Court of Appeal entschied 2010, dass in einem Hinweis sowohl ein ununterbrochener als auch ein unterbrochener Arbeitskampf angekündigt werden kann und es dafür nicht zweier Hinweise bedarf.[252] Ob die Gewerkschaft dann zwischen beiden Formen frei wählen kann, ließ das Gericht ausdrücklich offen.[253] Inwieweit sich die Gewerkschaft an die Angaben in ihrem Hinweis bindet, soll sogleich erörtert werden.

#### iii. Pflicht zur Aufnahme von Kampfhandlungen?

Ähnlich wie beim Hinweis vor der Urabstimmung[254] könnte die Gewerkschaft durch die Urabstimmung oder den Hinweis an den Arbeitgeber verpflichtet sein, den Arbeitskampf gemäß ihrer Angaben tatsächlich durchzuführen.

---

249 *Deakin/Morris*, Labour law, S. 1084.

250 Section 234A (3) (b) (i) und (ii) TULR(C)A 1992: „(…) for *any* of the affected employees (…)".

251 *Deakin/Morris*, Labour law, S. 1084. Siehe generell zur Möglichkeit der Wiederaufnahme eines abgebrochenen Arbeitskampfs unten unter C. II. 6. c.

252 *Milford Haven Port Authority v. Unite the Union*, [2010] EWCA Civ 400, Rn. 14.

253 *Milford Haven Port Authority v. Unite the Union*, [2010] EWCA Civ 400, Rn. 18.

254 Siehe dazu oben unter C. II. 2. a. i. (3).

*(1) Bindung gegenüber den Mitgliedern*

Die grundsätzliche Pflicht zur Durchführung eines Arbeitskampfs könnte sich aus dem von der Urabstimmung verliehenen Mandat ergeben. Haben die Gewerkschaftsmitglieder für die Aufnahme des Arbeitskampfs gestimmt und könnte die Gewerkschaft diesen anschließend willkürlich absagen, würde der ursprünglich verfolgte Zweck des Urabstimmungserfordernisses ad absurdum geführt. Wäre das Votum der Mitglieder nur bei der Ablehnung des Arbeitskampfs verbindlich, diente das Urabstimmungserfordernis allein den Interessen der Arbeitgeber. Dem umfassenden Schutz der Mitglieder wird das Gesetz nur gerecht, wenn man ihm die unbedingte Verbindlichkeit der Mitgliederentscheidung auch bei einer Zustimmung zum Arbeitskampf entnimmt.

Gleichwohl ergibt sich aus der Entscheidung des Court of Appeal in der Sache *Tanks and Drums Ltd. v. Transport and General Workers' Union*[255], dass eine Verpflichtung zur Durchführung des Arbeitskampfs auch bei einem eindeutigen Mitgliedervotum nicht in Betracht kommt. Die Gewerkschaft kann ihren Kampfaufruf danach unter Bedingungen stellen.[256] Bei Nichteintritt der Bedingung kommt es nicht zum Arbeitskampf, auch wenn eine zustimmende Urabstimmung vorausging. Gegen eine Bindung der Gewerkschaft gegenüber ihren Mitgliedern spricht zudem, dass sie den Arbeitskampf jederzeit ohne eine erneute Urabstimmung beenden kann.[257] Sie kann also zu einer Kampfmaßnahme aufrufen und diese sogleich wieder beenden, ohne dass es zur tatsächlichen Durchführung der Maßnahme kommen muss.

Im Vergleich dazu macht es keinen Unterschied, wenn sie von vornherein auf den Aufruf verzichtet. Sie muss diesbezüglich flexibel handeln können. Denn der Arbeitgeber kann nach der Urabstimmung und insbesondere nach Erteilung des Hinweises noch auf die Forderungen der Gewerkschaft eingehen. Damit wäre der Tarifkonflikt beendet. Ein dennoch durchgeführter Arbeitskampf wäre nicht mehr von der Haftungsimmunität geschützt. Diese erfasst gemäß Section 219 (1) TULR(C)A 1992 nur Kampfmaßnahmen, die in Erwartung oder

---

255 *Tanks and Drums Ltd. v. TGWU,* [1992] ICR 1.

256 *Tanks and Drums Ltd. v. TGWU,* [1992] ICR 1, 17 f. Siehe dazu ausführlich unten unter C.II.6.b.

257 Zwar hätte die Gewerkschaft ausdrücklich auch für Urabstimmungen vor der Beendigung des Arbeitskampfs finanzielle Unterstützung nach der 1996 abgeschafften Section 115 (2) (a) TULR(C)A 1992 erhalten. Auch nach den aktuell geltenden Vorschriften ist eine solche Finanzierung noch denkbar, siehe dazu unten unter D. Vorgeschrieben war eine Abstimmung über die Beendigung des Arbeitskampfs jedoch nie.

während eines Tarifkonflikts durchgeführt werden. Eine dennoch bestehende Pflicht der Gewerkschaft zur Durchführung des Arbeitskampfs wäre in einem solchen Fall widersinnig. Damit die Gewerkschaft im Tarifkonflikt flexibel auf Verhandlungsergebnisse reagieren kann, ist eine Durchführungspflicht hinsichtlich des von den Mitgliedern gewollten Arbeitskampfs abzulehnen.

### *(2) Bindung gegenüber dem Arbeitgeber*

Die Gewerkschaft könnte jedoch durch den Hinweis dem Arbeitgeber gegenüber gebunden sein. Der Hinweis dient dem Arbeitgeber ausdrücklich zur Vorbereitung auf den Arbeitskampf.[258] Diesem Zweck liefe es zuwider, wenn die Gewerkschaft durch die Nennung falscher Daten, insbesondere falscher Zeitpunkte, den Arbeitgeber bewusst in die Irre führen könnte. Andererseits führte eine starre Bindung an die genannten Zeitpunkte dazu, dass der Arbeitskampf ganz erheblich an Durchschlagskraft verlöre. Ein Überraschungsmoment wäre gänzlich ausgeschlossen. Zudem ist zu Beginn eines Arbeitskampfs für die Gewerkschaft kaum absehbar, ob er tatsächlich wie geplant durchgeführt werden kann. Es ist schon unsicher, ob alle Mitglieder kampfbereit bleiben. Eine Verpflichtung der Gewerkschaft, den Arbeitskampf genauso präzise wie angegeben durchzuführen, scheidet daher aus.

Gleichwohl muss zum Schutz des Arbeitgebers eine gewisse Bindung an die Angaben im Hinweis angenommen werden. Die Unterscheidung zwischen unterbrochenem und ununterbrochenem Arbeitskampf muss die Gewerkschaft tatsächlich wie angegeben vornehmen, denn andernfalls wäre die Pflicht aus Section 234A (3) (b) TULR(C)A 1992 überflüssig. An anderen als den angegebenen Tagen darf die Gewerkschaft einen Arbeitskampf nur ausnahmsweise aufnehmen oder durchführen. Dafür muss es entweder unvorhersehbar notwendige Abweichungen in der Planung oder sonstige, von der Gewerkschaft nicht zu vertretende Gründe geben. Sie darf nicht willkürlich an zusätzlichen Tagen Kampfmaßnahmen aufnehmen oder an einem anderen Tag damit beginnen.

Die Gewerkschaft kann jedoch bei einem unterbrochenen Arbeitskampf davon absehen, an bestimmten, im Hinweis angegebenen Tagen Maßnahmen durchzuführen. Eine positive Pflicht zum Arbeitskampf können ihr allenfalls die Mitglieder auferlegen. Eine Absage an bestimmten Tagen ist daher frei möglich, solange keine Mitgliederrechte beeinträchtigt werden.

---

258 So unter anderem der Court of Appeal in der Sache *Milford Haven Port Authority v. Unite the Union*, [2010] EWCA Civ 400, bei Rn. 14.

Kann die Gewerkschaft, wie der Court of Appeal in *Milford Haven Port Authority v. Unite the Union* entschied[259], in ihren Hinweis sowohl unterbrochenen als auch ununterbrochenen Arbeitskampf aufnehmen, muss sie nach dem hier Gesagten berechtigt sein, sich für das eine oder das andere zu entscheiden. Sie kann nicht allein zum Schutz des Arbeitgebers verpflichtet werden, beide Arten des Arbeitskampfs tatsächlich durchzuführen.

Die Wahlfreiheit hinsichtlich einer Art von Arbeitskampf verschafft der Gewerkschaft eine gewisse Flexibilität in ihrer Kampfstrategie. Jedoch darf sie nicht pauschal alle Möglichkeiten der zeitlichen Lage des Arbeitskampfs angeben, um anschließend die größtmögliche Entscheidungsfreiheit zu haben. Das liefe dem Zweck der Section 234A (3) (b) TULR(C)A 1992 entgegen. Denn wenn der Arbeitgeber jederzeit mit einem Arbeitskampf rechnen muss, wäre die Information im Hinweis für ihn unbrauchbar. Daher muss den Angaben der Gewerkschaft ein erkennbares Konzept zugrunde liegen, dass sie vor Gericht erläutern kann.

### b. Aufruf zum Arbeitskampf

Der Aufruf zum Arbeitskampf unterliegt gemäß Section 233 TULR(C)A 1992 ebenfalls genauen Voraussetzungen. So darf nur die in Section 229 (3) TULR(C)A 1992 spezifizierte Person den Aufruf vornehmen. Sie muss zuvor auf dem Wahlzettel genannt worden sein.[260] Diesen gesetzlichen Grundsatz schränkte der Court of Appeal bereits 1992 ein. Die auf dem Wahlzettel benannte Person könne die Befugnis zum Aufruf delegieren. Im zugrunde liegenden Fall sollte der Generalsekretär zum Arbeitskampf aufrufen. Die Gewerkschaft habe damit zum Ausdruck gebracht, dass sie den Aufruf als ernste Angelegenheit betrachte, die von höchster Stelle autorisiert werden muss, so das Gericht.[261] Jedenfalls in einem solchen Fall genügt die Gewerkschaft den gesetzlichen Anforderungen, wenn der zum Aufruf Benannte einen anderen damit betraut. Ob das auch gilt, wenn die auf dem Wahlzettel bezeichnete Person eine weniger hohe Stellung innerhalb der Gewerkschaft einnimmt, ist unklar. Es liegt jedoch nahe, dass jedenfalls die in Section 20 (2) TULR(C)A 1992 benannten Personen die Berechtigung zum Aufruf übertragen können. Denn ihnen wird vom Gesetz zugetraut, eine Kampfmaßnahme für die Gewerkschaft autorisieren und

259 Siehe dazu oben unter C. II. 6. a. ii.

260 Siehe dazu oben unter C. II. 2. c.

261 *Tanks and Drums Ltd. v. TGWU*, [1992] ICR 1, 17 f.

ihr damit zurechenbar machen zu können.[262] Daher sind sie grundsätzlich in der Lage, den Aufruf zum Arbeitskampf verantwortungsbewusst zu prüfen und zu übertragen.

Neben der Übertragbarkeit der Berechtigung stellte das Gericht auch fest, dass der Aufruf unter Bedingungen gestellt werden kann. Hier sollte er vom Ausgang eines Treffens mit dem betroffenen Arbeitgeber abhängen. Der an diesem Treffen beteiligte Verhandlungsführer der Gewerkschaft war vom Generalsekretär befugt worden, zum Arbeitskampf aufzurufen, sofern das Treffen nicht das gewünschte Ergebnis erzielt. Zwischen dem Eintritt der Bedingung und dem Aufruf müsse jedoch ein enger zeitlicher Zusammenhang bestehen. Ob dies der Fall ist, hänge von den jeweiligen Umständen ab, so das Gericht.[263]

Der Aufruf zum Arbeitskampf darf erst nach Abschluss der Urabstimmung erfolgen, Section 233 (3) (a) TULR(C)A 1992. Erfolgt er bereits zuvor, muss die Gewerkschaft ihn entweder widerrufen oder die Verantwortung dafür übernehmen. Letzteres kann zur deliktischen Haftung führen.[264] Der Aufruf wird der Gewerkschaft nur zugerechnet, wenn er gemäß Section 20 (2) TULR(C)A 1992 autorisiert wurde[265], Section 233 (4) TULR(C)A 1992. Zu jeder Kampfmaßnahme muss ein gesonderter Aufruf erfolgen.[266]

### c. Geltungsdauer des Urabstimmungsergebnisses

Eine zustimmende Urabstimmung ist nach ihrem Abschluss grundsätzlich für eine Dauer von vier Wochen wirksam, Section 234 (1) (a) TULR(C)A 1992. Gewerkschaft und Arbeitgeber können abweichend davon auch eine verlängerte Frist von bis zu acht Wochen vereinbaren, Section 234 (1) (b) TULR(C)A 1992.[267] Innerhalb des jeweils geltenden Zeitraums muss der Aufruf zum Arbeitskampf erfolgen.

Wird der Arbeitskampf durch eine gerichtliche Verfügung untersagt und wird diese Verfügung später aufgehoben, so kann die Gewerkschaft beim aufhebenden

262 Siehe dazu ausführlich oben unter C. I. 3.

263 *Tanks and Drums Ltd. v. TGWU*, [1992] ICR 1, 17 f.

264 *Deakin/Morris*, Labour law, S. 1086.

265 Vgl. dazu oben unter C. I. 3.

266 *Bowers/Duggan/Reade*, The law of industrial action and trade union recognition, S. 92.

267 Die Möglichkeit der Verlängerung der Frist wurde mit dem Employment Relations Act 1999 von der Labour-Regierung eingeführt. Den Tarifparteien sollte die Möglichkeit gegeben werden, Zeit für zusätzliche Verhandlungen zu schaffen. Dazu *Deakin/Morris*, Labour law, S. 1086.

Gericht beantragen, dass die Zeit, in der die Verfügung wirksam war, nicht auf die Frist nach Section 234 (1) TULR(C)A 1992 angerechnet wird, Section 234 (2), (3) TULR(C)A 1992. Die Zeit bis zur Entscheidung über diesen Antrag ist ebenfalls nicht zu berücksichtigen. Der Antrag ist unverzüglich nach der Aufhebungsentscheidung einzureichen. Das Gericht entscheidet darüber nach freiem Ermessen.[268] Die Entscheidung ist gemäß Section 234 (5) TULR(C)A 1992 nicht angreifbar und damit endgültig.

Das Gericht soll gemäß Section 234 (4) TULR(C)A 1992 den Antrag ablehnen, wenn es der Auffassung ist, dass das Abstimmungsergebnis nicht mehr länger den Willen der Mitglieder repräsentiert oder dass ein Ereignis bevorsteht, aufgrund dessen die Mitglieder nicht mehr zugunsten des Arbeitskampfs stimmen würden. Beide Alternativen sind unbestimmt und lassen den Gerichten viel Entscheidungsspielraum. Lehnt das Gericht einen Antrag ab, muss die Gewerkschaft eine erneute aufwändige und kostspielige Urabstimmung durchführen, auch wenn sie bereits ein ordnungsgemäßes zustimmendes Ergebnis erzielt hatte.[269] Daher ist Section 234 (4) TULR(C)A 1992 restriktiv anzuwenden. Die Mitglieder müssen ihren geänderten Willen durch eindeutiges Verhalten oder entsprechende Äußerungen formuliert haben. Ein meinungsänderndes Ereignis muss unmittelbar bevorstehen und sein Eintritt darf nicht mehr ungewiss sein. Es muss zudem absehbar sein, dass es erhebliche Auswirkungen auf die Einstellung der Mehrheit der Mitglieder hat.

Wird eine den Arbeitskampf untersagende Verfügung aufgehoben, muss die Gewerkschaft dem Arbeitgeber keinen erneuten Hinweis nach Section 234A TULR(C)A 1992 über die Aufnahme der geplanten Kampfhandlungen geben.[270]

Unklar ist nach dem Gesetz, ob bei einer Unterbrechung des Arbeitskampfs die Urabstimmung wirksam bleibt oder eine erneute Abstimmung nötig wird. Grundsätzlich kann ein einmal begonnener Arbeitskampf unbegrenzt fortgeführt werden, jedenfalls so lange der zugrunde liegende Tarifkonflikt besteht. Insofern verliert die Urabstimmung nicht an Wirkung. Die Fortsetzung eines unterbrochenen Arbeitskampfs ist ohne erneute Abstimmung möglich, solange sich die Kampfmaßnahme auch nach der Unterbrechung noch auf denselben Tarifkonflikt bezieht.[271]

---

268 *Deakin/Morris*, Labour law, S. 1088.

269 *Deakin/Morris*, Labour law, S. 1088. Zur zweiten vom Gesetz genannten Alternative äußern die Autoren die Sorge, dass sich das Gericht stets auf den Standpunkt stellen könne, der Tarifkonflikt werde ohnehin irgendwann durch eine Einigung beendet. Die Mitglieder würden dann nicht mehr für einen Arbeitskampf abstimmen.

270 *Deakin/Morris*, Labour law, S. 1084. Vgl. dazu auch oben unter C. II. 6. a. ii.

271 *Emir*, Law of employment, S. 654.

Das entschied der Court of Appeal in der Sache *Monsanto plc. v. Transport and General Workers' Union*. Es wäre falsch, der Gewerkschaft die vorübergehende Unterbrechung des Arbeitskampfs zum Zweck weiterer Verhandlungen zu verbieten, so das Gericht. Die Gewerkschaft hatte den Konflikt mit dem Arbeitgeber auf dem Wahlzettel als Konflikt über die Beschäftigung von Zeitarbeitern bezeichnet. Ein solcher Konflikt umfasse auch die Verhandlungen über die finanziellen Konsequenzen der Zeitarbeit für die Mitglieder der Gewerkschaft, um die es bei dem fortgesetzten Arbeitskampf ging.[272]

In der späteren Entscheidung *Post Office v. Union of Communication Workers* schränkte der Court of Appeal die Möglichkeit der Wiederaufnahme ohne erneute Urabstimmung ein. Hier hatte der Arbeitskampf zunächst von Oktober bis Dezember gedauert, ehe im darauffolgenden Jahr bis September keine Kampfmaßnahmen stattfanden. Die Gewerkschaft hatte in der Zwischenzeit zwar ihre Kampagne gegen das Beschäftigungskonzept des Arbeitgebers fortgesetzt.[273] Das Gericht entschied dennoch, dass die ursprüngliche Urabstimmung die Fortsetzung der Kampfmaßnahmen nicht mehr decke. Zwar fordere das Gesetz nur ausdrücklich, den Arbeitskampf innerhalb einer bestimmten Frist zu beginnen. Daraus folge jedoch, dass dieser ohne erhebliche Unterbrechung stattzufinden hat. Wann eine Unterbrechung erheblich ist, bleibe eine Frage des Einzelfalls, so das Gericht. Entscheidend sei immer, ob das durchschnittliche Gewerkschaftsmitglied annehme, dass der Arbeitskampf beendet ist.[274]

Nach den beiden Entscheidungen sollte die Gewerkschaft erstens ihren Mitgliedern vor einer Unterbrechung des Arbeitskampfs erklären, dass dessen Beendigung vom Ausgang der folgenden Verhandlungen abhänge. Zweitens darf die Unterbrechung nicht so lange dauern, dass der Eindruck der Beendigung des Arbeitskampfs vermittelt wird. Etwaige Angaben auf dem Wahlzettel zum zugrunde liegenden Tarifkonflikt sollten möglichst weit gefasst sein, um auch Kampfmaßnahmen nach einer Unterbrechung zu erfassen.[275] Die Möglichkeit einer Unterbrechung dient auch dem Schutz des Arbeitgebers. Die Gewerkschaft kann sich sinnvoll nur auf ein Ruhen der Kampfmaßnahmen während der Verhandlungen einlassen, wenn sie bei deren Scheitern nicht erneut eine aufwändige und kostenintensive Urabstimmung durchführen muss.

---

272 *Monsanto plc. v. TGWU,* [1987] ICR 269, 281; [1987] 1 WLR 617, 628.

273 *Post Office v. UCW,* [1990] ICR 258, 262 f.; [1990] 1 WLR 981, 985 f.

274 *Post Office v. UCW,* [1990] ICR 258, 266 f.; [1990] 1 WLR 981, 989 f.

275 *Deakin/Morris,* Labour law, S. 1087. In diese Richtung wohl auch *Michlik,* Die gewerkschaftliche Urabstimmung vor einem Arbeitskampf, S. 86 f.

## 7. Rückwirkende Urabstimmungen

Zwar kann eine Gewerkschaft einen inoffiziell geplanten Streik nachträglich, auch erst nach der Durchführung einer Urabstimmung genehmigen. Dieser unterliegt dann der Haftungsimmunität. Die Urabstimmung muss jedoch zwingend vor dem Arbeitskampf stattgefunden haben und mit einem zustimmenden Ergebnis enden. Eine rückwirkende Genehmigung des Arbeitskampfs im Wege einer erst anschließend stattfindenden Urabstimmung scheidet aus.[276] Dies folgt schon aus der Pflicht der Gewerkschaft zur Hinweiserteilung an den Arbeitgeber vor und nach der Urabstimmung. Der Arbeitgeber soll durch die Hinweise Planungen zur Vermeidung von Schäden durch den Arbeitskampf treffen können. Führt die Gewerkschaft die Urabstimmung jedoch erst nach der Kampfmaßnahme durch, wäre dieser Zweck verfehlt. Der Arbeitgeber könnte gerade nicht einschätzen, welche seiner Arbeitnehmer an der Kampfmaßnahme teilnehmen und wie groß die Zustimmung in seiner Belegschaft dazu war. Um dem Zweck der Sections 226A, 231A, 234A TULR(C)A 1992 zu genügen, muss eine rückwirkende Urabstimmung daher ausgeschlossen sein. Dem entspricht auch der Wortlaut der amtlichen Überschrift der Section 226 TULR(C)A 1992, die von der Notwendigkeit einer Urabstimmung *vor* einer gewerkschaftlichen Kampfmaßnahme spricht.[277]

## 8. Mehrere Arbeitsstätten

Haben die abstimmungsberechtigten Mitglieder verschiedene Arbeitsstätten, muss grundsätzlich an jeder dieser Arbeitsstätten eine separate Urabstimmung durchgeführt werden, Section 228 TULR(C)A 1992. Bei jeder Urabstimmung ist eine eigene Mehrheit erforderlich. Die Stimmen aller Abstimmungen dürfen grundsätzlich nicht gemeinsam ausgezählt werden.[278]

---

276 *Bowers/Duggan/Reade*, The law of industrial action and trade union recognition, S. 79.

277 Zugleich ist dies die amtliche Überschrift zu den Sections 226–235 TULR(C)A 1992, also zum Abschnitt über die Urabstimmung: „Requirement of ballot before action by trade union".

278 Durch diesen Mechanismus sollte sichergestellt werden, dass die Gewerkschaft durch Einbeziehung besonders wohlgesonnener Arbeitsstätten das Abstimmungsergebnis in ihrem Sinne beeinflussen kann. Dazu *Honeyball/Bowers*, Textbook on employment law, S. 425.

Eine Ausnahme von diesem Grundsatz macht Section 228A TULR(C)A 1992. Eine gemeinsame Auszählung aller Stimmen ist möglich, wenn eine der drei in den Absätzen (2) bis (4) genannten Voraussetzungen vorliegt.

Im ersten Fall muss an jeder Arbeitsstätte mindestens ein Mitglied der Gewerkschaft beschäftigt sein, das vom Tarifkonflikt direkt betroffen ist (Absatz [2]). Wann das der Fall ist, definiert Absatz (5) näher. Es genügt nicht, dass die Gewerkschaft bloß davon ausgeht, dass eine direkte Betroffenheit vorliegt. Daher sind im Zweifelsfall immer separate Abstimmungen vorzunehmen.[279]

Der zweite Fall sieht vor, dass alle und nur diejenigen Mitglieder abstimmungsberechtigt sein müssen, von denen die Gewerkschaft vernünftigerweise ausgeht, dass sie eine bestimmte Tätigkeit ausüben und die bei einem Arbeitgeber beschäftigt sind, der mit der Gewerkschaft in dem betreffenden Konflikt liegt (Absatz [3]). Was unter Tätigkeit zu verstehen ist, wird vom Gesetz nicht definiert. Damit kann die Funktion oder Position im Unternehmen sowie die Qualifikation gemeint sein.[280]

Drittens kann eine gemeinsame Auszählung erfolgen, wenn die Gewerkschaft alle und nur die Mitglieder zur Abstimmung berechtigt, die bei den Arbeitgebern beschäftigt sind, mit denen sie im Konflikt steht (Absatz [4]).

Nach dem Wortlaut sind die Voraussetzungen von Absatz (4) stets erfüllt, wenn ein Fall des Absatzes (3) vorliegt. Absatz (3) ist dann überflüssig, da er die engeren Voraussetzungen enthält.

Allen Varianten ist gemein, dass sie ein selektives Vorgehen der Gewerkschaft bei der Auswahl der Abstimmungsberechtigten verhindern sollen. Die beteiligten Mitglieder sollen zumindest in begrenztem Umfang eine Interessengemeinschaft darstellen, ehe die Stimmen gemeinsam ausgezählt werden dürfen. Es sollen nicht diejenigen über die Aufnahme von Kampfhandlungen entscheiden, die vom zugrundeliegenden Konflikt nicht betroffen sind.[281]

Zum Begriff der Arbeitsstätte gilt entsprechendes wie zu den Listen im Hinweis nach Section 226A TULR(C)A 1992.[282] Unklar ist auch hier, wie genau zwischen einzelnen Arbeitsstätten zu unterscheiden ist. So könnte man für jedes Gebäude an einem Standort einzelne Abstimmungen voraussetzen.[283] Das würde aufgrund des steigenden Organisationsgrads und der erheblich

279 *Deakin/Morris*, Labour law, S. 1076.

280 *Deakin/Morris*, Labour law, S. 1076.

281 *Deakin/Morris*, Labour law, S. 1076.

282 Siehe dazu oben unter C. II. 2. a. i. (2) (a).

283 *Deakin/Morris*, Labour law, S. 1075 und Fn. 319: Die Autoren halten dies zwar nicht für sinnvoll, aber dennoch möglich.

erhöhten Kosten[284] jedoch zu weit gehen. Mehrere Urabstimmungen können daher nur dort vorausgesetzt werden, wo es eine Mehrzahl an Standorten eines oder mehrerer Unternehmen gibt.

## 9. De minimis-Grundsatz

Bei kleineren Fehlern im Urabstimmungsprozess, die nicht unter Section 232B TULR(C)A 1992 fallen, wandten die Gerichte in der Vergangenheit wiederholt den De minimis-Grundsatz an.[285] Dieser sollte verhindern, dass die Urabstimmung aufgrund unbedeutender Fehler unwirksam wird.[286] Zwar sei eine Anwendung des Grundsatzes wegen des eindeutigen Wortlauts der Sections 231 und 232B TULR(C)A 1992 nicht unproblematisch.[287] Die Vorschriften ordnen das Außerachtlassen kleiner Fehler ausdrücklich nur in bestimmten Fällen an.[288] Dennoch wurde deren Wirkung mithilfe von De minimis faktisch erheblich erweitert. Beispielsweise wurde die Nennung von 778 anstatt von 788 DOCAS-Nutzern im Streikhinweis an den Arbeitgeber für unbeachtlich gehalten.[289]

Die Notwendigkeit einer Ausdehnung mithilfe von De minimis benannte der Court of Appeal in der Sache *British Airways v. Unite the Union*. Dort heißt es, die Urabstimmungsregelungen sollten keine Fallen und Hürden für die Gewerkschaften schaffen, sondern gerechte Verhandlungen mit dem Arbeitgeber und eine offene und demokratische Abstimmung für die Mitglieder ermöglichen. Seien diese Ziele durch Fehler der Gewerkschaft beeinträchtigt, müsse die

---

284 Jede Urabstimmung bedarf einer eigenen Auszählung und eines eigenen Wahlprüfers.

285 So unter anderem in den Entscheidungen *RJB Mining Ltd. v. NUM*, [1997] IRLR 621 ff.; *British Railways Board v. National Union of Railwaymen*, [1989] ICR 678 ff.; *British Airways v. Unite the Union*, [2010] ICR 1316 ff.; [2010] IRLR 809 ff.; *London and Birmingham Railway Ltd. v. ASLEF*, [2011] ICR 848 ff.; [2011] IRLR 399 ff.; *Metrobus Ltd. v. Unite the Union*, [2010] ICR 173; [2009] IRLR 851 ff.

286 *British Railways Board v. National Union of Railwaymen*, [1989] ICR 678, 684.

287 *British Airways v. Unite the Union*, [2010] ICR 1316, 1330; [2010] IRLR 809, 816.

288 Siehe dazu oben unter C. II. 2. d. iii. und C. II. 3. b.

289 *Metrobus Ltd. v. Unite the Union*, [2010] ICR 173, 205; [2009] IRLR 851, 866: Der Court of Appeal nannte den De minimis-Grundsatz hier nicht ausdrücklich, sagte aber, ein solcher Fehler habe keine Folgen für die Wirksamkeit des Hinweises. Das Gericht ging zudem davon aus, die Gewerkschaft habe die fehlerhafte Angabe nicht machen müssen. In einem solchen Fall sind kleine Fehler wohl stets unbeachtlich.

Abstimmung ungültig sein. Es könne jedoch nicht die Absicht des Gesetzgebers gewesen sein, die Rechtswidrigkeit der Urabstimmung schon bei Verstößen ohne negative Auswirkungen auf die Rechte oder Interessen der Mitglieder oder Arbeitgeber anzuordnen.[290] Mithilfe dieser Begründung setzte sich das Gericht in einem späteren Fall über den eindeutigen Wortlaut der Section 232B TULR(C)A 1992 hinweg. Die Vorschrift dürfe nicht dazu führen, dass Fehler ohne Einfluss auf das Abstimmungsergebnis nicht unbeachtlich sein können. Eine solche Auslegung sei nicht gerechtfertigt, auch wenn der Gesetzgeber auf ein Äquivalent zu Section 232B TULR(C)A 1992 beispielsweise bei den Hinweispflichten verzichtet habe.[291]

Der De minimis-Grundsatz kann nach den jüngeren Entscheidungen des Court of Appeal[292] als gefestigter Rechtsgrundsatz im Zusammenhang mit Urabstimmungen angesehen werden. Seine Anwendung liegt jedoch im freien Ermessen des Gerichts. Eine gesetzliche Regelung über Section 232B TULR(C)A 1992 hinaus fehlt. Der Gesetzgeber täte nach den zuletzt ergangenen Entscheidungen gut daran, die Wirkung der Vorschrift ausdrücklich auszudehnen.

## 10. Fazit

Die gesetzlichen Anforderungen an eine rechtmäßige Urabstimmung sind umfangreich und äußerst detailliert. Besondere Probleme bereiten den Gewerkschaften die Hinweise an den Arbeitgeber vor der Abstimmung und vor der Aufnahme des Arbeitskampfs sowie die Bestimmung der Abstimmungsberechtigten. Mit diesen Bereichen befasste sich die Rechtsprechung besonders häufig. Es bleibt unklar, inwieweit insbesondere die Hinweise an den Arbeitgeber dem ursprünglich ausgegebenen Zweck des Urabstimmungserfordernisses – Stärkung der Mitgliederbeteiligung – dienen können. In erster Linie ermöglichen sie dem Arbeitgeber eine gute Vorbereitung auf den Arbeitskampf und schwächen so die Durchschlagskraft von Kampfmaßnahmen erheblich.

Fehler im Urabstimmungsprozess toleriert das Gesetz nur in Ausnahmefällen und entzieht ansonsten schon bei kleinsten Verstößen die Immunität vor

---

290 *British Airways v. Unite the Union*, [2010] ICR 1316, 1342; [2010] IRLR 809, 822.

291 *London and Birmingham Railway Ltd. v. ASLEF*, [2011] ICR 848, 871; [2011] IRLR 399, 409 f.

292 *British Airways v. Unite the Union*, [2010] ICR 1316 ff.; [2010] IRLR 809 ff.; *London and Birmingham Railway Ltd. v. ASLEF*, [2011] ICR 848; [2011] IRLR 399 ff.; *Metrobus Ltd. v. Unite the Union*, [2010] ICR 173 ff.; [2009] IRLR 851 ff.

deliktischer Haftung. Dass dies häufig dem geäußerten Mitgliederwillen zuwider läuft, ist vom Gesetzgeber nur in den engen Grenzen der Section 232B (2) TULR(C)A 1992 berücksichtigt worden. Eine Ausdehnung der Grenzen erscheint sachgerecht und ist von den Gerichten bereits verlangt worden.

Die Rechtsprechung erweiterte in einigen Fällen den Anwendungsbereich von Section 232B TULR(C)A 1992 und wandte ansonsten den De minimis-Grundsatz auf leichte Fehler an. Der Court of Appeal erkannte zudem das widersprüchliche Verhalten von Arbeitgebern, die Verstöße gegen Vorschriften geltend machen, die dem Schutz von Gewerkschaftsmitgliedern dienen sollen. Konsequenzen wurden aus dieser Erkenntnis zwar nicht gezogen. Das Gericht betonte jedoch, sich allein deshalb nicht näher mit dieser Frage zu beschäftigen, weil die Parteien diesen Widerspruch in dem zugrundeliegenden Verfahren nicht gerügt hatten.[293] Sachgerecht erscheint, dass sich Arbeitgeber in Zukunft nur noch auf Vorschriften berufen können, die ausdrücklich ihrem Schutz dienen, beispielsweise die Hinweispflichten. Bei Verstößen gegen mitgliederschützende Vorschriften könnten dann allein die Mitglieder Rechtsschutz erlangen. Der ursprüngliche Zweck dieser Vorschriften wäre damit gewahrt. Die Gerichte müssten zudem nicht mehr auf der Basis mitgliederschützender Vorschriften entgegen eines eindeutig geäußerten Willens der Mitglieder entscheiden.

## III. Rechtsschutz bei Verstößen

Zum Rechtsschutz bei Verstößen sind verschiedene Personen antragsberechtigt. Arbeitgeber beantragen in der Regel einstweiligen Rechtsschutz.

### 1. Antragsberechtigte

Neben den Mitgliedern der Gewerkschaft (Section 62 TULR[C]A 1992)[294] können auch die vom Arbeitskampf betroffenen Arbeitgeber (Section 221 TULR[C]A 1992) und jeder unbeteiligte Dritte (Section 235A TULR[C]A 1992) antragsberechtigt sein.[295]

Arbeitgeber haben wegen der bei ihnen durch den nicht legitimierten Arbeitskampf entstandenen Schäden zwar grundsätzlich einen Anspruch auf

293 *British Airways v. Unite the Union*, [2010] ICR 1316, 1320; [2010] IRLR 809, 812.

294 Dazu oben unter C. I. 4.

295 *Lorber/Novitz*, Industrial relations law in the UK, S. 126.

Ersatz gegen die Gewerkschaft. Solch ein Anspruch ist jedoch der Höhe nach begrenzt, Section 22 (2) TULR(C)A 1992.[296] Die Arbeitgeber vermeiden das Risiko von Haftungsausfällen, wenn sie den Arbeitskampf von vornherein unterbinden. Sie begehren daher in aller Regel einstweilige Anordnungen gegen die Durchführung der betreffenden Kampfmaßnahmen.[297]

Gemäß Section 235A TULR(C)A 1992 kann auch jede andere Person einen Gesetzesverstoß bei der Urabstimmung vor Gericht geltend machen. Voraussetzung dafür ist zunächst, dass der betreffende Arbeitskampf die Versorgung mit Gütern oder Dienstleistungen einschränkt. Diese weite Definition erfasst die überwiegende Zahl an Arbeitskämpfen. Die antragstellende Person muss nicht selber unter den Einschränkungen leiden. Hält das Gericht den Antrag für begründet, erlässt es eine einstweilige Anordnung zum Unterlassen des Arbeitskampfs.

Ebenso wie die Mitglieder gemäß Section 62 TULR(C)A 1992 machen auch Dritte nur selten von ihrer Rechtsschutzmöglichkeit Gebrauch.[298] Gleichwohl zeigt die gesetzliche Regelung, dass durch das Urabstimmungserfordernis nicht nur die Mitglieder geschützt werden sollen. Neben den Arbeitgebern ist auch die Allgemeinheit vom Schutzbereich erfasst. In ihrem Namen kann jede beliebige Einzelperson Rechtsschutz in Anspruch nehmen, auch wenn sie kein eigenes Rechtsschutzinteresse hat.

## 2. Einstweiliger Rechtsschutz

Gerade in Fällen, in denen hochspezialisierte Arbeitnehmer am Arbeitskampf teilnehmen sollen, erscheinen die Haftungsgrenzen der Section 22 (2) TULR(C)A 1992 unzureichend. Bestreikt beispielsweise eine mitgliederschwache Gewerkschaft von Piloten eine Fluggesellschaft, droht dem Arbeitgeber ein Schaden, der die anzuwendende Grenze weit übersteigt. Die Differenz muss er selbst tragen. Daher ist der einstweilige Rechtsschutz für die Arbeitgeber deutlich sinnvoller als eine spätere Schadenersatzklage.[299]

---

296 Dazu oben unter C. I. 1.

297 Ausnahmsweise Schadenersatz wurde in der Sache *West Midlands Travel Ltd. v. Transport and General Workers' Union*, [1994] ICR 978, begehrt; dazu oben unter C. II. 4.

298 *Bowers/Duggan/Reade*, The law of industrial action and trade union recognition, S. 78.

299 In diese Richtung auch *Michlik*, Die gewerkschaftliche Urabstimmung vor einem Arbeitskampf, S. 58.

Die Gerichte haben auf einen entsprechenden Antrag von Arbeitgebern, Mitgliedern oder Dritten hin zu entscheiden, ob die Gewerkschaft die angemessenen Schritte unternommen hat, um die Voraussetzungen der Sections 226 ff. TULR(C)A 1992 zu erfüllen. Dabei sind die Empfehlungen des Code of Practice zu berücksichtigen.[300] Es handelt sich um eine Entscheidung nach freiem Ermessen. Bei der Ausübung seines Ermessens muss das Gericht gemäß Section 221 (2) TULR(C)A 1992 berücksichtigen, ob sich die Gewerkschaft in einem Hauptsacheverfahren erfolgreich auf die Immunitäten nach den Sections 219 und 220 TULR(C)A 1992 berufen könnte. Vor einer einstweiligen Anordnung muss das Gericht die Betroffenen gemäß Section 221 (1) TULR(C)A 1992 entsprechend hinweisen und anhören.[301]

Statistiken aus den Achtziger- und Neunzigerjahren des 20. Jahrhunderts zeigen, dass eine erhebliche Anzahl an einstweiligen Verfügungen gegen Arbeitskämpfe allein aufgrund technischer Fehler bei der Durchführung der Urabstimmung erging.[302] Wie oben dargelegt, zeigen jüngere Entscheidungen eine Abkehr von der ursprünglich eher arbeitgeberfreundlichen Ermessensausübung.[303]

Verstößt eine Gewerkschaft gegen eine einstweilige Anordnung, begeht sie den Straftatbestand der Missachtung des Gerichts.[304]

## D. Staatliche Finanzierungshilfen

Die Durchführung einer Urabstimmung ist mit erheblichen Kosten verbunden.[305] Gerade wenn die Gewerkschaft sich der Unterstützung ihrer Mitglieder nicht sicher ist, riskiert sie vergebliche Aufwendungen für die Abstimmung. Das kann hinsichtlich der Aufnahme eines Arbeitskampfs abschreckend wirken.

Bis 1996 sah das Gesetz in Section 115 TULR(C)A 1992 eine staatliche Finanzierung der Urabstimmung vor. Diese wurde für Urabstimmungen über die Aufnahme und über die Beendigung von Arbeitskämpfen gewährt, auch wenn letztere nie gesetzlich vorgeschrieben waren. Die Urabstimmung musste den gesetzlichen

300 *Simpson*, ILJ 2013, 54, 56.

301 Siehe zum Verfahren des einstweiligen Rechtsschutzes statt vieler *Jeschke*, Der europäische Streik, S. 106.

302 *Hardy*, Labour law in Great Britain, S. 298: zwischen 1983 und 1998 betraf dies 45 Prozent, zwischen 1997 und 1998 sogar alle einstweiligen Verfügungen.

303 So auch *Lorber/Novitz*, Industrial relations law in the UK, S. 127.

304 „Contempt of court", dazu *Lorber/Novitz*, Industrial relations law in the UK, S. 127.

305 *Deakin/Morris*, Labour law, S. 1073.

Anforderungen genügen. Bis zu sechs Monate nach ihrer Durchführung konnte die Gewerkschaft einen Antrag auf finanzielle Unterstützung beim Certification Officer stellen. Ersetzt wurden die Kosten für Material und Porto, nicht jedoch für die Organisation.[306]

Eine staatliche Finanzierungsmöglichkeit bestand schon vor Erlass der Urabstimmungspflicht im TUA 1984. Sie sollte die Gewerkschaften zu freiwilligen Abstimmungen anregen, verfehlte dieses Ziel jedoch. Nachdem Urabstimmungen 1984 Voraussetzung für die Haftungsimmunität geworden waren, griffen die Gewerkschaften vermehrt auf die Finanzhilfen zurück. Dennoch entschied der konservative Gesetzgeber bereits 1993, Section 115 TULR(C)A 1992 zum 1.4. 1996 außer Kraft zu setzen.[307]

Mit dem Employment Relations Act 2004 führte die Labour-Regierung die Möglichkeit einer staatlichen Finanzierung wieder ein. Gemäß Section 116A (1) (e), (3) TULR(C)A 1992 kann das Arbeitsministerium nun in geeignetem Maße und unter denjenigen Bedingungen Geld für die Durchführung von Urabstimmungen bereitstellen, die es für angemessen hält. Die finanziellen Mittel sollen entweder unterstützend wirken oder die Gewerkschaft überhaupt in die Lage versetzen, eine Abstimmung durchführen zu können. Es muss sich nicht um eine durch den TULR(C)A 1992 verpflichtende Abstimmung handeln.[308] Erfasst sind also grundsätzlich auch Abstimmungen über die Beendigung von Arbeitskämpfen. Geld kann nur an Gewerkschaften vergeben werden, die vom Certification Officer als unabhängig zertifiziert worden sind, Section 116A (2) TULR(C)A 1992.

Die Wiedereinführung war sachgerecht. Gewerkschaften müssen einen erheblichen finanziellen Aufwand betreiben, um Urabstimmungen im Sinne des Gesetzes durchführen zu können. Die heute geltenden Regelungen sind hochkomplex.[309] Die Gewerkschaften benötigen daher fast zwangsläufig kompetente und kostspielige Rechtsberatung bei der Vorbereitung und Durchführung der Urabstimmung. Hinzu kommen die Kosten für den Wahlprüfer und der immense organisatorische Aufwand, gerade wenn die Mitglieder auf mehrere Arbeitsstätten verteilt sind. Eine Beschränkung auf Material- und

---

306 *Michlik*, Die gewerkschaftliche Urabstimmung vor einem Arbeitskampf, S. 51 f.

307 *Michlik*, Die gewerkschaftliche Urabstimmung vor einem Arbeitskampf, S. 51, 53 ff.

308 Section 116A (1) (e) TULR(C)A 1992: „The Secretary of State may provide money to a trade union to enable or assist it to do any or all of the following (…) ballot its members (whether as a result of a requirement imposed by this Act or otherwise)."

309 *Hardy*, Labour law in Great Britain, S. 298.

Portokosten ist Section 116A TULR(C)A 1992 nicht zu entnehmen. Das Arbeitsministerium sollte daher auch für Beratung und Organisation Gelder bereitstellen, beziehungsweise dafür entstandene Aufwendungen ersetzen. Gerade gute Rechtsberatung führt generell und speziell auch im Zusammenhang mit den Urabstimmungen zu einem sicheren Umgang der Gewerkschaften mit dem Gesetz. Sie dient damit auch deren Professionalisierung und Modernisierung. Letzteres ist ausweislich der amtlichen Überschrift von Section 116A TULR(C)A 1992 deren erklärter Zweck.

# E. Sinn und Zweck des Urabstimmungserfordernisses

Das vom historischen Gesetzgeber ursprünglich ausgegebene Ziel des Urabstimmungserfordernisses wird von Rechtsprechung und Literatur unterschiedlich interpretiert und bewertet.

## I. Gesetzgeberische Intention

Vor der Einführung des Urabstimmungserfordernisses im TUA 1984 erläuterte die damalige konservative Regierung den verfolgten Zweck im Green Paper „Democracy in Trade Unions". Der Versuch, die Gewerkschaften zur freiwilligen Durchführung von demokratischen Wahlen und Urabstimmungen zu bewegen[310], sei endgültig gescheitert. Es sei notwendig, Gewerkschaftsmitglieder vor Entscheidungen zu schützen, auf die sie selbst keinen Einfluss haben. Das Recht auf eine ordnungsgemäße Abstimmung sei eines der fundamentalen Rechte in jeder demokratischen Gesellschaft oder Organisation. Die bestehende Abstimmungspraxis der Gewerkschaften gebe sowohl Gewerkschaftsmitgliedern als auch der Öffentlichkeit Anlass zur Sorge. Von der Gewerkschaftsführung getroffene Entscheidungen repräsentierten oftmals nicht den Willen der Mehrheit der Mitglieder. Die Anführer hätten den Bezug zur Basis verloren und fühlten sich dieser nicht mehr verantwortlich.[311] Kampfbeschlüsse würden auf Massenveranstaltungen per Handzeichen getroffen, was vollkommen inadäquat sei.[312]

Aufgrund der durch die Haftungsimmunitäten verliehenen erheblichen Macht der Gewerkschaftsführer seien diese in der Lage, die wirtschaftlichen und kommerziellen Interessen Dritter zu beeinträchtigen. Das sei nur hinnehmbar,

---

310 Siehe dazu oben unter B. III. 1.

311 *Secretary of State for Employment*, Democracy in Trade Unions, S. 1 ff.

312 *Secretary of State for Employment*, Democracy in Trade Unions, S. 17.

solange der Entscheidungsprozess innerhalb der Gewerkschaft das Vertrauen der Öffentlichkeit genieße. Dazu müssten alle Gewerkschaftsmitglieder an all denjenigen Entscheidungen beteiligt werden, die sie direkt betreffen.[313]

Zum einen beabsichtigte die Regierung Thatcher danach eine Stärkung der demokratischen Rechte der Gewerkschaftsmitglieder. Daneben ist der Schutz Dritter vor den Folgen undemokratischer Kampfbeschlüsse als Ziel ausdrücklich benannt. Arbeitskämpfe mit hinreichender demokratischer Legitimation richten jedoch dieselben Schäden an. Es ist daher anzunehmen, dass die Regierung die Gesellschaft generell vor den Folgen eines Arbeitskampfs schützen wollte, indem dieser gar nicht durchgeführt werden kann. Es bestand offensichtlich die Hoffnung, dass die Mitglieder regelmäßig gegen die Aufnahme von Kampfhandlungen stimmen und diese so verhindert würden.

An der Einschätzung der konservativen Regierung, der Entscheidungsprozess innerhalb der Gewerkschaften über die Aufnahme von Arbeitskampfmaßnahmen finde hauptsächlich auf undemokratischen Massenveranstaltungen statt, gab es Kritik. Arbeitskämpfe fanden in den Sechziger- und Siebzigerjahren zwar gehäuft ungeordnet und nur auf betrieblicher Ebene als wilde Streiks statt.[314] Gewerkschaftlich organisierte Kampfmaßnahmen seien jedoch durchaus auf der Basis eines demokratischen Entscheidungsprozesses aufgenommen worden. Die Annahmen der Regierung in diesem Punkt basierten lediglich auf Anekdoten und seien nicht direkt beweisbar.[315] Der 1968 veröffentlichte Bericht der Donovan-Kommission hatte in seiner empirischen Untersuchung der Verhältnisse beim Zustandekommen von Gewerkschaftsbeschlüssen keine klaren Hinweise auf flächendeckende undemokratische Entscheidungsprozesse gefunden. Beschwerden von Gewerkschaftsmitgliedern über ihre Führung gab es nur vereinzelt.[316]

Das von der Regierung ursprünglich ausgegebene Ziel, den Mitgliedern der Gewerkschaften mehr Einfluss auf den Kampfbeschluss geben zu wollen[317], ist

---

313 *Secretary of State for Employment*, Democracy in Trade Unions, S. 1, 17.

314 *Betten*, The right to strike in Community law, S. 140.

315 *Hutton*, ILJ 1984, 212, 213.

316 Untersuchungen hätten gezeigt, dass die Gewerkschaftsmitglieder nicht weniger arbeitskampfbereit sind als ihre Anführer. Daher empfahl der Donovan-Report kein gesetzlich normiertes Urabstimmungserfordernis, *Royal Comission on Trade Unions and Employers' Associations*, Report, S. 114 f. Siehe dazu auch *Secretary of State for Employment*, In place of strife, S. 29 f.

317 „To give the unions back to their members", dazu *Grobe*, Demokratie und Gewerkschaften in England, S. 79.

damit in Frage gestellt. Wenn demokratische Strukturen schon vor der Einführung eines Urabstimmungserfordernisses bestanden hatten, diente es gerade nicht den Gewerkschaftsmitgliedern sondern in erster Linie den Arbeitgebern, indem es gewerkschaftlichen Kampfmaßnahmen Flexibilität und damit Durchschlagskraft nahm.

## II. Interpretation der Rechtsprechung

In der Rechtssache *London Underground Ltd. v. National Union of Railwaymen, Maritime and Transport Staff*[318] führte der Court of Appeal 1995 aus, das Urabstimmungserfordernis diene gerade nicht dem Schutz der Arbeitgeber oder der Öffentlichkeit. Es sei einzig zum Schutz der Gewerkschaftsmitglieder vor einer unter Umständen „militanten Gewerkschaftsführung" eingeführt worden. Zusätzliche Hindernisse für die Gewerkschaft bei der Organisation eines Arbeitskampfs habe der Gesetzgeber nicht einführen wollen.[319] In dieser Entscheidung ging es um die Bestimmung der Abstimmungsberechtigten gemäß Section 227 TULR(C)A 1992.

In Urteilen, die sich mit den Hinweisen an den Arbeitgeber vor Urabstimmung und Arbeitskampf beschäftigten, äußerten die Gerichte eine andere Auffassung. Die Hinweispflicht als Teil der Urabstimmungsregelungen diene der Vorbereitung des Arbeitgebers auf den drohenden Arbeitskampf. So solle er die dadurch verursachten Schäden verhindern oder minimieren können.[320] Zudem solle er eine Möglichkeit bekommen, die potentiellen Teilnehmer am Arbeitskampf von seiner Auffassung zu überzeugen. Das sei gerade der vom Gesetzgeber zum Ausdruck gebrachte Zweck der Hinweise.[321] Diese Interpretation liegt auf einer Linie mit der des historischen Gesetzgebers. Denn dessen Absicht war ausdrücklich auch der Schutz der britischen Wirtschaft. Undemokratische Streiks beeinträchtigten die Wirtschaftsleistung des Landes und gefährdeten Arbeitsplätze.[322] Kann sich ein Arbeitgeber auf einen Arbeitskampf vorbereiten und dessen Folgen abmildern, senkt dies das Risiko betriebsbedingter Entlassungen.

---

318 *London Underground Ltd. v. National Union of Railwaymen, Maritime and Transport Staff*, [1996] ICR 170; siehe dazu auch oben unter C. II. 2. d. i.

319 *London Underground Ltd. v. National Union of Railwaymen, Maritime and Transport Staff*, [1996] ICR 170, 180.

320 *Milford Haven Port Authority v. Unite the Union*, [2010] EWCA Civ 400 Rn. 14; *Metrobus Ltd. v. Unite the Union*, [2010] ICR 173, 204; [2009] IRLR 851, 865 f.

321 *RMT v. Midland Mainline Ltd.*, [2001] IRLR 813, 815.

322 *Secretary of State for Employment*, Democracy in Trade Unions, S. 17.

Der Court of Appeal äußerte sich zuletzt kritisch zum beabsichtigten Schutz des Arbeitgebers. So sei es zumindest verwunderlich, dass auch ein Arbeitgeber einen Verstoß gegen die Urabstimmungsregelungen geltend machen kann.[323] Die aktuellen Vorschriften dienten der geheimen, gerechten und freien Abstimmung. Sie seien nicht dazu geschaffen, die Gewerkschaften von Arbeitskämpfen abzuhalten oder ihnen deren Durchführung so zu erschweren, dass sie praktisch nicht mehr möglich ist.[324] Die Verhinderung von Arbeitskämpfen ist danach kein legitimes Ziel des Urabstimmungserfordernisses. Dieses diene gerade nicht dazu, der Gewerkschaft Steine in den Weg zu legen.[325]

In der Sache *London and Birmingham Railway Ltd. v. ASLEF* bestätigte das Gericht diese Auffassung.[326] Die Entscheidung wird als möglicher Wendepunkt in der gerichtlichen Auslegung der Sections 226 ff. TULR(C)A 1992 gewertet.[327]

## III. Auffassung der Literatur

In der Literatur wird insbesondere der vom Urabstimmungserfordernis ausgehende Schutz des Arbeitgebers kritisch betrachtet. Obgleich sie einst eingeführt wurden, um die innergewerkschaftliche Demokratie durch stärkere Mitgliederbeteiligung zu stärken, seien die Regelungen zu Urabstimmungen eine Waffe für die Arbeitgeber sowie deren Unterstützer und Kunden.[328] Die Möglichkeit des einstweiligen Rechtsschutzes für Arbeitgeber sei für die Gewerkschaften problematisch, insbesondere da das teilweise verworrene und unpräzise Gesetz schwer einzuhalten sei.[329] Gewerkschaften begäben sich bei der Durchführung der Abstimmung in ein juristisches Minenfeld.[330] Nach zahlreichen Änderungen seien die ursprünglich zum Schutz der Mitglieder eingeführten Urabstimmungsregelungen nunmehr ein komplexes, verschachteltes und verwirrendes Regelwerk.[331]

---

323 *British Airways v. Unite the Union*, [2010] ICR 1316, 1320, 1330; [2010] IRLR 809, 812, 816.

324 *British Airways v. Unite the Union*, [2010] ICR 1316, 1336; [2010] IRLR 809, 819.

325 *British Airways v. Unite the Union*, [2010] ICR 1316, 1342; [2010] IRLR 809, 822.

326 *London and Birmingham Railway Ltd. v. ASLEF*, [2011] ICR 848, 870, 873; [2011] IRLR 399, 409, 410.

327 *Lorber/Novitz*, Industrial relations law in the UK, S. 124. Siehe zu dieser Entscheidung ausführlich oben unter C. II. 2. a. ii.

328 *Hardy*, Labour law in Great Britain, S. 297.

329 *Lorber/Novitz*, Industrial relations law in the UK, S. 124.

330 *Deakin/Morris*, Labour law, S. 1073.

331 *Simpson*, ILJ 2013, 54, 60.

Der Gesetzgeber habe mithilfe komplexer und technischer Anforderungen die Möglichkeiten der Gewerkschaften zur demokratischen Legitimation des Arbeitskampfs minimiert. Er sei damit weit entfernt davon, wirkliche Demokratie zu ermöglichen.[332]

Bereits bei der Einführung des TULR(C)A 1992 hieß es, die hohen Anforderungen an die Urabstimmung seien mit dem ausgegebenen Zweck der Mitgliederbeteiligung nicht zu rechtfertigen. Kritik rief die Notwendigkeit der Abstimmung per Post hervor, da eine solche nachweisbar zu einer geringeren Abstimmungsbeteiligung führte. Auch die Hinweispflichten vor Urabstimmung und Arbeitskampf dienten erkennbar nicht der demokratischen Legitimation. Die neuen Regelungen legten die Absicht des Gesetzgebers nahe, Urabstimmungen und Arbeitskämpfe zu einem hochbürokratischen Prozess zu machen.[333] Zur Notwendigkeit einer Briefabstimmung ist die damalige Kritik verfehlt. Indem der Abstimmungsvorgang vom Arbeitsplatz entkoppelt wurde, wurde den Gewerkschaften weniger Raum für eine Einflussnahme gegeben. Die Mitglieder können in vertrauter und sicherer Umgebung frei von jedem Druck abstimmen.[334]

Im Jahr 2000 äußerte sich Bob Simpson zum Zweck des Urabstimmungserfordernisses. Dieses sei in dem naiven Glauben eingeführt worden, die Mitglieder würden regelmäßig gegen die Aufnahme von Kampfmaßnahmen stimmen. Die Gesetzesänderungen, unter anderem die Einführung der Hinweispflichten, seien Ausdruck der Frustration des Gesetzgebers darüber gewesen, dass die Gewerkschaften sich gut auf das Urabstimmungserfordernis eingestellt hätten und Arbeitskämpfe gerade nicht vermieden werden konnten.[335]

Zweifel an der Erreichung des ausgegebenen Zwecks, die demokratischen Rechte der Gewerkschaftsmitglieder zu stärken, wurden jüngst in der Bewertung der Rechtsprechung zum Tarifkonflikt zwischen *British Airways* und *Unite the Union* vorgebracht. Die rigiden und detaillierten Anforderungen an die Durchführung der Urabstimmung dienten gerade nicht dem Schutz der Mitglieder sondern dem Schutz des Arbeitgebers. Zwar habe der Court of Appeal durch eine zurückhaltende Interpretation der entsprechenden Vorschriften zur Lösung der Problematik beigetragen. Es obliege jedoch dem Gesetzgeber, die Fehlentwicklung durch eine Änderung von Part V des TULR(C)A 1992 zu beenden.[336]

---

332 *Hardy*, Labour law in Great Britain, S. 298.

333 *Simpson*, ILJ 1993, 287, 295.

334 Siehe dazu auch oben unter C. II. 3. a.

335 *Simpson*, ILJ 2001, 194, 198.

336 *Prassl*, ILJ 2011, 82, 91.

## IV. Praktische Auswirkungen

Urabstimmungen vor gewerkschaftlichen Arbeitskämpfen endeten in der Vergangenheit mehrheitlich mit einer breiten Zustimmung.[337] Die Ursache dafür kann zum einen in einem verantwortungsbewussten Umgang der Gewerkschaften mit dem Mittel des Arbeitskampfs liegen. Sie ziehen Kampfmaßnahmen von vornherein nur noch dort in Betracht, wo diese sinnvoll sind und damit auf die Mitglieder überzeugend wirken. Es erscheint plausibel, dass die Gewerkschaften eine kostspielige Urabstimmung nur durchführen lassen, wenn sie sich der Zustimmung ihrer Mitglieder sicher sind. Zum anderen ist denkbar, dass die Mitglieder nie weniger arbeitskampfwillig waren als ihre Anführer. Zu diesem Schluss kam schon der Donovan Report 1968.[338] Beide Faktoren sind miteinander verschränkt. Gewerkschaften machen vor der Urabstimmung Werbung für den Arbeitskampf und versuchen so, ihre Mitglieder von dessen Sinnhaftigkeit zu überzeugen. Die Zustimmungsbereitschaft steigt. Bei sorgsamer Vorbereitung ist ein ablehnender Ausgang der Abstimmung daher unwahrscheinlich. Das bedeutet jedoch nicht, dass eine Urabstimmung überflüssig würde. Die wenigen negativen Abstimmungsergebnisse machen deutlich, dass es Fälle gibt, in denen die Auffassungen der Gewerkschaftsführung und der Mitglieder auseinanderfallen. In diesen Fällen erscheint die Urabstimmung nach wie vor als das geeignete Mittel, um willkürliche Entscheidungen zu unterbinden.

Nach den in Gerichtsurteilen zu Urabstimmungen angegebenen Zahlen gibt regelmäßig die weit überwiegende Mehrheit der Abstimmungsberechtigten ihre Stimme ab. Enthaltungen machen dabei einen geringen Anteil aus. Die Mitglieder haben also durchaus ein Bedürfnis, an der Entscheidung über die Aufnahme von Kampfmaßnahmen teilzuhaben. Sie üben die ihnen verliehenen demokratischen Rechte aus. Die Anzahl der Urabstimmungen in Großbritannien insgesamt blieb in den vergangenen Jahren recht konstant.[339] Das Ziel einer demokratischen Legitimation des Arbeitskampfs ist erreicht worden.

---

337 *Office for National Statistics*, Labour Disputes - Annual Article, 2011, S. 17: Im Jahr 2011 stimmten die Mitglieder nur in etwas mehr als fünf Prozent der Fälle gegen die Aufnahme eines Streiks. Der Anteil ablehnender Abstimmungen ist in den vergangenen Jahren zurückgegangen.

338 *Royal Comission on Trade Unions and Employers' Associations*, Report, S. 114.

339 Zwar brach die Zahl der Urabstimmungen in den Jahren 2009 und 2010 ein (jeweils 579). 2011 stieg sie jedoch wieder auf das vorherige Niveau (994). Dazu *Office for National Statistics*, Labour Disputes - Annual Article, 2011, S. 17.

## V. Fazit

Die Urabstimmungsregelungen dienen weder nur dem Schutz der Mitglieder noch allein dem Schutz der Arbeitgeber. Sie dienen beiden Seiten.[340]

Die starke Beteiligung der Mitglieder bei Urabstimmungen zeigt den grundsätzlichen Willen zur Mitwirkung an der Entscheidung über die Aufnahme des Arbeitskampfs. Es besteht ein grundsätzliches Bedürfnis nach einer vorherigen Abstimmung. Das belegen auch die ablehnenden Ergebnisse in den vergangenen Jahren. In diesen Fällen ging die Gewerkschaftsführung offensichtlich irrig davon aus, der Arbeitskampf entspreche dem Willen der Mitglieder. Andernfalls hätte sie keine kostspielige Urabstimmung durchgeführt. Zwar handelte es sich um Ausnahmefälle. Der Arbeitskampf als schärfste Waffe der Gewerkschaft sollte jedoch auch in Ausnahmen nicht gegen den Willen der Mitglieder gebraucht werden können. Dem beugt das Urabstimmungserfordernis vor. Es leistet also einen wirksamen Beitrag zur demokratischen Legitimation des Arbeitskampfs. Dabei darf es jedoch, wie Rechtsprechung und Literatur richtig anmerken, nicht zu kompliziert ausgestaltet sein. Den Gewerkschaften darf die Aufnahme von Kampfmaßnahmen nur in dem Maße erschwert werden, wie es für eine demokratischen Grundsätzen genügende Mitgliederbeteiligung notwendig ist.

Den umfassenden Hinweispflichten der Gewerkschaft vor der Urabstimmung und vor dem Arbeitskampf kann eine mitgliederschützende Wirkung jedoch nicht entnommen werden. Sie bergen die Gefahr, dass Mitglieder enttarnt und von ihrem Arbeitgeber in der Folge unter Druck gesetzt werden. Auch kann dieser mithilfe der Hinweise die Folgen des Arbeitskampfs abmildern. Er hat im Tarifkonflikt so einen erheblichen Vorteil gegenüber der Gewerkschaft.

Es ist also zwischen dem grundsätzlichen Erfordernis einer zustimmenden Urabstimmung und den Hinweispflichten zu unterscheiden. Das erste dient – sofern es einen bestimmten Grad an Komplexität nicht überschreitet – dem Schutz der Mitglieder vor willkürlichen Entscheidungen der Gewerkschaftsführung. Die Hinweispflichten dienen dagegen allein dem Schutz des Arbeitgebers.

# F. Zusammenfassung und Ausblick

Die von Gesetz und Rechtsprechung gestellten Anforderungen an eine rechtmäßige Urabstimmung sind nach Auffassungen in der britischen Literatur

340 So auch *Michlik*, Die gewerkschaftliche Urabstimmung vor einem Arbeitskampf, S. 77 f.

aufgrund ihrer Komplexität für die Gewerkschaften nur schwer einzuhalten.[341] Bis heute setzen sich Gerichte zuweilen mit kleinsten Fehlern bei der Durchführung der Urabstimmung auseinander, die von den betroffenen Arbeitgebern gerügt wurden. Zwar zeigte insbesondere der Court of Appeal zuletzt Milde mit den Gewerkschaften. Er setzte sich dabei jedoch über den eindeutigen Wortlaut des Gesetzes hinweg.[342] Die Rechtsprechung ist bereit, bei kleinen Fehlern nachsichtig zu sein. Der Gesetzgeber hat darauf noch nicht reagiert. Nach dem Gesetz sind Fehler weiter nur in bestimmten Fällen unbeachtlich.

Besondere Schwierigkeiten bereiten den Gewerkschaften die Hinweispflichten. Diese dienen primär den Interessen des Arbeitgebers und lassen sich mit dem Zweck der demokratischen Legitimation nicht rechtfertigen.

Neben den eigentlich geschützten Mitgliedern können auch Arbeitgeber und Dritte einen Verstoß gegen jede gesetzliche Regelung zur Urabstimmung gerichtlich geltend machen. Das erscheint in Bezug auf die allein mitgliederschützenden Vorschriften widersinnig. Auf diesen Widerspruch machte die Rechtsprechung in der Sache *British Airways v. Unite the Union* ausdrücklich aufmerksam.[343] Der Gesetzgeber zog aus diesem gerichtlichen Hinweis bisher keine Konsequenzen. Die Rechtsschutzmöglichkeiten für Arbeitgeber sind in Zukunft auf die Fälle zu beschränken, in denen Verstöße zu ihren Ungunsten vorliegen, beispielsweise im Zusammenhang mit den Hinweispflichten. Unbeteiligten Dritten sollte der Rechtsschutz in Ermangelung eines hinreichenden Rechtsschutzbedürfnisses insgesamt verwehrt werden.

Zwar ist über die Aufnahme von Kampfhandlungen abzustimmen, über deren Beendigung jedoch nicht. Gegen die Einführung eines weiteren Urabstimmungserfordernisses sprechen jedoch schon praktische Gründe. Während dem laufenden Arbeitskampf eine erneute Urabstimmung über dessen Beendigung zu organisieren, würde erheblich an Zeit kosten. Der Arbeitskampf liefe parallel weiter, da er ohne Mandat nicht beendet werden könnte. Die Umsetzung von Verhandlungsergebnissen wäre erheblich erschwert. Verbindliche Zusagen könnten die Unterhändler der Gewerkschaft dem Arbeitgeber nicht machen. Das

341 *Smith/Baker*, Smith & Wood's Employment Law, S. 693, bezeichnen das Urabstimmungserfordernis als den zweifellos undurchdringbarsten Teil im Labyrinth der gesetzlichen Bestimmungen zur Durchführung von Arbeitskämpfen. *Slade*, Tolley's Employment Handbook, S. 998, spricht von komplexen Verfahrensvorschriften und deren beschwerlicher Natur.

342 *British Airways v. Unite the Union*, [2010] ICR 1316, 1320, 1340; [2010] IRLR 809, 812, 821. Siehe dazu oben unter C. II. 5. a.

343 *British Airways v. Unite the Union*, [2010] ICR 1316, 1320; [2010] IRLR 809, 812.

ließe die Wahrscheinlichkeit einer Einigung im Tarifkonflikt deutlich sinken. Diese muss jedoch aus Sicht des Gesetzgebers und auch der Tarifparteien stets oberste Priorität haben, da Tarifkonflikte erhebliche Nachteile für alle Beteiligten und Dritte haben. Zugunsten einer effektiven Konfliktlösung muss daher die innergewerkschaftliche Demokratie zurücktreten.

Die Urabstimmungsregelungen sind mittlerweile ein fester Bestandteil des britischen Arbeitskampfrechts. Sie überlebten den Regierungswechsel zu New Labour 1997 und auch den erneuten Wechsel zur Regierung Cameron im Jahr 2010. Ein politisches Konfliktthema wie noch in den Siebziger- und Achtzigerjahren des vergangenen Jahrhunderts sind sie nicht mehr. Unter Edward Miliband ist Labour zwar weiter nach links gerückt. Im Programm der Partei für die Wahl 2010[344] – damals noch unter Gordon Brown – taucht der Begriff der Urabstimmung allerdings nur noch im Zusammenhang mit Bildungspolitik auf. Das Thema hat an politischer Brisanz verloren.

Die Stärke der Gewerkschaften und damit ihr politischer Einfluss ließen in der Vergangenheit nach.[345] Sie haben heute nicht mehr die Macht, die sie vor der Einführung des Urabstimmungserfordernisses hatten.[346] Es ist daher kaum mit einer politischen Initiative zu wesentlichen Änderungen oder zur Abschaffung des Urabstimmungserfordernisses zu rechnen.

---

344 Abrufbar unter http://www.labour.org.uk/uploads/TheLabourPartyManifesto-2010.pdf, abgerufen am 27.1. 2014. Zu gewerkschaftlicher Betätigung insgesamt findet sich im Programm nur ein knapper Absatz.

345 In der Privatwirtschaft ist die durchschnittliche Mitgliederdichte in der Belegschaft von 56 Prozent im Jahr 1980 auf 26 Prozent im Jahr 1998 gefallen. Nur noch zwei Prozent der Belegschaften bestanden 1998 vollständig aus Gewerkschaftsmitgliedern (1980: 17 Prozent), *Millward/Bryson/Forth*, All change at work?, S. 90. Die Zahl der Gewerkschaftsmitglieder im Vereinten Königreich ist zuletzt zwar wieder leicht gestiegen. Insgesamt ging sie jedoch von etwa 13 Millionen im Jahr 1979 auf etwa 6,5 Millionen im Jahr 2012 zurück. Zudem steigt das Durchschnittsalter der Mitglieder an, sodass mit einem weiteren Rückgang zu rechnen ist. Dazu *Department for Business, Innovation and Skills*, Trade Union Membership 2012 Statistical Bulletin, S.5. Siehe ausführlich zu dieser Entwicklung bei *Deakin/Morris*, Labour law, S. 810 f.

346 So sank die Zahl der streikbedingt ausgefallenen Arbeitstage in Großbritannien nach den Reformen des Arbeitskampfrechts in den Achtziger- und Neunzigerjahren erheblich. Zwischen 1980 und 1984 waren noch über 10 Millionen Tage ausgefallen. Zwischen 1990 und 1994 waren es nur noch etwa 800 000. Siehe dazu die Übersicht bei *Taylor/Emir*, Employment law, S. 589.

Zu einer Neubewertung könnte jedoch die zunehmende Anerkennung gewerkschaftlicher Grundrechte aus der EMRK beziehungsweise dem HRA 1998 führen. Bisher ist ein Recht auf Arbeitskampf oder gewerkschaftliche Betätigung in Großbritannien nicht allgemein anerkannt. Jede Kampfmaßnahme ist nach wie vor grundsätzlich rechtswidrig.

In der Rechtssache *London Underground Ltd. v. National Union of Railwaymen, Maritime and Transport Staff* erkannte der Court of Appeal das Recht der Gewerkschaft auf die Veranlassung von Nicht-Mitgliedern zum Arbeitskampf als fundamentales Menschenrecht an. Dieses werde durch die Urabstimmungsregelungen nicht eingeschränkt.[347] Fraglich bleibt, warum die Veranlassung von Mitgliedern durch das Urabstimmungserfordernis eingeschränkt werden kann. Der primäre Zweck einer Gewerkschaft ist die Vertretung und Organisation der eigenen Mitglieder. Die gewerkschaftliche Betätigung ist grundsätzlich gegen Sanktionen und Beschränkungen geschützt.[348] Warum sollten also die Rechte der Gewerkschaft hinsichtlich Dritter weiter gehen als in Bezug auf die eigenen Mitglieder? Das Gericht begründet die Notwendigkeit eines Urabstimmungserfordernisses mit dem Schutz der Mitglieder vor der Willkür ihrer Anführer. Die Nicht-Mitglieder entschieden sich freiwillig zur Teilnahme an einer Kampfmaßnahme und müssten daher nicht geschützt werden. Nach der geltenden Rechtslage kann die Gewerkschaft ihre Mitglieder jedoch auch dann nicht zur Teilnahme an einem Arbeitskampf zwingen, wenn diese zuvor positiv darüber abgestimmt haben.[349] Sie unterscheiden sich diesbezüglich also nicht von den Nicht-Mitgliedern. Ihr Schutz allein kann daher kein hinreichender Grund sein, der Gewerkschaft das Recht zu verwehren, auch ihre Mitglieder unbeschränkt zum Arbeitskampf veranlassen zu dürfen. Dieses Recht kann nicht schwächer sein, als die vom Gericht als Menschenrecht qualifizierte Befugnis zur Veranlassung von Nicht-Mitgliedern.

Welchen Einfluss die EMRK auf das Urabstimmungserfordernis hat und haben wird, soll im zweiten Kapitel näher betrachtet werden.

---

347 *London Underground Ltd. v. National Union of Railwaymen, Maritime and Transport Staff*, [1996] ICR 170, 181.

348 Dazu *Deakin/Morris*, Labour law, S. 816 ff.

349 Siehe dazu oben unter C. I. 5.

# Kapitel 2: Vereinbarkeit des britischen Urabstimmungserfordernisses mit Art. 11 Abs. 1 EMRK

In der jüngeren Rechtsprechung des Court of Appeal ist die Vereinbarkeit der Urabstimmungsregelungen in Part V TULR(C)A 1992 mit Art. 11 Abs. 1 der EMRK diskutiert und grundsätzlich bejaht worden. Die Begründungen blieben jedoch zuweilen oberflächlich.[350] Nachdem der EGMR ein Recht der Gewerkschaften auf Kollektivverhandlungen und Arbeitskampf aus Art. 11 Abs. 1 EMRK angenommen und dieses konkretisiert hatte[351], sah sich der Court of Appeal jedenfalls veranlasst, seine Auslegung des TULR(C)A 1992 anzupassen.[352] Der EGMR hatte auf eine Beschwerde der Gewerkschaft RMT die Gelegenheit, die britischen Hinweispflichten im Zusammenhang mit dem Urabstimmungserfordernis auf ihre Vereinbarkeit mit der EMRK zu prüfen. Er wies den Antrag im April 2014 jedoch ohne Entscheidung in der Sache ab.[353] Die Vereinbarkeit der Urabstimmungsregeln insgesamt mit Art. 11 Abs. 1 EMRK soll hier nun näher beleuchtet werden.

350 Siehe dazu insbesondere die Entscheidung *Metrobus Ltd. v. Unite the Union,* [2010] ICR 173, 183 ff.; [2009] IRLR 851, 857 ff.; in der Sache *London and Birmingham Railway Ltd. v. ASLEF,* [2011] ICR 848, 853; [2011] IRLR 399, 401 f., bekräftigte der Court of Appeal grundsätzlich seine zuvor geäußerte Beurteilung. Zugleich stellte das Gericht fest, dass seit der Metrobus-Entscheidung neue relevante Urteile des Europäischen Gerichtshofs für Menschenrechte (EGMR) ergangen sind. Es ging jedoch nicht näher darauf ein.

351 EGMR (Große Kammer) 12.11. 2008 - Nr. 34503/97 *Demir und Baykara v. Türkei,* NZA 2010, 1425; EGMR 21.4. 2009 - Nr. 68959/01 *Enerji Yapi-Yol Sen v. Türkei,* AuR 2009, 274. Die Entscheidungen ergingen jeweils zu Arbeitskämpfen von Beamten. Siehe dazu *Schubert/Jerchel,* EuZW 2010, 687, 691; *Rieble,* Verfassungsfragen der Tarifeinheit, S. 364 f. Rn. 430.

352 *London and Birmingham Railway Ltd. v. ASLEF,* [2011] ICR 848, 853 f.; [2011] IRLR 399, 401 f.; siehe dazu auch *Lorber/Novitz,* Industrial relations law in the UK, S. 50.

353 EGMR 27.8. 2012 -Nr. 31045/10 *RMT v. Vereinigtes Königreich*; gerügt wurde von der Gewerkschaft die Unvereinbarkeit der Hinweispflichten mit Art. 11 Abs. 1 EMRK; siehe dazu *Lörcher,* AuR 2013, 290, 292, und ausführlich unten unter D.

## A. EMRK im britischen Recht

Die 1950 unterzeichnete EMRK trat 1953 in Kraft und ist von allen Mitgliedern des Europarats ratifiziert worden, darunter auch Großbritannien.[354] Eine Wirkungsweise oder Stellung im nationalen Rechtssystem der Mitgliedstaaten gibt die Konvention nicht vor. Daher ist sie auf unterschiedliche Arten in das jeweilige Rechtssystem integriert worden.[355]

### I. Umsetzung der EMRK im Human Rights Act 1998

In Ermangelung einer geschriebenen Verfassung in Großbritannien[356] kann die EMRK dort schon deshalb nicht im Verfassungsrang stehen. Sie ist in ein einfaches Parlamentsgesetz überführt worden, den Human Rights Act 1998 (HRA 1998).[357] Die Umsetzung der EMRK war in der britischen Politik lange sehr umstritten.[358] Erst am 2.10. 2000 wurde der HRA 1998 erlassen.[359] Die Labour-Regierung erläuterte zuvor in einem White Paper die damit verfolgten Ziele. Die Konventionsrechte sollten in Großbritannien Anwendung finden. Britische Gerichte sollten über Verletzungen dieser Rechte entscheiden und so einen größeren Einfluss auf die rechtliche Entwicklung der EMRK nehmen können. Zudem sollten sich neue Gesetze besser auf ihre Vereinbarkeit mit den Menschenrechten überprüfen lassen.[360]

---

354 *Harris/O'Boyle/Bates*, Law of the European Convention on Human Rights, S. 1 f. und Fn. 4. Zuletzt äußerte der britische Premier Cameron die Absicht, aus der EMRK auszutreten. Wie konkret solch drastische Pläne umgesetzt werden, bleibt angesichts des bevorstehenden Wahlkampfs jedoch fraglich. Siehe dazu www.theguardian.com/politics/2013/sep/29/david-cameron-human-rights-convention und www.spiegel.de/politik/ausland/britischer-regierungschef-cameron-erwaegt-menschenrechtskonve-a-925176.html, jeweils abgerufen am 27.1. 2014.

355 *Grabenwarter/Pabel*, Europäische Menschenrechtskonvention, S. 15.

356 *Jeschke*, Der europäische Streik, S. 98.

357 *Grabenwarter/Pabel*, Europäische Menschenrechtskonvention, S. 16. Umgesetzt wurden im HRA 1998 gemäß dessen Section 1 (1) die Art. 2 bis 12 und 14 der EMRK sowie die Art. 1 bis 3 des ersten und der Art. 1 des 13. Zusatzprotokolls.

358 *Theusinger*, ZRP 2001, 529. Ausführlich zur Diskussion über die Inkorporierung *Grote*, ZaöRV 1998, 309, 327 ff.

359 *Phillips/Scott*, Employment law, S. 391.

360 *Hardy*, Labour law in Great Britain, S. 33; *Honeyball/Bowers*, Textbook on employment law, S. 446.

## II. Funktionsweise und Auswirkungen des HRA 1998

Vor der Einführung des HRA 1998 hatten die Grundrechte der EMRK in Großbritannien nur mittelbare Auswirkungen. Der Court of Appeal diskutierte 1975 die Nichtigkeit eines Parlamentsgesetzes aufgrund eines Verstoßes gegen die Konvention. Die Richter erwogen in ihrer Begründung, einen parlamentarischen Akt bei einem Verstoß gegen die Konvention für unwirksam zu halten. Nur drei Monate später widerrief das Gericht diese Auffassung wieder. Auch wenn ein Parlamentsgesetz ein Konventionsrecht verletze, genieße es Vorrang vor der EMRK.[361]

Der Erlass des HRA 1998 änderte an diesem Grundsatz nichts. Es blieb im Verhältnis zur Konvention bis heute bei der Souveränität des Parlaments. Britische Gerichte können – auch wenn sie einen Verstoß gegen die EMRK annehmen – ein Parlamentsgesetz nicht für nichtig erklären. Die Rechtsprechung ist gemäß Section 3 (1) HRA 1998 im Wesentlichen darauf beschränkt, gesetzgeberische Akte konventionskonform auszulegen.[362] Die Wirksamkeit und Geltung von primären Parlamentsgesetzen wird durch den HRA 1998 gemäß dessen Section 3 (2) (b) ausdrücklich nicht berührt. Sekundäres Gesetzesrecht (Verordnungen, Satzungen), das auf Parlamentsgesetzen beruht, kann dagegen für nichtig erklärt werden, sofern die Ermächtigungsgrundlage dies nicht ausdrücklich ausschließt, Section 3 (2) (c) HRA 1998. Daneben kann ein Gericht, das von der Unvereinbarkeit eines primären Gesetzes mit der EMRK überzeugt ist, gemäß Section 4 (2) HRA 1998 eine förmliche Erklärung der Unvereinbarkeit abgeben. Die dazu berechtigten Gerichte sind in Section 4 (5) HRA 1998 abschließend aufgezählt.[363]

Gegen sonstige konventionswidrige Akte der öffentlichen Gewalt steht jedermann die Möglichkeit einer Individualbeschwerde gemäß den Sections 6 ff.

---

361 *Regina v. Secretary of State for the Home Department, ex parte Bhajan Singh*, [1976] QB 198, 207: „I would, however, like to correct one sentence in my judgement in *Birdi's* case. I said that if an Act of Parliament did not conform to the Convention, I might be inclined to hold that it was invalid (p. 9 of transcript). That was a very tentative statement, but it went too far. (…) If an Act of Parliament contained any provisions contrary to the Convention, the Act of Parliament must prevail." Siehe dazu auch *Grote*, ZaöRV 1998, 309, 313.

362 Dies gilt, soweit es für die Gerichte möglich ist. Section 3 (1) HRA 1998: „So far as it is possible to do so, primary legislation and subordinate legislation must be read and given effect in a way which is compatible with the Convention rights."

363 In England und Wales sind es neben dem Supreme Court beispielsweise der Court of Appeal und der High Court, Section 4 (5) (a), (e) HRA 1998.

HRA 1998 offen. Zu diesen Akten gehören gemäß Section 6 (3) (a) HRA 1998 auch gerichtliche Entscheidungen. Die Beschwerde muss grundsätzlich innerhalb eines Jahres nach dem Erlass des betreffenden Aktes erhoben werden, Section 7 (5) (a) HRA 1998.[364] Das angerufene Gericht muss – sofern es einen Verstoß feststellt – gemäß Section 8 (1) HRA 1998 in derjenigen Weise Abhilfe schaffen, die es für recht und angemessen hält.[365] Schadenersatz kann jedoch nur ein Gericht zusprechen, dass dazu in einem Zivilprozess grundsätzlich befugt ist, Section 8 (2) HRA 1998.

Bei der Auslegung von Parlamentsgesetzen gemäß Section 3 (1) HRA 1998 müssen die Gerichte die relevante Rechtsprechung des EGMR soweit wie möglich berücksichtigen. Dies geht über die reine Beseitigung von Unklarheiten in der Auslegung hinaus. Sofern der EGMR eine Frage entschieden hat, ist der britische Richter nicht mehr an andere britische Rechtsprechung gebunden. Das gilt auch für Entscheidungen höherer Instanzen. Die Regel findet jedoch nur solange Anwendung, wie ein nach dem Erlass des HRA 1998 geändertes Gesetz auszulegen ist. Dann hat der Richter eine Norm nicht mehr nach der gesetzgeberischen Intention auszulegen, sondern diejenige mögliche Bedeutung anzuwenden, die mit der EMRK am ehesten vereinbar ist.[366]

Die praktischen Auswirkungen des HRA 1998 wurden kurz nach seiner Einführung als gering eingeschätzt. Die Gerichte hätten ihre vorherige Rechtsprechungspraxis kaum anpassen müssen. Die teilweise erwarteten tiefgreifenden Änderungen seien ausgeblieben.[367] Große Veränderungen waren und sind aufgrund der dargestellten Beschränkungen für die Gerichte nicht zu erwarten. Zur Auslegung zog die Rechtsprechung die Konventionsrechte schon vor dem Erlass des HRA 1998 heran. Der Möglichkeit zur Nichtigerklärung von Parlamentsgesetzen hat der Gesetzgeber eine deutliche Absage erteilt.

Die Entscheidung des Court of Appeal in der Sache *London and Birmingham Railway Ltd. v. ASLEF* macht gleichwohl deutlich, dass im Bereich der Urabstimmung auch die reine Auslegung im Sinne der Konvention für Veränderungen sorgen kann. Entgegen vorheriger Rechtsprechung entschied das Gericht hier,

---

364 Das Gericht kann die Frist jedoch gemäß Section 7 (5) (b) HRA 1998 nach freiem Ermessen verlängern.

365 Section 8 (1) HRA 1998: „(…) it may grant such relief or remedy, or make such order, within its powers as it considers just and appropriate."

366 *Honeyball/Bowers*, Textbook on employment law, S. 447.

367 *Raine/Walker*, Implementing the Human Rights Act into the Courts in England and Wales: Culture Shift or Damp Squib?, in: Human Rights Brought Home, S. 111, 133, 135.

die Urabstimmungsregelungen seien nicht einseitig zum Schutz und zum Vorteil der Arbeitgeber auszulegen. Zwar stehe es dem Parlament nach der EMRK frei, die Rechtmäßigkeit von Arbeitskämpfen unter Voraussetzungen zu stellen. Ob die Voraussetzungen erfüllt sind, sei jedoch neutral zu beurteilen und nicht einseitig zum Nachteil derjenigen, die Immunität vor deliktischer Haftung in Folge eines Arbeitskampfs ersuchen. Zu dieser Auffassung gelangten die Richter aufgrund der Berücksichtigung des Streikrechts aus Art. 11 Abs. 1 EMRK, das in Großbritannien über den HRA 1998 Anwendung finde.[368]

## B. Versammlungsfreiheit des Art. 11 EMRK

Die Auslegung der in Art. 11 Abs. 1 EMRK normierten Versammlungsfreiheit in der Rechtsprechung des EGMR erfuhr mit der Anerkennung eines Rechts auf Arbeitskampfmaßnahmen eine grundlegende Änderung. Dieses ist anschließend vom Gerichtshof näher ausgestaltet worden.

### I. Interpretation des EGMR

Nach seinem Wortlaut gewährt Art. 11 Abs. 1 EMRK das Recht, „sich frei und friedlich mit anderen zu versammeln und sich frei mit anderen zusammenzuschließen". Ebenfalls erfasst ist das Recht, zum Schutz der eigenen Interessen „Gewerkschaften zu gründen und Gewerkschaften beizutreten". Diese Rechte sind als Individualrechte ausgestaltet. Rechte, die den Vereinigungen (auch den Gewerkschaften) als Ganzes zustehen, sind nicht erwähnt. Es handelt sich nach dem Wortlaut um reine Abwehrrechte. Ein Recht der Gewerkschaften auf Arbeitskampf lässt sich dem Wortlaut nicht entnehmen.[369]

1976 war der EGMR in der Entscheidung *Schmidt und Dahlström v. Schweden*[370] noch davon ausgegangen, dass ein Streikrecht in Art. 11 Abs. 1 EMRK nicht ausdrücklich verankert ist. Das Streikrecht gehöre zwar zu den bedeutendsten Mitteln der Vertragsstaaten bei der Gewährleistung der durch die Konvention geschützten Freiheit, berufliche Interessen mithilfe von Kollektivmaßnahmen durchzusetzen. Die genaue Ausgestaltung sei jedoch den Staaten überlassen.

368 *London and Birmingham Railway Ltd. v. ASLEF*, [2011] ICR 848, 853 f.; [2011] IRLR 399, 401 f.; siehe dazu auch *Lorber/Novitz*, Industrial relations law in the UK, S. 110.

369 *Schlachter*, RdA 2011, 341, 343 f.

370 EGMR 6.2. 1976 – Nr. 5589/72 *Schmidt und Dahlström v. Schweden*, EuGRZ 1976, 68.

Daher könne die Ausübung der Kollektivmaßnahmen durch das innerstaatliche Recht eingeschränkt werden.[371]

In der *Gustafsson*-Entscheidung[372] aus dem Jahr 1996 bekräftigte der Gerichtshof das Recht auf die kollektive Koalitionsbetätigung. Die Konvention gewährleiste die Freiheit, „die beruflichen Interessen der Gewerkschaftsmitglieder durch gewerkschaftliche Aktionen zu schützen."[373]

2008 benannte der EGMR in der Sache *Enerji Yapi-Yol Sen v. Türkei*[374] das Streikrecht erstmals ausdrücklich als Teil der Garantien aus Art. 11 Abs. 1 EMRK. Dieses sei nicht absolut und könne von den Mitgliedstaaten beschränkt werden. Ein Streikverbot stelle einen zu rechtfertigenden Eingriff in Art. 11 EMRK dar.[375] Die Entscheidung beschäftigte sich mit dem Arbeitskampf von Beamten. Der Gerichtshof erkannte jedoch ausdrücklich ein allgemeines Streikrecht an und übertrug es anschließend auf Beamte. Dieses gilt damit gleichfalls für Arbeitnehmer in einem privatrechtlichen Arbeitsverhältnis.

Die Begründung des Gerichtshofs blieb hier knapp. Die Kammer verwies auf das kurz zuvor ergangene Urteil in der Sache *Demir und Baykara v. Türkei.*[376] In dieser „wegweisenden" Entscheidung[377] war das allgemeine Recht auf Kollektivverhandlungen als „wesentliches Element des in Art. 11 EMRK garantierten Rechts" anerkannt worden. Staatlichen Einschränkungen auf der Grundlage des Art. 11 Abs. 2 EMRK seien enge Grenzen gesetzt. Sie müssten sich auf die Ausübung des Rechts beziehen, dürften es in seinem Wesensgehalt nicht antasten und müssten verhältnismäßig sein. Die Beweislast hinsichtlich der Einhaltung der Grenzen liege beim jeweiligen Staat.[378] Auch das Streikrecht kann nur unter diesen Voraussetzungen beschränkt werden.[379]

---

371 EGMR 6.2. 1976 – Nr. 5589/72 *Schmidt und Dahlström v. Schweden*, EuGRZ 1976, 68, 70. *Marauhn*, RabelsZ 1999, 537, 547 m. w. N., hielt schon nach dieser Entscheidung einen völligen Ausschluss des Streikrechts für unvereinbar mit Art. 11 Abs. 1 EMRK.

372 EGMR 25.4. 1996 – Nr. 15573/89 *Gustafsson v. Schweden*, AuR 1997, 408.

373 EGMR 25.4. 1996 – Nr. 15573/89 *Gustafsson v. Schweden*, AuR 1997, 408.

374 EGMR 21.4. 2009 – Nr. 68959/01 *Enerji Yapi-Yol Sen v. Türkei*, NZA 2010, 1423.

375 EGMR 21.4. 2009 – Nr. 68959/01 *Enerji Yapi-Yol Sen v. Türkei*, NZA 2010, 1423, 1424.

376 EGMR 21.4. 2009 – Nr. 68959/01 *Enerji Yapi-Yol Sen v. Türkei*, NZA 2010, 1423, 1424; *Franzen*, EuZA 2010, 453, 456.

377 *Nußberger*, RdA 2012, 270, 272.

378 EGMR (Große Kammer) 12.11. 2008 – Nr. 34503/97 *Demir und Baykara v. Türkei*, NZA 2010, 1425.

379 Siehe insgesamt zur Rechtsprechung des EGMR zu Art. 11 EMRK übersichtlich *Löwisch/Rieble*, TVG, Grundlagen Rn. 278 ff.; ausführlich dazu *Seifert*, KritV 2009, 357 ff.

## II. Methodik in der jüngeren Rechtsprechung

In der Begründung zur Sache *Demir und Baykara v. Türkei* bediente sich der EGMR bei der Auslegung des Art. 11 Abs. 1 EMRK der ESC[380], der Charta der Grundrechte der Europäischen Union (EU-GRC)[381] sowie verschiedenen Übereinkommen der Internationalen Arbeitsorganisation (ILO)[382]. Selbst wenn diese Verträge von den beklagten Staaten nicht ratifiziert worden sind, seien sie bei der Bestimmung der Rechte aus Art. 11 Abs. 1 EMRK heranzuziehen, so das Gericht.[383] Daneben könnten rechtlich nicht bindende Instrumente des Europarats berücksichtigt werden.[384] Auch die Spruchpraxis von Sachverständigenausschüssen zog der Gerichtshof heran.[385] Grundlage für den Rückgriff auf diese Instrumente sind nach den Ausführungen des Gerichtshofs die Auslegungsregeln der Art. 31–33 der Wiener Vertragsrechtskonvention (WVK)[386]. Nach Art. 31 Abs. 3 lit. c WVK sind alle „in den Beziehungen zwischen den Vertragsparteien anwendbare[n] einschlägige[n]“ Völkerrechtssätze bei der Auslegung eines völkerrechtlichen Vertrags zu berücksichtigen. Darauf nahm der Gerichtshof hier ausdrücklich Bezug.[387]

---

380 EGMR (Große Kammer) 12.11. 2008 - Nr. 34503/97 *Demir und Baykara v. Türkei*, Rn. 45, 49.

381 EGMR (Große Kammer) 12.11. 2008 - Nr. 34503/97 *Demir und Baykara v. Türkei*, Rn. 47.

382 EGMR (Große Kammer) 12.11. 2008 - Nr. 34503/97 *Demir und Baykara v. Türkei*, Rn. 37 f., 42, 44.

383 EGMR (Große Kammer) 12.11. 2008 - Nr. 34503/97 *Demir und Baykara v. Türkei*, NZA 2010, 1425, 1428; *Meyer-Ladewig*, EMRK, Art. 11 Rn. 18, 22.

384 In Betracht kämen laut dem Gerichtshof etwa Empfehlungen und Entschließungen des Ministerkomitees und der Parlamentarischen Versammlung sowie Normen anderer Institutionen des Europarats, EGMR 12.11. 2008 - Nr. 34503/97 *Demir und Baykara v. Türkei*, NZA 2010, 1425, 1427.

385 Zu den ILO-Übereinkommen ist jeweils die Spruchpraxis des entsprechenden *Committee of Experts* der ILO angegeben, EGMR (Große Kammer) 12.11. 2008 - Nr. 34503/97 *Demir und Baykara v. Türkei*, Rn. 38, 39, 43, 44, 101, 102. Daneben nutzt der EGMR die Empfehlungen des Europäischen Ausschusses für Soziale Rechte sowie des Ministerkomitees des Europarats, EGMR (Große Kammer) 12.11. 2008 - Nr. 34503/97 *Demir und Baykara v. Türkei*, Rn. 46, 50.

386 Wiener Übereinkommen vom 23.5. 1969 über das Recht der Verträge, BGBl. 1985 II S. 927.

387 EGMR (Große Kammer) 12.11. 2008 - Nr. 34503/97 *Demir und Baykara v. Türkei*, Rn. 67, NZA 2010, 1425, 1427. Siehe dazu auch *Seifert*, KritV 2009, 357, 362.

Berücksichtigung soll neben den genannten Instrumenten die europäische Praxis finden, so der Gerichtshof. Er konstatierte, dass öffentliche Bediensteten in allen Vertragsstaaten ein Recht auf die Bildung von Gewerkschaften hätten. Zur Begründung nahm er Bezug auf den hohen Anteil gewerkschaftlich organisierter Arbeitnehmer im öffentlichen Sektor. Dieser indiziere eine für gewerkschaftliche Betätigung günstige Rechtslage in den Mitgliedstaaten. Die wenigen Restriktionen der Betätigung beträfen in der Mehrheit der Mitgliedstaaten nur die sensiblen Bereiche der Staatsverwaltung.[388]

Der EGMR berücksichtigte also bei der Auslegung auch die nationalen Rechtslagen. Nach dem Wortlaut der Entscheidung kann eine unter den Mitgliedstaaten mehrheitlich umgesetzte Rechtspraxis einen Staat mit abweichenden Vorschriften zu einer Anpassung zwingen. Bei der Beurteilung der rechtlichen Lage in den Mitgliedstaaten stellte der Gerichtshof auch auf tatsächliche Verhältnisse ab, hier auf den hohen Anteil gewerkschaftlich organisierter Staatsbediensteter.

Indem er sich in der *Enerji Yapi-Yol Sen*-Entscheidung maßgeblich auf die Begründung aus *Demir und Baykara* bezog, bestätigte der EGMR die dort angewendete Auslegungsmethode.[389] Erneut bezog er sich auf die ESC und das ILO-Übereinkommen Nr. 87. Beide Instrumente erkennen ein Streikrecht ausdrücklich an, so die Kammer in ihrer Begründung.[390] In den Sachen *Danilenkov v. Russland*[391], *Saime Özcan v. Türkei*[392], *Kaya und Seyhan v. Türkei*[393] sowie *Cerikci v. Türkei*[394] bestätigte der Gerichtshof die Methodik.[395]

Die Praxis des Gerichtshofs ist nicht ohne Kritik geblieben.[396] Problematisch sei zunächst die Nutzung der Spruchpraxis von Sachverständigenausschüssen.

---

388 EGMR (Große Kammer) 12.11. 2008 – Nr. 34503/97 *Demir und Baykara v. Türkei*, Rn. 48, 106.

389 EGMR 21.4. 2009 – Nr. 68959/01 *Enerji Yapi-Yol Sen v. Türkei*, NZA 2010, 1423, 1424.

390 EGMR 21.4. 2009 – Nr. 68959/01 *Enerji Yapi-Yol Sen v. Türkei*, Rn. 24, NZA 2010, 1423, 1424.

391 EGMR 30.7. 2009 – Nr. 67336/01 *Danilenkov v. Russland*, Rn. 105 ff.

392 EGMR 15.9. 2009 – Nr. 22943/04 *Saime Özcan v. Türkei*.

393 EGMR 15.9. 2009 – Nr. 30946/04 *Kaya und Seyhan v. Türkei*.

394 EGMR 13.7. 2010 – Nr. 33322/07 *Cerikci v. Türkei*.

395 Siehe dazu insgesamt *Fütterer*, EuZA 2011, 505, 512; *Ewing/Hendy*, ILJ 2010, 2, 13 ff., 16 ff.

396 *Löwisch/Rieble*, TVG, Grundlagen Rn. 285; *Seifert*, KritV 2009, 357, 362 ff. A. A. *Schlachter*, RdA 2011, 341, 345 ff.; *Fütterer*, EuZA 2011, 505, 514; *Lörcher*, AuR 2009, 229 ff., der von einer überfälligen Entwicklung spricht und die Methodik der Entscheidungen kritiklos übernimmt.

Dem Sachverständigenausschuss der ILO fehle die Kompetenz zur rechtlich verbindlichen Auslegung der ILO-Übereinkommen.[397] Fragen der Auslegung dieser Übereinkommen werden gemäß Art. 37 Abs. 1 ILO-Verfassung allein dem Internationalen Gerichtshof vorgelegt. Dieser wurde bisher jedoch noch nicht angerufen. Ansonsten liege die Zuständigkeit zur Auslegung beim jährlich tagenden Konferenzausschuss der ILO, nicht beim Sachverständigenausschuss. Jener erkenne ein Streikrecht nicht an.[398]

Ähnliche Einwände werden auch gegen die Nutzung der Spruchpraxis des Europäischen Ausschusses für Soziale Rechte erhoben. Zwar komme dessen Auslegungspraxis im Hinblick auf die ESC schon wegen seiner Besetzung eine „hohe Autorität" zu. Seine Berichte seien jedoch nicht verbindlich. Sie dienten lediglich der Vorbereitung zur Entscheidung des Ministerkomitees über Empfehlungen an einzelne Mitgliedstaaten.[399]

Kritisiert wird zudem, dass der EGMR Normen des internationalen Arbeitsrechts auch ohne Ratifikation durch den betroffenen Staat zur Auslegung heranzieht. Der Gerichtshof hält es für genügend, dass diese „Instrumente eine kontinuierliche Entwicklung der anwendbaren Vorschriften und Grundsätze des Völkerrechts oder des staatlichen Rechts der Mehrheit der Mitgliedstaaten des Europarats zeigen und beweisen, dass bei einer bestimmten Frage eine übereinstimmende Auffassung der modernen Gesellschaft besteht"[400]. Diese Auffassung überdehne zum einen den Wortlaut von Art. 31 Abs. 3 lit. c WVK („jeder in den Beziehungen zwischen den Vertragsparteien anwendbare einschlägige Völkerrechtssatz"). Zum anderen führe sie dazu, dass Staaten an Rechtsnormen gebunden werden, denen sie durch die Ablehnung der Ratifikation gerade nicht zustimmen wollten.[401]

Die Souveränität eines Staates beinhaltet, dass er bestimmte Rechtsgrundsätze durch Nicht-Ratifikation ablehnen kann. Können diese Grundsätze jedoch nach seiner Zustimmung zu einem Vertrag wie der EMRK als ein Teil von dessen Gewährleistungen anerkannt werden, ist die Nicht-Ratifikation praktisch wertlos. Es erfolgt eine Bindung an die Rechtsgrundsätze durch die Hintertür. Der

---

397 *Seifert*, KritV 2009, 357, 363 ff. A. A. *Schlachter*, RdA 2011, 341, 345, die den Sachverständigenausschuss jedenfalls in der Praxis als „maßgebliche Einrichtung zur Auslegung der Übereinkommen" ansieht.

398 *Henssler*, ZfA 2010, 397, 403.

399 *Seifert*, KritV 2009, 357, 365 f.

400 EGMR (Große Kammer) 12.11. 2008 – Nr. 34503/97 *Demir und Baykara v. Türkei*, Rn. 86, NZA 2010, 1425, 1428.

401 *Seifert*, KritV 2009, 357, 366.

EGMR ist nicht befugt, anstelle des betroffenen Staates die nicht ratifizierten Grundsätze einzuführen.[402] Der in der Literatur vorgebrachten Kritik ist daher in diesem Punkt zuzustimmen.

Vom jeweiligen Mitgliedstaat ratifizierte völkerrechtliche Verträge können bei der Auslegung der EMRK gemäß dem Grundsatz aus Art. 31 Abs. 3 lit. c WVK berücksichtigt werden. Dieser ist nicht auf diejenigen Verträge zu beschränken, die zwischen allen Mitgliedstaaten der EMRK gelten. Denn sonst müssten Rechtsgrundsätze außer Acht bleiben, die zwar von der überwiegenden Anzahl der Staaten ratifiziert sind und damit eine erhebliche Bedeutung für die europäische Grundrechtsentwicklung haben, wegen vereinzelter Nicht-Ratifikation aber nicht in die Ausgestaltung des Schutzbereichs des jeweiligen EMRK-Grundrechts einbezogen werden dürften. Diese Auslegungsmethode führt zwar zwangsläufig zu unterschiedlichen Schutzbereichen der EMRK-Grundrechte in den Mitgliedstaaten. Damit werden aber gerade die jeweiligen rechtlichen und rechtshistorischen Besonderheiten der Mitgliedstaaten sowie ihre Souveränität hinreichend gewichtet. Soll der Schutzgehalt von Art. 11 Abs. 1 EMRK über dessen Wortlaut hinaus weiter entwickelt werden, sind dabei maßgeblich die Verhältnisse in den Nationalstaaten zu berücksichtigen. Daher ist eine Unterschiedlichkeit des Schutzbereichs hinzunehmen.[403]

Mit dem EGMR ist anzunehmen, dass die in der EMRK verkörperten Menschenrechte nach ihrer Auslegung „praktisch und wirksam sind und nicht theoretisch und scheinbar"[404]. Dabei ist die rechtliche und tatsächliche Entwicklung in den Mitgliedstaaten zu berücksichtigen. Andernfalls bliebe die Konvention ein starres Instrument. Durch ihre Gesetzgebung bringen die Staaten als Vertragsparteien ihre Auffassung von der notwendigen gesellschaftlichen und politischen Entwicklung zum Ausdruck. Besteht dabei ein Konsens unter den Staaten, muss dies bei der Auslegung der EMRK berücksichtigt werden. Eine Umsetzung von Rechtsgrundsätzen in der einfachen Mehrheit der Mitgliedstaaten genügt dafür nicht.[405] Gleichfalls kann nicht gefordert werden, dass alle Vertragsstaaten den entsprechenden Grundsatz anerkannt haben. Denn dann

402 So insbesondere für die ESC auch *Seifert*, KritV 2009, 357, 366.

403 Zur ähnlichen Problematik bei der Auslegung der EU-GRC siehe *Thüsing/Traut*, RdA 2012, 65, 69 f.

404 EGMR (Große Kammer) 12.11. 2008 – Nr. 34503/97 *Demir und Baykara v. Türkei*, Rn. 66, NZA 2010, 1425, 1426.

405 So auch *Seifert*, KritV 2009, 357, 366 ff., der zudem die extrem knappen Ausführungen des EGMR in der *Demir und Baykara*-Entscheidung zur europäischen Praxis kritisiert.

bedürfte es einer Garantie aus der EMRK nicht mehr. Hat also die überwiegende Mehrheit der Staaten einen Rechtsgrundsatz anerkannt, kann von einem Konsens darüber ausgegangen werden. Dieser ist dann bei der Auslegung der EMRK zu berücksichtigen.

Wann von einer überwiegenden Mehrheit von Staaten auszugehen ist, muss eine Frage des Einzelfalls bleiben. Insbesondere ist dies abhängig davon, wie stark ein überwiegend anerkannter Rechtsgrundsatz in die historisch gewachsene Rechtslage im betroffenen Staat eingreift. Je gravierender der Eingriff ist, desto höher ist der Begründungsaufwand hinsichtlich einer europäischen Praxis. Soll eine nationale Regelung vollständig unvereinbar mit der EMRK sein, die in der Rechtspraxis des betroffenen Staates ein erhebliches Gewicht hat, muss sie den anerkannten Rechtsgrundsätzen in allen anderen Mitgliedstaaten zuwider laufen. Soll dagegen eine kaum bedeutsame Regelung wegen des Verstoßes gegen die EMRK nur leicht angepasst werden, kann eine davon abweichende Praxis schon in zwei Dritteln der Mitgliedstaaten ausreichend sein.

Bei der Beurteilung der rechtlichen und tatsächlichen Umsetzung eines Rechtsgrundsatzes in den Mitgliedstaaten kann sich der Gerichtshof der Spruchpraxis eines Sachverständigenausschusses bedienen, auch wenn diese keine rechtliche Verbindlichkeit hat. Genügen muss die tatsächliche Kompetenz des Gremiums zur Auslegung der entsprechenden Rechtsnormen. Liegt diese vor, kann von einer authentischen Interpretation im Sinne der Mitgliedstaaten ausgegangen werden. Der Sachverständigenausschuss der ILO und der Europäische Ausschuss für soziale Rechte verfügen über eine entsprechende Kompetenz.[406] Beide Organe sind in der Lage, die abstrakten Übereinkommen der ILO sowie die ESC im Hinblick auf die jeweiligen spezifischen politischen, rechtlichen, sozialen und wirtschaftlichen Gegebenheiten in den Mitgliedstaaten konkret auszulegen.[407]

## III. Zusammenfassung

Der EGMR hat das Streikrecht als Teil der Garantien aus Art. 11 Abs. 1 EMRK in der Entscheidung *Enerji Yapi-Yol Sen v. Türkei* grundsätzlich anerkannt.

---

406 *Schlachter*, RdA 2011, 341, 345 f.; in diesem Sinne auch *Fütterer*, EuZA 2011, 505, 513 f., der die Rechtsprechungsentwicklung ausdrücklich begrüßt.

407 Siehe speziell zu den Empfehlungen der ILO *Junker/Redwitz*, Die Bedeutung der Internationalen Arbeitsorganisation für die Rechtswirklichkeit auf nationaler Ebene, in: FS Goos, S. 127, 132.

Unmittelbar verbindlich ist das Urteil wegen seiner *inter partes*-Wirkung nur für die beklagte Türkei. Die entwickelten Grundsätze zur Auslegung der EMRK sind von den Behörden und Gerichten der Mitgliedstaaten dennoch zu berücksichtigen.[408] Damit haben sie entscheidende Bedeutung auch für die Frage nach der Vereinbarkeit des britischen Urabstimmungserfordernisses mit Art. 11 Abs. 1 EMRK.

Zur Begründung des Streikrechts bediente sich der Gerichtshof Normen des internationalen Arbeitsrechts mit unterschiedlichem Ratifikationsstand in dem betroffenen Mitgliedstaat. Die Nutzung nicht ratifizierter Normen muss dabei nach der hier vertretenen Auffassung als unzulässig angesehen werden. Dagegen ist das Abstellen auf die Spruchpraxis von Sachverständigenausschüssen mit praktischer Kompetenz zur Auslegung von ratifizierten Rechtsnormen überzeugend. Die Berücksichtigung der rechtlichen und tatsächlichen Verhältnisse in den Mitgliedstaaten überzeugt nur solange, wie von einem Konsens gesprochen werden kann. Das ist der Fall, wenn die überwiegende Anzahl der Vertragsstaaten einen Rechtsgrundsatz anerkannt hat.

## C. Prüfung der Vereinbarkeit des britischen Urabstimmungserfordernisses mit dem Streikrecht aus Art. 11 Abs. 1 EMRK

Bei der Prüfung der Vereinbarkeit des britischen Urabstimmungserfordernisses mit Art. 11 Abs. 1 EMRK wird ein zweistufiges Prüfungsprogramm angewandt. Zunächst ist festzustellen, ob das Streikrecht aus Art. 11 Abs. 1 EMRK durch das britische Urabstimmungserfordernis beeinträchtigt ist. Bei einer etwaigen Beeinträchtigung wäre zu prüfen, ob diese gerechtfertigt werden kann.[409]

### I. Einschränkung der Ausübung des Streikrechts

Bevor eine etwaige Einschränkung des Streikrechts aus Art. 11 Abs. 1 EMRK durch das britische Urabstimmungserfordernis überprüft werden kann, ist der Inhalt dieses Rechts mithilfe der oben dargestellten Methodik zu ermitteln.

408 *Weiß*, EuZA 2010, 457, 467.

409 Vgl. dazu *Peters/Altwicker*, Europäische Menschenrechtskonvention, S. 27 ff.

## 1. Auslegung des Streikrechts

Der EGMR hat das Streikrecht in der *Enerji Yapi-Yol Sen*-Entscheidung im Wesentlichen aus den bereits zuvor in *Demir und Baykara* genannten Quellen erarbeitet. Hierzu gehören die ESC, die ILO-Konventionen Nr. 87, 98 und 154 sowie die dazu jeweils ergangene Spruchpraxis des Europäischen Ausschusses für Soziale Rechte und des Sachverständigenausschusses der ILO. Daneben fanden auch die EU-GRC, die Empfehlungen des EU-Ministerrats, der Internationale Pakt über wirtschaftliche, soziale und kulturelle Rechte (IPWSKR) sowie die europäische Rechtspraxis Berücksichtigung.

Nach dem oben Gesagten kommen für die Auslegung von Art. 11 Abs. 1 EMRK hinsichtlich eines möglichen Verstoßes durch ein britisches Gesetz nur diejenigen völkerrechtlichen Verträge in Betracht, die von Großbritannien ratifiziert worden sind. Zu diesen Verträgen kann auch die Spruchpraxis des jeweiligen Sachverständigenausschusses berücksichtigt werden.

### a. Europäische Sozialcharta

Die 1961 zur Unterzeichnung aufgelegte und 1965 in Kraft getretene ESC[410] bestimmt in Art. 6 Abs. 4 das Recht der Arbeitnehmer und Arbeitgeber auf kollektive Maßnahmen. Davon umfasst ist ausdrücklich auch das Recht auf Streik. Geschützt sind damit „alle Handlungen, die von Arbeitnehmern und Arbeitgebern i. S. des Art. 6 ESC im Falle eines Interessenkonflikts während Kollektivverhandlungen ergriffen oder durchgeführt werden, um Druck auf die Gegenseite auszuüben und sie so zu Verhandlungen über Kollektivvereinbarungen zu bewegen".[411] Diese Gewährleistungen sind jedoch nicht absolut. Wie alle Rechte aus Teil I der ESC können sie gemäß Art. 31 Abs. 1 der ursprünglichen Fassung und Art. G der revidierten Sozialcharta[412] aus dem Jahr 1996 durch die Mitgliedstaaten beschränkt werden. Die Beschränkung muss gesetzlich vorgeschrieben und „in einer demokratischen Gesellschaft zum Schutze der Rechte und Freiheiten anderer oder zum Schutze der öffentlichen Sicherheit und Ordnung, der Sicherheit des Staates, der Volksgesundheit oder der Sittlichkeit notwendig" sein.[413] Zudem kann das Recht auf Kollektivmaßnahmen und insbesondere das Recht auf Streik gemäß Art. 6 Abs. 4 ESC durch Vereinbarungen in einem Tarifvertrag limitiert werden.

---

410 *Europarat (Hrsg.)*, Die europäische Sozialcharta, S. 3.

411 *Dumke*, Streikrecht i. S. des Art. 6 Nr. 4 ESC und deutsches Arbeitskampfrecht, S. 76.

412 Die Bestimmung wurde wortgleich in der revidierten Fassung übernommen

413 *Europarat (Hrsg.)*, Die europäische Sozialcharta, S. 211.

### i. Ratifikationsstand in Großbritannien

Großbritannien hat die ESC in ihrer ursprünglichen Fassung am 11.7. 1962 ratifiziert. Die Charta ist dort seit dem 26.2. 1965 in Kraft.[414] Dagegen ist die revidierte Fassung der ESC von Großbritannien zwar am 7.11. 1997 unterzeichnet, bisher jedoch nicht ratifiziert worden.[415] Für die Auslegung des Art. 11 Abs. 1 EMRK kann also grundsätzlich nur die ursprüngliche Fassung der ESC sowie die dazu ergangene Spruchpraxis des Europäischen Ausschusses für Soziale Rechte und des Ministerrats der Europäischen Union herangezogen werden. Art. 6 Abs. 4 ESC ist wortgleich in die revidierte Fassung überführt worden. Daher kommt es in Betracht, auch die Spruchpraxis zur revidierten Fassung zu berücksichtigen. Die Sozialcharta ist jedoch ein komplexes Regelwerk, dessen Rechte und Bestimmungen nicht isoliert betrachtet werden können. Es ist nicht auszuschließen, dass auch die Spruchpraxis zu Art. 6 Abs. 4 ESC nach dem In-Kraft-Treten der revidierten Fassung aufgrund des insgesamt geänderten Tenors der Charta eine Neuausrichtung erfahren hat. An diese eventuell neu ausgerichtete Spruchpraxis kann Großbritannien wegen der fehlenden Ratifikation nicht mittelbar über die EMRK gebunden werden. Daher ist sie hier außer Acht zu lassen.

### ii. Spruchpraxis des Europäischen Ausschusses für Soziale Rechte

In seiner Stellungnahme zur Interpretation des Art. 6 Abs. 4 ESC aus dem Jahr 1969 stellte der Europäische Ausschuss für Soziale Rechte fest, dass das Streikrecht sowohl hinsichtlich gesetzlicher Bestimmungen als auch hinsichtlich des Richterrechts gilt. Gerichtliche Entscheidungen würden dauernd auf ihre Verhältnismäßigkeit in Bezug auf das Streikrecht hin untersucht.[416] Das spricht für eine Berücksichtigung der britischen Rechtsprechungspraxis zu den Urabstimmungsregelungen bei der Frage nach deren Vereinbarkeit mit Art. 11 Abs. 1 EMRK.

Im Jahr 1968 erkannte der Ausschuss in einer Beurteilung zyprischer Vorschriften die grundsätzliche Vereinbarkeit eines Urabstimmungserfordernisses

---

414 Siehe dazu BGBl. II FNB.

415 Siehe zum Stand der Unterzeichnungen und Ratifikationen die Übersicht des Europarats unter http://conventions.coe.int/Treaty/Commun/ChercheSig.asp?NT=035&C-M=1&DF =&CL=ENG, abgerufen am 27.1. 2014. Großbritannien hat sich in seiner Beitrittserklärung ausdrücklich an die Bestimmungen in Art. 6 der ESC gebunden.

416 *Europäischer Ausschuss für Soziale Rechte*, Conclusions I, Statement of Interpretation on Article 6 § 4, S. 38; siehe dazu auch *Europarat (Hrsg.)*, Digest of the Case Law of the European Committee of Social Rights, S. 55.

vor gewerkschaftlichen Arbeitskämpfen mit Art. 6 Abs. 4 ESC an.[417] 1996 erklärte der Ausschuss, dass die britischen Beschränkungen des Streikrechts nicht mehr gemäß Art. 31 Abs. 1 ESC gerechtfertigt sind. In einer Aufzählung der kritischen Bestimmungen im britischen Recht ist auch das Urabstimmungserfordernis ausdrücklich benannt. Dieses normiere sehr restriktive Voraussetzungen. Zudem sei problematisch, dass die Rechtmäßigkeit eines Streiks von der Urabstimmung abhänge.[418] Ein Urabstimmungserfordernis ist also grundsätzlich mit Art. 6 Abs. 4 ESC vereinbar. Es darf die Ausübung des Streikrechts jedoch nicht zu stark limitieren.[419]

Hinweispflichten vor einem Arbeitskampf wurden vom Ausschuss grundsätzlich gebilligt. Sie dürften jedoch nur im Zusammenhang mit einem Vermittlungsverfahren gelten und die Frist zur Erteilung des Hinweises müsste verhältnismäßig sein.[420] Zu diesem Schluss kam der Ausschuss in einer Beurteilung zum zyprischen Recht im Jahr 1998, also nach dem In-Kraft-Treten der revidierten Fassung der ESC. Daher ist diese Bewertung bei der Auslegung des Streikrechts hier nicht zu berücksichtigen.

### iii. Spruchpraxis des Ministerrats

Der Ministerrat der Europäischen Union rügte 2005 in einer Empfehlung an Großbritannien, dass die zu der Zeit in Section 238A TULR(C)A 1992 vorgesehene Frist von acht Wochen für den Schutz vor Arbeitgeberkündigungen wegen einer Streikteilnahme willkürlich sei. Zudem seien Arbeitnehmer nur bei der Teilnahme an offiziellen Arbeitskämpfen geschützt. Beides stelle einen Verstoß gegen Art. 6 Abs. 4 ESC dar. Diese Empfehlung erging jedoch zum einen nach der Revision der Charta und ist zur Auslegung des Art. 6 Abs. 4 ESC daher im Verhältnis zu Großbritannien nicht geeignet. Zum anderen ist die Frist mittlerweile auf 12 Wochen erhöht worden und kann unter bestimmten Umständen verlängert werden.

In einer Empfehlung an Norwegen aus dem Jahr 1993 betonte der Ministerrat, dass eine Beschränkung des Streikrechts aus Art. 6 Abs. 4 ESC nur dort in Betracht komme, wo die Voraussetzungen des Art. 31 der Charta erfüllt sind.

---

417 *Europäischer Ausschuss für Soziale Rechte*, Conclusions II, Cyprus, S. 187.

418 *Europäischer Ausschuss für Soziale Rechte*, Conclusions XIV-1, United Kingdom, S. 805.

419 *Europarat (Hrsg.)*, Digest of the Case Law of the European Committee of Social Rights, S. 57.

420 *Europäischer Ausschuss für Soziale Rechte*, Conclusions XIV-1, Cyprus, S. 156 ff.; *Europarat (Hrsg.)*, Digest of the Case Law of the European Committee of Social Rights, S. 57.

Eine unbegrenzte Berechtigung des Staates zur Unterbrechung oder Untersagung von Arbeitskämpfen sei nicht zu rechtfertigen, so der Rat.[421]

Im Übrigen äußerte sich der Ministerrat vor der Revision der Charta nicht zum Streikrecht privater Arbeitnehmer aus Art. 6 Abs. 4 ESC.

### b. ILO-Konventionen

Die ILO-Konventionen Nr. 87, 98 und 154 betreffen die Rechte von Arbeitgebern und Arbeitnehmern bei Kollektivverhandlungen. Großbritannien ratifizierte die Konvention Nr. 87 am 27.6. 1949 und die Konvention Nr. 98 am 30.6. 1950. Beide Verträge sind dort nach wie vor in Kraft. Dagegen ist Konvention Nr. 154 von Großbritannien bisher nicht ratifiziert worden.[422] Ihre Bestimmungen und die dazu ergangene Spruchpraxis bleiben bei der Auslegung des Art. 11 Abs. 1 EMRK daher unberücksichtigt.

#### i. Konvention Nr. 87

Art. 8 Abs. 2 ILO-Konvention Nr. 87 bestimmt, dass die durch die Konvention gewährten Rechte weder durch die nationale Gesetzgebung noch durch die Art ihrer Anwendung beeinträchtigt werden dürfen. Wie schon die Spruchpraxis zu Art. 6 Abs. 4 ESC spricht auch dies für eine Berücksichtigung der britischen Rechtsprechungspraxis zum Urabstimmungserfordernis.

Die Konventionsrechte gelten nicht schrankenlos. Art. 8 Abs. 1 der Konvention schreibt vor, dass sich die Arbeitnehmer und Arbeitgeber sowie ihre jeweiligen Organisationen bei der Ausübung ihrer Rechte an die im Mitgliedstaat geltenden Gesetze zu halten haben.

In Art. 11 verpflichtet die Konvention ihre Mitglieder, „alle erforderlichen und geeigneten Maßnahmen zu treffen, um den Arbeitnehmern und den Arbeitgebern die freie Ausübung des Vereinigungsrechts zu gewährleisten".

Gewerkschaften und Arbeitgeberverbände haben gemäß Art. 3 Abs. 1 das Recht, sich Satzungen zu geben und ihre Tätigkeit frei zu regeln. In dieses Recht dürfen die Behörden der Mitgliedstaaten nicht beschränkend eingreifen, Art. 3 Abs. 2 der Konvention.

---

421 *Ministerrat der Europäischen Union*, Empfehlung Nr. R ChS (93) 2.

422 Siehe zum Ratifikationsstand der ILO-Konventionen durch Großbritannien die Übersicht unter http://www.ilo.org/dyn/normlex/en/f?p=1000:11200:0::NO:11200:P11200_COUNT RY_ID:102651, abgerufen am 27.1. 2014.

### ii. Konvention Nr. 98

Nach Art. 1 Abs. 1 der Konvention Nr. 98 sind Arbeitnehmer in den Mitgliedstaaten vor allen die gewerkschaftliche Betätigung beeinträchtigenden Diskriminierungen im Zusammenhang mit ihrer Beschäftigung zu schützen. Dies betrifft gemäß Art. 1 Abs. 2 insbesondere die Entlassung aufgrund der Mitgliedschaft in einer Gewerkschaft oder aufgrund gewerkschaftlicher Betätigung. Die Betätigung kann dazu entweder außerhalb der Arbeitszeit oder mit Zustimmung des Arbeitgebers auch während der Arbeitszeit stattfinden.

Gewerkschaften ist gemäß Art. 2 Abs. 1 der Konvention bei ihrer Bildung, Tätigkeit oder Selbstverwaltung hinreichender Schutz vor Einmischung durch die Arbeitgeberseite zu gewähren.

### iii. Spruchpraxis des Sachverständigenausschusses

In seinem Bericht *Freedom of Association* bezeichnet der Sachverständigenausschuss der ILO das Recht auf Streik als logische Konsequenz aus der in Konvention Nr. 87 gewährten Vereinigungsfreiheit.[423]

Zu den Anforderungen, die von den Mitgliedstaaten an einen rechtmäßigen Arbeitskampf gestellt werden können, äußerte sich der Sachverständigenausschuss mehrfach. Diese müssten zunächst verhältnismäßig sein und dürften keine wesentliche Beschränkung der den Gewerkschaften zur Verfügung stehenden Arbeitskampfmaßnahmen aufstellen. Der gesetzlich vorgeschriebene Prozess beim Aufruf zum Arbeitskampf dürfe nicht so kompliziert ausgestaltet sein, dass er einen rechtmäßigen Aufruf praktisch unmöglich macht.[424]

Eine Pflicht zur Abgabe eines Hinweises an den betroffenen Arbeitgeber vor dem Aufruf zum Arbeitskampf sei grundsätzlich mit den Konventionen vereinbar, so der Ausschuss.[425]

Welche Anforderungen ein Mitgliedstaat an eine vor dem Streik durchzuführende Urabstimmung stellen darf, erklärt der Ausschuss anhand von Einzelfällen. Verlangt das Gesetz beispielsweise, dass zwingend mehr als die Hälfte der am Arbeitskampf *beteiligten* Arbeitnehmer an der Entscheidung über die Aufnahme von Kampfhandlungen zu beteiligen sind, könne dies die Möglichkeit zur Durchführung der Kampfmaßnahme potentiell erschweren. Eine solche Voraussetzung sei überzogen. Der Ausschuss forderte in einem anderen Fall die

---

423 *International Labour Office (Hrsg.)*, Freedom of Association, S. 109, Rn. 523.

424 *International Labour Office (Hrsg.)*, Freedom of Association, S. 114, Rn. 547, 548.

425 *International Labour Office (Hrsg.)*, Freedom of Association, S. 114, Rn. 552.

Änderung einer Vorschrift, nach der mehr als die Hälfte der von einem Arbeitskampf *betroffenen* Arbeitnehmer die Entscheidung darüber billigen mussten.[426]

Dass eine Gewerkschaft vor dem Streik eine Urabstimmung unter ihren Mitgliedern durchführen muss und dass an dieser ein bestimmter Anteil der Mitglieder teilnehmen muss, wird vom Ausschuss grundsätzlich gebilligt. Ein notwendiges Quorum von zwei Dritteln der Mitglieder hält er dabei jedoch für „schwierig". Dies gelte insbesondere für Gewerkschaften, die eine hohe Anzahl an Mitgliedern in einem geografisch großen Gebiet vertreten.[427]

Problematisch sei zudem eine gesetzliche Regelung, nach der die Zustimmung der absoluten Mehrheit der Arbeitnehmer für den rechtmäßigen Aufruf erforderlich ist. Dies könne insbesondere Gewerkschaften mit einer hohen Mitgliederzahl an der Ausübung des Streikrechts hindern.[428]

Explizit zum britischen Recht äußerte sich der Sachverständigenausschuss in seinen Berichten zur Umsetzung der Konvention Nr. 87 in Großbritannien. In einer direkten Anfrage an die britische Regierung kritisierte er, wie zuvor schon der Ministerrat der Europäischen Union in Bezug auf die ESC[429], den zeitlich begrenzten Kündigungsschutz für Streikteilnehmer. Ein Arbeitgeber könne, sofern er keine angemessenen Schritte zur Lösung des Tarifkonflikts unternommen habe, einem Arbeitnehmer wegen seiner Teilnahme am Arbeitskampf nicht rechtmäßig kündigen. Auch die Verlängerung der Frist für den Kündigungsschutz auf 12 Wochen[430] ändere nichts am mangelhaften Schutz für Streikteilnehmer.

Daneben beschäftigte sich der Ausschuss mit dem Vorbringen des britischen *Trades Union Congress*, der die Hinweispflichten vor einem Arbeitskampf als ungerechtfertigt und beschwerlich bemängelte. Zwar lobte der Ausschuss die Entscheidung des Court of Appeal in der Sache *London and Birmingham Railway Ltd. v. ASLEF*[431]. Er vermutete jedoch, dass die Probleme im Zusammenhang mit den gesetzlichen Urabstimmungsregelungen damit nicht endgültig

---

426 *International Labour Office (Hrsg.)*, Freedom of Association, S. 115, Rn. 556, 558.

427 *International Labour Office (Hrsg.)*, Freedom of Association, S. 115, Rn. 559, 560. Siehe dazu auch *Gernigon/Odero/Guido*, ILO Principles concerning the Right to Strike, S. 28 f., die von einer Verletzung von Art. 3 der Konvention Nr. 87 durch ein zwei Drittel-Erfordernis sprechen.

428 *International Labour Office (Hrsg.)*, Freedom of Association, S. 115, Rn. 557.

429 Siehe dazu oben unter C. I. 1. a. iii.

430 Siehe Section 238A (7B) TULR(C)A 1992 und oben unter C. I. 1. a. iii.

431 *London and Birmingham Railway Ltd. v. ASLEF*, [2011] ICR 848 ff.; [2011] IRLR 399 ff.; siehe zum Inhalt der Entscheidung ausführlich oben in Kapitel 1 unter C. II. 2. a. ii., C. II. 2. d. iii. und C. II. 2. e.

gelöst sind. Der Gesetzgeber stelle mit den Hinweispflichten womöglich dennoch nicht hinnehmbare Anforderungen an die Gewerkschaften.[432]

Im allgemeinen Bericht zum Umsetzungsstand der Konvention Nr. 87 aus dem Jahr 2013 betonte der Ausschuss erneut, dass Arbeitnehmer einen Arbeitskampf aufnehmen können müssen, ohne daran von den Arbeitgebern mithilfe komplexer gesetzlicher Regelungen gehindert zu werden. Das Recht der Arbeitnehmer auf Arbeitskampf sei zu schützen. Die britische Regierung solle daher die Sections 223 und 224 TULR(C)A 1992 über die Immunität vor deliktischer Haftung neu bewerten. Angemessener Schutz vor zivilrechtlicher Haftung sei notwendig, um die Beachtung des fundamentalen Streikrechts zu sichern. Obgleich sich die britische Regierung auf die Haftungsgrenzen in Section 22 (2) TULR(C)A 1992[433] berief, bat der Ausschuss um eine Stellungnahme Großbritanniens.[434]

Die Spruchpraxis macht deutlich, dass die nationalen Anforderungen an einen rechtmäßigen Arbeitskampf die Gewerkschaften nicht praktisch an der Ausübung des Streikrechts hindern dürfen. Dies betrifft insbesondere das notwendige Quorum bei einer Urabstimmung und die Hinweispflichten vor dem Arbeitskampf. Grundsätzlich sind aber sowohl das Abstimmungserfordernis als auch eine Hinweispflicht mit den Konventionen vereinbar. Eine Ausgestaltung des Streikrechts als grundsätzliches Verbot mit Erlaubnisvorbehalt bewertet der Ausschuss als kritisch, aber ebenfalls grundsätzlich zulässig. Der Schutz vor deliktischer Haftung muss dabei jedoch angemessen sein.

### c. Charta der Grundrechte der Europäischen Union

Die EU-GRC gewährt Arbeitnehmern und Arbeitgebern sowie ihren jeweiligen Organisationen in Art. 28 das Recht, „bei Interessenkonflikten kollektive Maßnahmen zur Verteidigung ihrer Interessen, einschließlich Streiks, zu ergreifen". Das Recht der europäischen Union kennt daher seit dem Inkrafttreten des Vertrags von Lissabon am 1.12. 2009 ein Streikrecht.[435]

---

432 *Committee of Experts on the Application of Conventions and Recommendations (CEACR)*, Direct Request - adopted 2012, United Kingdom, abrufbar unter www.ilo.org/dyn/normlex/en/f?p=1000:13100:0::NO:13100:P13100_COMMENT_ID:3084884:-NO, abgerufen am 27.1. 2014.

433 Siehe dazu ausführlich oben in Kapitel 1 unter C. I. 1.

434 *CEACR*, Observation - adopted 2012, United Kingdom, abrufbar unter www.ilo.org/dyn/normlex/en/f?p=1000:13100:0::NO:13100:P13100_COMMENT_ID:3084887, abgerufen am 27.1. 2014.

435 *Treber*, in: Schaub, Arbeitsrechts-Handbuch, § 192 Rn. 23.

Erfasst sind allgemein Arbeitskampfmaßnahmen und insbesondere der Streik. Sie müssen nicht im Zusammenhang mit dem Abschluss eines Tarifvertrags stehen, sondern sind bei allen Interessenkonflikten zwischen Arbeitgebern und Arbeitnehmern zulässig. Der politische Streik ist jedoch vom Schutzbereich ausgenommen.[436]

Die Garantien des Art. 28 EU-GRC sind nur nach dem „Unionsrecht und den einzelstaatlichen Rechtsvorschriften und Gepflogenheiten" gewährt. Fraglich ist in Bezug auf diesen Regelungs- und Ausgestaltungsvorbehalt, ob Art. 28 EU-GRC Mindeststandards zu entnehmen sind.[437] Dazu wird angenommen, dass das Streikrecht aus Art. 28 EU-GRC direkt von den nationalen Gerichten angewendet werden kann. Es gelte also auch in den Mitgliedstaaten, in denen ein solches Recht bisher nicht normiert oder anerkannt war.[438] Wegen der fehlenden Kompetenz der Union im Bereich des kollektiven Arbeitsrechts erfährt Art. 28 EU-GRC seine Ausgestaltung durch die Verhältnisse in den nationalen Rechtsordnungen.[439] Hier ist also wie bei Art. 11 Abs. 1 EMRK maßgeblich auf die europäische Praxis abzustellen.

Der von der Europäischen Kommission unternommene Versuch, mithilfe einer Verordnung das durch die Rechtsprechung des Europäischen Gerichtshofs (EuGH) entstandene Spannungsverhältnis zwischen dem Recht auf Arbeitskampf und den wirtschaftlichen Freiheiten aufzulösen, ist zwar am Widerstand der Mitgliedstaaten gescheitert.[440] In ihrer Begründung betonte die Kommission jedoch die Bedeutung des Streikrechts. Dieses dürfe nicht bloß ein reines Motto oder eine rechtliche Metapher sein.[441] Jedoch müssten bei seiner Ausübung die wirtschaftlichen Freiheiten gewahrt werden.[442]

---

436 *Jarass*, Charta der Grundrechte, Art. 28 Rn. 7; *Riedel*, in: Meyer (Hrsg.), Charta der Grundrechte der Europäischen Union, Art. 28 Rn. 425.

437 *Thüsing/Traut*, RdA 2012, 65, 69 f.

438 *Veneziani*, in: Bercusson (Hrsg.), European Labour Law, Art. 28, S. 291, 325 f.

439 *Thüsing/Traut*, RdA 2012, 65, 70.

440 12 nationale Parlamente hatten Vorbehalte gegen den Vorschlag der Kommission erhoben. Daraufhin verwarf diese den als „Monti II" bezeichneten Entwurf. Siehe dazu *European Commission (Hrsg.)*, 2012 Report on the Application of the EU Charter of Fundamental Rights, S. 68 und *Franzen*, EuZA 2013, 1 f.

441 Kommission der Europäischen Gemeinschaft, KOM(2012) 130 endgültig, 21.3. 2012, S. 10.

442 Art. 2 des Vorschlags. Das sollte auch umgekehrt gelten. Siehe dazu *Franzen*, EuZA 2013, 1 f. und Kommission der Europäischen Gemeinschaft, KOM(2012) 130 endgültig, 21.3. 2012, S. 18.

Großbritannien hat der Grundrechtecharta nur unter Vorbehalten zugestimmt.[443] So kann weder der EuGH noch ein nationales britisches Gericht die Unvereinbarkeit britischer Rechts- oder Verwaltungsvorschriften sowie britischer Verwaltungspraxis oder -maßnahmen mit der Grundrechtecharta feststellen. Zudem sind die in Titel IV der Charta enthaltenen Rechte explizit als nicht einklagbar in Großbritannien erklärt worden, solange das nationale britische Recht sie nicht vorsieht.[444] Unter Titel IV ist auch Art. 28 EU-GRC gefasst. Da dieser also zur Begründung der Unvereinbarkeit britischen Rechts mit der Charta nicht herangezogen werden kann, sind sein Wortlaut und die dazugehörige Auslegungspraxis bei der Auslegung von Art. 11 Abs. 1 EMRK gegenüber Großbritannien außer Acht zu lassen. Denn andernfalls würde der von Großbritannien geäußerte Vorbehalt praktisch leerlaufen.

### d. Internationaler Pakt über wirtschaftliche, soziale und kulturelle Rechte

Der IPWSKR[445] gewährt in Art. 8 Abs. 1 d) „das Streikrecht, soweit es in Übereinstimmung mit der innerstaatlichen Rechtsordnung ausgeübt wird". Großbritannien hat den Pakt am 16.9. 1968 unterzeichnet und am 20.5. 1976 ratifiziert.[446] Damit ist der IPWSKR und die dazu ergangene Spruchpraxis bei der Auslegung von Art. 11 Abs. 1 EMRK zu berücksichtigen.

In seinen abschließenden Beurteilungen zum dritten periodischen Bericht zur Umsetzung der Rechte aus dem IPWSKR in Großbritannien äußerte das Economic and Social Council (ECOSOC) der Vereinten Nationen 1997 einige Bedenken hinsichtlich Art. 8 des Pakts. So stelle die fehlende Umsetzung des Streikrechts in nationales britisches Recht einen Verstoß dar. Das Konzept der Streikfreiheit sei mit dem Streikrecht aus Art. 8 IPWSKR nicht vereinbar. Problematisch sei zudem, dass Streikteilnehmern wegen eines Arbeitsvertragsbruchs rechtmäßig gekündigt werden kann. Die Teilnahme an einem rechtmäßigen Arbeitskampf dürfe nicht faktisch als Verstoß gegen den Arbeitsvertrag gewertet werden.[447] Diese Auffassung bekräftigte das ECOSOC im Bericht aus dem

---

443 *Ludwig*, EuR 2011, 715, 721 f.

444 Amtsblatt der Europäischen Union 2010 C 83/314.

445 BGBl. 1973 II, S. 1570 ff.

446 Siehe zum Stand der Unterzeichnungen und Ratifikationen die Übersicht unter http://treaties.un.org/Pages/ViewDetails.aspx?src=TREATY&mtdsg_no=IV-3&chapter=4&lang=en#8, abgerufen am 27.1. 2014.

447 *Committee on Economic, Social and Cultural Rights*, Concluding Observations E/C.12/1/Add.19, 12.12. 1997, United Kingdom, S. 3.

Jahr 2002.[448] Im bislang letzten Bericht von 2009 fehlt jedoch jede Bemerkung zu Art. 8 IPWSKR.[449] Da sich am Mechanismus der Streikfreiheit in Großbritannien nichts geändert hat, ist nicht davon auszugehen, dass das ECOSOC keine Vorbehalte mehr hinsichtlich des britischen Rechts hat. Es hat sich zudem nicht zustimmend zur Entwicklung des Streikrechts im nationalen Recht geäußert. Daher ist davon auszugehen, dass die Spruchpraxis des Gremiums aus den Jahren 1997 und 2002 nach wie vor Geltung hat.

Der von Großbritannien ebenfalls ratifizierte[450] Internationale Pakt über bürgerliche und politische Rechte enthält kein Recht auf Streik.[451]

### e. Europäische Praxis

Abschließend ist zu überprüfen, ob es in den Rechtslagen der Mitgliedstaaten einen Konsens zum Streikrecht allgemein und speziell zu den Voraussetzungen eines rechtmäßigen Streiks gibt. Ein solcher Konsens würde die Auslegung von Art. 11 Abs. 1 EMRK wie oben gezeigt[452] maßgeblich mitbestimmen.

#### i. Streikrecht

In 16 Mitgliedstaaten der Europäischen Union ist ein Streikrecht in der Verfassung ausdrücklich anerkannt.[453] Dazu gehören beispielsweise Italien, Portugal, Spanien, Schweden, Griechenland und Frankreich.[454] In Luxemburg, Finnland

---

448 *Committee on Economic, Social and Cultural Rights*, Concluding Observations E/C.12/1/Add.79, 5.6. 2002, United Kingdom, S. 3.

449 *Committee on Economic, Social and Cultural Rights*, Concluding Observations E/C.12/GBR/CO/5, 12.6. 2009, United Kingdom.

450 Siehe zum Stand der Unterzeichnungen und Ratifikationen die Übersicht unter http://treaties.un.org/Pages/ViewDetails.aspx?src=TREATY&mtdsg_no=IV4&chapter=4&lang=en, abgerufen am 27.1. 2014.

451 *Jeschke*, Der europäische Streik, S. 76.

452 Siehe dazu ausführlich oben unter B. II.

453 *Jeschke*, Der europäische Streik, S. 180. *Riedel*, in: Meyer (Hrsg.), Charta der Grundrechte der Europäischen Union, Art. 28 Rn. 7, spricht im Zusammenhang mit der ESC davon, dass etwa die Hälfte der nationalen Verfassungen ein Streikrecht nicht anerkennen.

454 *Veneziani*, in: Bercusson (Hrsg.), European Labour Law, Art. 28, S. 291, 324; siehe speziell zum griechischen Streikrecht *Koniaris*, Labour Law in Hellas, S. 234 f. und *Spyropulos/Phortsakēs*, Constitutional law in Greece, S. 220; siehe speziell zum sehr weitreichenden schwedischen Streikrecht *Ring/Olsen-Ring*, Einführung in das skandinavische Recht, S. 212 f.

und Deutschland ist ein solches Recht zwar in der Verfassung nicht erwähnt, jedoch mit Verfassungsrang anerkannt. In Malta, Belgien, Österreich, Dänemark und Irland wird wie in Großbritannien von Streikfreiheit gesprochen. Diese soll vorliegen, wenn der Streik im jeweiligen Staat grundsätzlich als eine erlaubte Maßnahme angesehen wird.[455]

So unterliegt der Arbeitskampf in Dänemark zwar einigen Beschränkungen, beispielsweise dem Verbot einer physischen Blockade. Solange sie jedoch zur Förderung von Verhandlungen eingesetzt wird, ist eine Kampfmaßnahme grundsätzlich erlaubt.[456] Jeder Arbeitskampf führt automatisch zur endgültigen Beendigung des Arbeitsverhältnisses, solange zwischen Arbeitgeber und Arbeitnehmer keine abweichende Vereinbarung getroffen wurde.[457]

Auch in Österreich ist der Arbeitskampf grundsätzlich geschützt.[458] Durch die Teilnahme daran verstößt ein Arbeitnehmer gegen seine arbeitsvertraglichen Pflichten, was einen Kündigungsgrund sein kann. Ruft jedoch eine Gewerkschaft zu einem Arbeitskampf auf, darf der Arbeitnehmer davon ausgehen, dass er an einem rechtmäßigen Arbeitskampf teilnimmt. Dann liegt keine Pflichtverletzung vor.[459]

In Belgien hat der Cour de Cassation entschieden, dass Arbeitskämpfe zwar nicht gesetzlich geregelt, aber dennoch vom belgischen Rechtssystem geschützt sind.[460] Die Teilnahme an einem Arbeitskampf setzt den Arbeitsvertrag aus. Eine Vertragsverletzung liegt grundsätzlich nicht vor. Die Kündigung des Vertrags oder Schadenersatzansprüche des Arbeitgebers kommen nur dort in Betracht, wo der Arbeitnehmer schwer schuldhaft handelt. Auch durch die Teilnahme an einem rechtswidrigen Streik ist das nicht grundsätzlich der Fall.[461]

In Irland drohen der organisierenden Gewerkschaft sowohl eine strafrechtliche wie eine zivilrechtliche Haftung. Ähnlich wie in Großbritannien werden unter bestimmten Voraussetzungen Haftungsausschlüsse gewährt.[462] Section 13

---

455 *Jeschke*, Der europäische Streik, S. 180.

456 *Hasselbalch*, Labour law in Denmark, S. 253.

457 *Hasselbalch*, Labour law in Denmark, S. 277 f.

458 Für einen grundrechtlichen Schutz: *Burger*, Das Ende des Streikrechts?, S. 57 f.; a. A. *Radner/Jud/Hauser*, Arbeitsrecht, S. 280 f., die von einem „System der natürlichen Kampffreiheit“ sprechen.

459 *Burger*, Das Ende des Streikrechts?, S. 59 f.

460 *Veneziani*, in: Bercusson (Hrsg.), European Labour Law, Art. 28, S. 291, 324; *Ales*, in: Collective Action and Fundamental Freedoms in Europe, S. 243, 247.

461 *Jeschke*, Der europäische Streik, S. 122 f.

462 *Jeschke*, Der europäische Streik, S. 107 f.

(2) des irischen Industrial Relations Act 1990 (IRA 1990) schützt zudem sowohl die Gewerkschaft als auch ihre Mitglieder und Offiziellen vor deliktischer Haftung, sofern sie vernünftigerweise davon ausgehen durften, dass die haftungsauslösende Arbeitskampfmaßnahme im Zusammenhang mit einem Tarifkonflikt steht.

Zusammenfassend ist festzustellen, dass ein positiv normiertes Streikrecht noch nicht in der überwiegenden Anzahl der europäischen Staaten gewährt wird. Die Teilnahme an Arbeitskämpfen stellt zudem jedenfalls auch in Dänemark, Österreich und Irland einen Verstoß gegen arbeitsvertragliche Pflichten dar, der wenigstens zivilrechtliche Folgen haben kann. Da es sich bei der Gewährung eines positiv normierten Streikrechts um eine elementare Frage des nationalen Arbeitskampfrechts handelt, sind die Anforderungen an einen europäischen Konsens hoch. Daher kann nur von einem Konsens in Bezug auf die Anerkennung wenigstens einer Streikfreiheit gesprochen werden.

#### ii. Voraussetzungen eines rechtmäßigen Streiks

Welche Anforderungen die Mitgliedstaaten der EMRK[463] an einen rechtmäßigen Arbeitskampf stellen, soll im Folgenden dargestellt werden.

##### *(1) Urabstimmungserfordernisse*

Nicht nur in Großbritannien sind Gewerkschaften verpflichtet, vor dem Aufruf zum Arbeitskampf eine Urabstimmung unter ihren Mitgliedern durchzuführen.[464]

So wird in Section 14 (2) des irischen IRA 1990 die Pflicht aller Gewerkschaften normiert, vor einem Arbeitskampf unter ihren Mitgliedern eine Urabstimmung durchzuführen. Abstimmungsberechtigt müssen wie in Großbritannien alle Mitglieder sein, von denen die Gewerkschaft vernünftigerweise ausgehen darf, dass sie am betreffenden Arbeitskampf teilnehmen werden. Ebenso bedarf die Kampfmaßnahme auch in Irland der Zustimmung der einfachen Mehrheit der Mitglieder. Nach der Urabstimmung hat die Gewerkschaft ihre Mitglieder ausführlich über das Ergebnis zu informieren. Eine Hinweispflicht gegenüber

---

463 Zum Ratifikationsstand der EMRK siehe die Übersicht unter http://conventions.coe.int/Treaty/Commun/ChercheSig.asp?NT=005&CM=8&DF=11/23/2008&CL=GER, abgerufen am 27.1.2014.

464 Siehe die Übersicht bei *Jeschke*, Der europäische Streik, S. 186 Fn. 1489. Anstatt wie dort angegeben in Slowenien ist eine Urabstimmung in der Slowakischen Republik erforderlich.

dem Arbeitgeber fehlt in Irland. Wie in Großbritannien werden der Gewerkschaft gemäß Section 17 IRA 1990 ihre Immunitäten entzogen, wenn sie entgegen dem Ergebnis der Abstimmung handelt oder eine solche nicht durchführt.

In Griechenland schreibt das Gesetz Nr. 1264/1982 vor, dass Gewerkschaften ersten Grades über den Aufruf zum Arbeitskampf durch die Hauptversammlung der Mitglieder in geheimer Wahl abstimmen lassen müssen.[465] Gewerkschaften ersten Grades sind hauptsächlich Arbeitnehmervereine, während Gewerkschaften zweiten Grades Gewerkschaftsverbände und solche dritten Grades Vereinigungen solcher Verbände sind.[466]

In Lettland bedarf der Streikaufruf ebenfalls eines vorherigen Mitgliedervotums. An der Abstimmung ist mindestens die Hälfte der Mitglieder zu beteiligen. Handelt es sich um einen Arbeitskampf nicht organisierter Arbeitnehmer ist zur Beschlussfähigkeit die Beteiligung der Hälfte der betroffenen Arbeitnehmer notwendig. In beiden Fällen muss dem Arbeitskampf mit einfacher Mehrheit zugestimmt werden.[467]

Auch in der Slowakischen Republik ist eine Urabstimmung zwingend vorgeschrieben. An dieser sind alle betroffenen Arbeitnehmer zu beteiligen. Erforderlich ist eine Zustimmung der einfachen Mehrheit der Abstimmenden. Wie in Großbritannien darf die Gewerkschaft auch in der Slowakischen Republik ihre Mitglieder nicht zur Teilnahme am Arbeitskampf zwingen.[468]

In Polen setzt die Streikankündigung gegenüber dem Arbeitgeber die vorherige Abstimmung unter mindestens der Hälfte aller betroffenen Arbeitnehmer voraus. Zur Zustimmung genügt auch hier eine einfache Mehrheit.[469]

In den europäischen Staaten, die eine Urabstimmung zwingend vorschreiben, genügt also stets die Zustimmung der einfachen Mehrheit. Ein ähnlich komplexes System wie in Großbritannien findet sich im europäischen Vergleich nicht. Die Regeln über Urabstimmungen beschränken sich regelmäßig auf eine bis drei Normen. Daher ist von einem europäischen Konsens über die einfache Umsetzbarkeit eines Urabstimmungserfordernisses auszugehen.

---

465 *Kerameos/Kerameus*, in: Henssler/Braun (Hrsg.), Arbeitsrecht in Europa, Griechenland Rn. 209.

466 Siehe zu den Begriffen *Kerameos/Kerameus*, in: Henssler/Braun (Hrsg.), Arbeitsrecht in Europa, Griechenland Rn. 150 ff.

467 *Kronbergs*, in: Henssler/Braun (Hrsg.), Arbeitsrecht in Europa, Lettland Rn. 72.

468 *Markechová/Klimanová*, in: Henssler/Braun (Hrsg.), Arbeitsrecht in Europa, Slowakische Republik Rn. 189.

469 *Zimoch-Tucholka/Malinowska-Hyla*, in: Henssler/Braun (Hrsg.), Arbeitsrecht in Europa, Polen Rn. 217.

### (2) *Hinweispflichten*

Auch Hinweispflichten gegenüber dem vom Arbeitskampf betroffenen Arbeitgeber finden sich in mehreren europäischen Rechtsordnungen.[470]

In Spanien ist ein Streik sowohl den betroffenen Arbeitgebern als auch den Arbeitsbehörden gegenüber mindestens fünf Wochentage vor seinem Beginn schriftlich anzukündigen. Der Hinweis muss die Ziele des Streiks, das Anfangsdatum und die Zusammensetzung des vor seiner Aufnahme zu bildenden Streikkomitees enthalten.[471] Zudem hat die Gewerkschaft anzugeben, welche Anstrengungen sie zur Lösung des zugrundeliegenden Konflikts unternommen hat.[472]

In Portugal hat die Bekanntmachung der Streikabsicht gemäß Art. 534 des Codelho do Trabalho spätestens fünf Werktage vor dem Auftakt zu erfolgen. Sie muss gegenüber der Geschäftsleitung des betroffenen Unternehmens oder dem entsprechenden Arbeitgeberverband abgegeben werden. Zudem ist das Arbeitsministerium zu informieren. Die Mitteilung kann entweder schriftlich oder mithilfe anderer, im jeweiligen Betrieb üblicher interner Kommunikationsmethoden erfolgen.[473] Die Gewerkschaft muss darin einen Vorschlag machen, wie die Sicherheit des bestreikten Betriebs während des Arbeitskampfs gewährleistet werden kann. Soll ein Betrieb bestreikt werden, der zwingende soziale Bedürfnisse befriedigt (beispielsweise ein Krankenhaus), muss ein Vorschlag zur Organisation eines Notdienstes beigefügt werden. In solchen Betrieben beträgt die Ankündigungsfrist zehn Tage. Der Arbeitgeber darf die am Streik beteiligten Arbeitnehmer nicht entlassen und keine anderen Arbeitskräfte zur Kompensation einstellen.

Das schwedische Arbeitskampfrecht sieht in § 45 des Lag om medbestämmande i arbetslivet (Gesetz über die Mitbestimmung im Arbeitsleben) eine Hinweispflicht sowohl für Gewerkschaften als auch für Arbeitgeberorganisationen vor. Sieben Werktage vor dem Auftakt des Arbeitskampfs sind die Gegenpartei des Konflikts sowie das Büro des Mediators schriftlich zu informieren. Die Hinweispflicht entfällt gemäß § 45 Abs. 3, sofern ein Hinderungsgrund vorliegt. Sie entfällt ebenfalls, wenn eine der in § 41 Abs. 2 näher bezeichneten Kampfformen

---

470 Siehe die Übersicht bei *Jeschke*, Der europäische Streik, S. 186 Fn. 1493.

471 *Calle/Prehm*, in: Henssler/Braun (Hrsg.), Arbeitsrecht in Europa, Spanien Rn. 194; *Jeschke*, Der europäische Streik, S. 140 f.

472 *Baylos*, in: Collective Action and Fundamental Freedoms in Europe, S. 109, 113.

473 *Fedtke/Fedtke*, in: Henssler/Braun (Hrsg.), Arbeitsrecht in Europa, Portugal Rn. 152.

gewählt wird. Der Hinweis muss gemäß § 45 Abs. 4 sowohl den Kampfgrund als auch den Umfang der Maßnahme bezeichnen.[474]

In der Slowakischen Republik muss das zuständige Organ der Gewerkschaft den Arbeitgeber wenigstens drei Tage vor der Aufnahme von Kampfhandlungen informieren. In den Hinweis sind der Beginn, die Gründe und die Ziele des Arbeitskampfs aufzunehmen. Zudem hat das zuständige Organ ein Verzeichnis mit den Namen aller seiner Mitglieder zu übermitteln.[475] Die ursprünglich bestehende Pflicht zur Nennung der Namen aller am Streik beteiligten Arbeitnehmer ist im Jahr 2002 abgeschafft worden.[476]

In Polen ist der Arbeitskampf von der Gewerkschaft fünf Tage vor dem Beginn der Maßnahme gegenüber dem Arbeitgeber anzukündigen.[477]

In Slowenien hat die Ankündigung durch die Weiterleitung des Streikbeschlusses spätestens drei Tage vor der Aufnahme der Kampfhandlungen zu erfolgen.[478]

Das estnische Arbeitskampfrecht sieht vor, dass die Entscheidung über die Aufnahme eines Streiks sowohl dem Arbeitgeber als auch einem Schlichter und der Gemeindeverwaltung mitgeteilt wird. Dies hat 14 Tage vor dem Beginn der Maßnahme zu erfolgen. Der Hinweis muss das Anfangsdatum genau angeben und über die Gründe und den voraussichtlichen Umfang des Streiks informieren.[479]

Griechische Gewerkschaften trifft ebenfalls eine Hinweispflicht. Der Hinweis kann jedoch allgemein gehalten sein und enthält nur in Ausnahmefällen Angaben zur zeitlichen Lage und Dauer des Streiks sowie zu den Forderungen der Gewerkschaft. Hier genügt eine Ankündigung 24 Stunden vor der Aufnahme des Streiks. Eine fehlende Ankündigung macht den Streik rechtswidrig.[480]

Im europäischen Vergleich zeigt sich, dass Hinweispflichten vor Arbeitskämpfen in einer erheblichen Anzahl der Staaten vorgeschrieben sind. Eine

---

474 Eine Übersetzung des Gesetzes über die Mitbestimmung im Arbeitsleben von 1976 findet sich bei *Schmidt*, Die Reform des kollektiven Arbeitsrechts in Schweden, S. 246 ff.

475 *Markechová/Klimanová*, in: Henssler/Braun (Hrsg.), Arbeitsrecht in Europa, Slowakische Republik Rn. 189.

476 *Jeschke*, Der europäische Streik, S. 171 und Fn. 1397.

477 *Zimoch-Tucholka/Malinowska-Hyla*, in: Henssler/Braun (Hrsg.), Arbeitsrecht in Europa, Polen Rn. 217.

478 *Jeschke*, Der europäische Streik, S. 174 f.

479 *Jürgen*, in: Henssler/Braun (Hrsg.), Arbeitsrecht in Europa, Estland Rn. 127.

480 *Kerameos/Kerameus*, in: Henssler/Braun (Hrsg.), Arbeitsrecht in Europa, Griechenland Rn. 210.

zusätzliche Hinweispflicht vor der Durchführung einer Urabstimmung findet sich jedoch kein zweites Mal. Im europäischen Vergleich muss kein Hinweis derart detaillierte Informationen enthalten wie in Großbritannien. Vielmehr genügt in der ganz überwiegenden Zahl der Staaten mit Hinweispflicht die bloße Äußerung der Streikabsicht zu einem festgelegten Zeitpunkt. Dieser liegt bis zu 14 Tage vor der Aufnahme von Kampfhandlungen. Es besteht daher ein Konsens darüber, allenfalls einen Hinweis zu verlangen. Dieser ist vor dem Arbeitskampf zu erteilen. Seine inhaltlichen Anforderungen können nach der europäischen Praxis nicht zu kompliziert gestaltet werden.

#### f. Zusammenfassung

Die Auslegung des Art. 11 Abs. 1 EMRK anhand der oben genannten Instrumente führt zu dem Schluss, dass ein Recht auf Streik zwar besteht. Die Ausgestaltung des Rechts obliegt aber den Mitgliedstaaten. Dabei ist eine Beschränkung des Streikrechts zulässig. Diese muss verhältnismäßig bleiben. Gerade aufgrund der europäischen Praxis ist anzunehmen, dass der Mechanismus der Streikfreiheit den Anforderungen des Art. 11 Abs. 1 EMRK grundsätzlich genügt.

Die Rechtmäßigkeit eines Arbeitskampfs dürfen die Mitgliedstaaten, insbesondere nach der Spruchpraxis der jeweiligen Sachverständigenausschüsse, sowohl von einer ordnungsgemäßen Urabstimmung als auch von der Hinweiserteilung gegenüber dem Arbeitgeber abhängig machen. Solchen Voraussetzungen sind jedoch Grenzen gesetzt. Sie dürfen insbesondere nicht zu komplex ausgestaltet sein. Der europäische Vergleich zeigt, dass beide Instrumente zwar von mehreren Mitgliedstaaten genutzt werden. Es besteht jedoch jeweils ein Konsens darüber, sie nicht zu kompliziert zu gestalten.

### 2. Einschränkung

Eine Einschränkung des Streikrechts aus Art. 11 Abs. 1 EMRK liegt vor, wenn dessen Ausübung beschränkt oder unmöglich gemacht wird.[481] Es wird hier zwischen dem Mechanismus des Urabstimmungserfordernisses, dessen konkreter Ausgestaltung und den damit verbundenen Hinweispflichten unterschieden. Alle diese potentiellen Einschränkungen beruhen auf gesetzlichen Regelungen und stellen damit ein Handeln des Gesetzgebers, mithin einer staatlichen Stelle

481 *Peters/Altwicker*, Europäische Menschenrechtskonvention, S. 28.

dar. Sie kommen daher als Einschränkungen im Sinne des Art. 11 Abs. 2 EMRK in Betracht.[482]

### a. Mechanismus des Urabstimmungserfordernisses

Der britische Gesetzgeber erklärt Arbeitskämpfe für grundsätzlich arbeitsvertrags- und rechtswidrig. Die ordnungsgemäße Durchführung der Urabstimmung ist unabdingbare Voraussetzung dafür, dass ein Arbeitskampf Immunität vor den Haftungsfolgen seiner grundsätzlichen Rechtswidrigkeit erhält.[483] Damit ist die Urabstimmung für eine Gewerkschaft faktisch zwingend und beschränkt die Durchführung jedes Arbeitskampfs. Das Streikrecht aus Art. 11 Abs. 1 EMRK kann nicht mehr ungehindert ausgeübt werden.

Von einer Einschränkung des Streikrechts durch das britische Urabstimmungserfordernis geht auch der Europäische Ausschuss für Soziale Rechte in seiner Spruchpraxis aus.[484] Für den Sachverständigenausschuss der ILO stellen Rechtmäßigkeitsvoraussetzungen beim Arbeitskampf grundsätzlich eine Beschränkung des Streikrechts dar.[485]

Der Mechanismus des britischen Urabstimmungserfordernisses stellt damit eine Einschränkung des Streikrechts im Sinne des Art. 11 Abs. 2 EMRK dar.

### b. Ausgestaltung des Urabstimmungserfordernisses

Die gesetzlichen Bestimmungen zum Urabstimmungserfordernis sind in Großbritannien sehr detailliert und komplex. Durch die genauen Vorschriften zum Wahlzettel, die zwingende Benennung eines Wahlprüfers und die umfassenden Veröffentlichungspflichten hinsichtlich des Abstimmungsergebnisses greift der britische Gesetzgeber erheblich in die gewerkschaftliche Autonomie und Souveränität ein. Fehler bei der Durchführung der Urabstimmung, insbesondere auch bei der genau vorgeschriebenen Auszählung der Stimmen, erklärt das Gesetz nur in engen Grenzen für unbeachtlich.

Gewerkschaften setzen sich bei der Durchführung eines Arbeitskampfs erheblichen Haftungsrisiken aus. Bei Fehlern im Abstimmungsvorgang ist der Arbeitskampf verschuldensunabhängig rechtswidrig. Die gesetzeskonforme Durchführung einer Urabstimmung verursacht erheblichen Aufwand. Die

482 Vgl. dazu *Grabenwarter/Pabel*, Europäische Menschenrechtskonvention, S. 125.
483 Siehe zum Mechanismus ausführlich oben in Kapitel 1 unter C. I.
484 Siehe dazu oben unter C. I. 1. a. ii.
485 Siehe dazu oben unter C. I. 1. b. iii.

Gewerkschaften können zum einen mit dem Arbeitskampf nicht zeitnah auf Entwicklungen in Tarifverhandlungen reagieren. Zum anderen tragen sie ein erhebliches finanzielles Risiko bei der Vorbereitung des Arbeitskampfs. Entscheiden sich die Mitglieder gegen einen solchen, waren die für die Abstimmung getätigten Aufwendungen vergebens. Eine Gewerkschaft muss sich eine Urabstimmung daher zunächst einmal finanziell leisten können. Die Ausgestaltung des Urabstimmungserfordernisses in Großbritannien beschränkt die Ausübung des Streikrechts und stellt daher ebenfalls eine Einschränkung im Sinne des Art. 11 Abs. 2 EMRK dar.

Das bestätigt auch die Spruchpraxis des Europäischen Ausschusses für Soziale Rechte, der die komplexen britischen Regelungen ausdrücklich kritisierte.[486]

### c. Hinweispflichten

Der britische Gesetzgeber hat im TULR(C)A 1992 eine Hinweispflicht gegenüber dem Arbeitgeber sowohl vor der Durchführung des Urabstimmungserfordernisses als auch vor der Aufnahme von Kampfhandlungen normiert. Bei beiden Hinweispflichten ist die Ausgestaltung genau vorgeschrieben. Fehler führen nach dem Gesetz grundsätzlich zur Rechtswidrigkeit der Urabstimmung und damit zum Verlust der Haftungsimmunitäten. Daher hat die Gewerkschaft hier ebenfalls äußerst präzise zu arbeiten, was zu einem erheblichen Verwaltungsaufwand führen kann. Die Gewerkschaften müssen ihre Mitgliederverzeichnisse genau auf Aktualität und Richtigkeit prüfen. Auch diese Voraussetzung erhöht also das Haftungsrisiko und verursacht Personal- sowie unter Umständen finanziellen Aufwand. Damit sind auch beide Hinweispflichten grundsätzlich geeignet, die Gewerkschaften von der Ausübung ihres Streikrechts abzuhalten. Jedenfalls erlegen die Hinweispflichten den Gewerkschaften zusätzliche Beschränkungen bei der Vorbereitung des Arbeitskampfs auf.

Der Europäische Ausschuss für Soziale Rechte und der Sachverständigenausschuss der ILO interpretieren Hinweispflichten ebenfalls als Beschränkungen des Streikrechts, die bestimmten Grenzen unterworfen sind.[487]

Auch die Hinweispflichten stellen damit eine Einschränkung des Streikrechts im Sinne des Art. 11 Abs. 2 EMRK dar.

---

486 Siehe dazu oben unter C. I. 1. a. ii.

487 Siehe dazu oben unter C. I. 1. a. ii. und C. I. 1. b. iii.

## II. Rechtfertigung der Einschränkung

Die Einschränkungen des Streikrechts durch den Mechanismus des britischen Urabstimmungserfordernisses, dessen Ausgestaltung und die Hinweispflichten müssten gerechtfertigt sein. Dazu müssen sie auf einer gesetzlichen Grundlage beruhen, ein legitimes Ziel verfolgen und verhältnismäßig sein.

### 1. Gesetzliche Grundlage

Gemäß Art. 11 Abs. 2 EMRK darf eine Einschränkung der Rechte aus Art. 11 Abs. 1 EMRK nur erfolgen, sofern sie „gesetzlich vorgesehen" ist. Erforderlich ist kein formelles Gesetz, es genügt ein Gesetz im materiellen Sinn, das öffentlich zugänglich und hinreichend bestimmt ist.[488] Erfasst sind auch solche Normen, die nicht kodifiziert sind, beispielsweise die des britischen common law.[489]

#### a. Rechtsgrundlage

Die Einschränkung muss zunächst auf ein Gesetz im Sinne des Art. 11 Abs. 2 EMRK zurückzuführen sein. Das britische Urabstimmungserfordernis mit seinem Mechanismus und seiner Ausgestaltung sowie die Hinweispflichten beruhen insgesamt auf den Sections 226 bis 235 TULR(C)A 1992, also auf einem vom britischen Parlament erlassenen Gesetz.

#### b. Zugänglichkeit

Weiter muss die gesetzliche Grundlage für den Adressaten zugänglich sein. Er muss also den Inhalt des Gesetzes ermitteln können.[490] Zu berücksichtigen ist, ob der Adressat in besonderer Weise rechtskundig ist oder das Gesetz speziell für seinen Berufskreis gilt.[491] Die entsprechenden Vorschriften des TULR(C)A 1992 sind öffentlich zugänglich. Als Adressaten kommen allein Gewerkschaften in Betracht. Diese verfügen innerhalb ihrer Organisation in der Regel über

---

488 *Grabenwarter/Pabel*, Europäische Menschenrechtskonvention, S. 125 ff.; *Peters/ Altwicker*, Europäische Menschenrechtskonvention, S. 29 f., vgl. dort auch zum hier gewählten Aufbau.

489 *Grabenwarter/Pabel*, Europäische Menschenrechtskonvention, S. 126.

490 EGMR 26.4. 1971 – Nr. 6538/74 *Sunday Times v. Vereinigtes Königreich (Nr. 1)*, Rn. 49, EGMRE 1, 366, 371.

491 *Grabenwarter/Pabel*, Europäische Menschenrechtskonvention, S. 126 f.

rechtskundige Personen, die sich mit den rechtlichen Rahmenbedingungen gewerkschaftlicher Betätigung befassen. Der Zugang zum TULR(C)A 1992 ist solchen Personen ohne weiteres möglich.

### c. Bestimmtheit

Der Adressat der gesetzlichen Grundlage muss erkennen können, was das Gesetz von ihm verlangt. Dieses muss derart bestimmt sein, dass er sein Verhalten danach richten kann. Die Einschränkung der EMRK-Rechte muss vorhersehbar sein. Räumt das Gesetz ein Ermessen ein, muss sich dies in klar bestimmten Grenzen halten.[492]

Die Bestimmungen des TULR(C)A 1992 zur Urabstimmung sind äußerst detailliert formuliert. Problematisch im Hinblick auf die Bestimmtheit könnte jedoch ihre enorme Komplexität sein. Ist auch ein verständiger Adressat nicht mehr in der Lage, die an ihn gestellten Anforderungen zu verstehen, ist das Gesetz nicht mehr hinreichend bestimmt. Die Sections 226 bis 235 TULR(C)A 1992 richten sich jedoch ausschließlich an Gewerkschaften und damit an einen fest umrissenen und klar bestimmten Adressatenkreis. Innerhalb der Gewerkschaften beschäftigen sich in der Regel Personen ausschließlich mit den gesetzlichen Voraussetzungen für gewerkschaftliche Betätigung. Daher sind die Adressaten der Urabstimmungsregelungen in besonderem Maße verständig hinsichtlich deren Anforderungen. Zudem ist die Rechtsprechung in der überwiegenden Anzahl der sich aus dem Gesetz ergebenden Fragen gefestigt. Die Komplexität der Sections 226 bis 235 TULR(C)A 1992 steht der Bestimmtheit daher nicht entgegen.

Der vom TULR(C)A 1992 vereinzelt verwendete Begriff des *reasonable* oder *reasonably*[493] ist unbestimmt und wird von den Gerichten nicht immer einheitlich ausgelegt. Dem Gesetzgeber muss es aber offen stehen, unbestimmte Rechtsbegriffe zu verwenden und ihre Auslegung den Gerichten zu überlassen.[494] Nur so kann ein Gesetz den sich laufend ändernden tatsächlichen Gegebenheiten angepasst werden. Die Auslegung des Begriffs ist hier allein den Gerichten überlassen. Von einer Gefahr des Missbrauchs durch die Rechtsprechung ist, auch wenn diese den Begriff nicht immer zugunsten der Adressaten auslegt, nicht

492 *Peters/Altwicker*, Europäische Menschenrechtskonvention, S. 30; EGMR 26.4. 1971 - Nr. 6538/74 *Sunday Times v. Vereinigtes Königreich (Nr. 1)*, Rn. 49, EGMRE 1, 366, 371.

493 Siehe dazu oben in Kapitel 1 unter C. II. 2. a. i. (1).

494 So auch *Bröhmer*, in: Dörr/Grote/Marauhn (Hrsg.), EMRK/GG, Bd. I, Kap. 19 Rn. 75.

auszugehen. Das Gesetz bietet damit einen ausreichenden Schutz gegen Missbrauch[495] und ist auch nicht aus diesem Grund unbestimmt.

Die Bestimmungen der Sections 226 bis 235 TULR(C)A 1992 genügen daher den Anforderungen des Art. 11 Abs. 2 EMRK an eine gesetzliche Grundlage für die Einschränkung.

## 2. Legitimes Ziel

Die mit der Einschränkung des Streikrechts verfolgten legitimen Ziele sind in Art. 11 Abs. 2 EMRK abschließend aufgezählt.[496] Dazu gehören die nationale oder öffentliche Sicherheit, die Aufrechterhaltung der Ordnung oder die Verhütung von Straftaten, der Schutz der Gesundheit oder Moral sowie der Schutz der Rechte und Freiheiten anderer. Diese Ziele überschneiden sich inhaltlich und sind bisher vom EGMR nicht abstrakt definiert worden. Das Fehlen eines legitimen Ziels führt nach der Rechtsprechung des Gerichtshofs nur ausnahmsweise zum Ausschluss der Rechtfertigung.[497] Zwar sind die aufgezählten Ziele grundsätzlich eng auszulegen.[498] Ob eine Einschränkung eines der Ziele verfolgt, ist im Wesentlichen aber der Beurteilung der Mitgliedstaaten überlassen.[499]

### a. Urabstimmungserfordernis

Als Zweck von Mechanismus und Ausgestaltung des britischen Urabstimmungserfordernisses kommt der Schutz der Rechte und Freiheiten anderer in Betracht.

Der britische Gesetzgeber betonte bei der Einführung des Urabstimmungserfordernisses den damit bezweckten Schutz der Gewerkschaftsmitglieder vor willkürlichen Entscheidungen ihrer Anführer. Zugleich sollte der vermeintlich negative Einfluss gewerkschaftlicher Betätigung auf die Wirtschaftslage des

495 Vgl. dazu *Peters/Altwicker*, Europäische Menschenrechtskonvention, S. 30.

496 *Arndt/Schubert*, in: Karpenstein/Mayer (Hrsg.), EMRK, Art. 11 Rn. 14; *Peters*, Einführung in die Europäische Menschenrechtskonvention, S. 24; *Bröhmer*, in: Dörr/Grote/Marauhn (Hrsg.), EMRK/GG, Bd. I, Kap. 19 Rn. 76.

497 *Grabenwarter/Pabel*, Europäische Menschenrechtskonvention, S. 128.

498 *Arndt/Schubert*, in: Karpenstein/Mayer (Hrsg.), EMRK, Art. 11 Rn. 14; *Pannick/Lester*, in: Lester/Pannick (Hrsg.), Human Rights Law and Practice, Chapter 3 S. 91; *Bröhmer*, in: Dörr/Grote/Marauhn (Hrsg.), EMRK/GG, Bd. I, Kap. 19 Rn. 76.

499 *Peters/Altwicker*, Europäische Menschenrechtskonvention, S. 31; *Peters*, Einführung in die Europäische Menschenrechtskonvention, S. 24; *Bröhmer*, in: Dörr/Grote/Marauhn (Hrsg.), EMRK/GG, Bd. I, Kap. 19 Rn. 76.

Landes begrenzt werden.[500] Der Schutz der Mitglieder wurde von Gesetzgeber[501] und Rechtsprechung[502] auch in der Folge ausdrücklich als Zweck benannt.

An der Erreichung des ausgegebenen Ziels wurden und werden Zweifel angemeldet. Das Urabstimmungserfordernis dient zugleich auch dem Schutz der Arbeitgeber und unbeteiligter Dritter, insbesondere im Wege der umfassenden Rechtsschutzmöglichkeiten.[503] Das steht der Legitimität des Ziels jedoch nicht im Wege. Art. 11 Abs. 2 EMRK spricht allgemein vom Schutz der Rechte und Freiheiten anderer. Dies können auch an einem Arbeitskampf unbeteiligte Dritte und erst recht die beteiligten Arbeitgeber sein. Kein legitimer Zweck ist demgegenüber die bloße Verhinderung von Arbeitskämpfen. Es ist nicht ausreichend, dass eine gesetzliche Regelung alle negativen Folgen für den Arbeitgeber verhindern soll, indem sie Gewerkschaften grundsätzlich von Arbeitskämpfen abhält.[504] Durch das Urabstimmungserfordernis sollen aber nicht Arbeitskämpfe an sich verhindert werden. Es soll lediglich ausgeschlossen werden, dass die Folgen eines von einer Minderheit undemokratisch organisierten Arbeitskampfs von Gesellschaft und Arbeitgebern getragen werden müssen.

Das Urabstimmungserfordernis dient daher dem legitimen Zweck des Schutzes der Rechte und Freiheiten anderer.

### b. Hinweispflichten

Derselbe Zweck kommt auch für die Hinweispflichten vor Urabstimmung und Arbeitskampf in Betracht. Diese sollen den Arbeitgeber in die Lage versetzen, sich auf den Arbeitskampf vorbereiten zu können. Durch die im Hinweis angegebenen Informationen soll der Arbeitgeber den Arbeitsausfall minimieren können.[505]

Da Art. 11 Abs. 2 EMRK die zu schützenden Dritten nicht nach ihrer Position in einem Tarifkonflikt oder ihren individuellen Interessen begrenzt, kommt als Dritter im Sinne der Vorschrift auch der vom Arbeitskampf betroffene Arbeitgeber in Betracht. Dessen Betrieb ist potentiell einer existenziellem Bedrohung ausgesetzt. Kann sich der Arbeitgeber mithilfe der Hinweise gut auf

500 Siehe dazu ausführlich oben in Kapitel 1 unter B. II. und B. III. 1. sowie E. I.

501 Siehe zu den entsprechenden Aussagen der 1997 neu gewählten Labour-Regierung oben in Kapitel 1 unter B. IV.

502 Siehe dazu oben in Kapitel 1 unter E. II.

503 Siehe dazu insgesamt oben in Kapitel 1 unter E.

504 *Ewing/Hendy*, ILJ 2010, 2, 26.

505 Siehe dazu ausführlich oben in Kapitel 1 unter E. V.

die Kampfmaßnahmen vorbereiten, schützt er seinen Betrieb und damit auch die dort vorhandenen Arbeitsplätze. So werden auch diejenigen Arbeitnehmer geschützt, die nicht am Arbeitskampf teilnehmen möchten. Es ist nicht von vornherein offensichtlich, dass die Hinweispflichten allein zur bloßen Verhinderung von Arbeitskämpfen normiert wurden.

Sie dienen damit ebenfalls dem legitimen Zweck des Schutzes der Rechte und Freiheiten anderer.

Sowohl das Urabstimmungserfordernis als auch die Hinweispflichten dienen also einem legitimen Zweck im Sinne des Art. 11 Abs. 2 EMRK.

## 3. Verhältnismäßigkeit

Art. 11 Abs. 2 EMRK verlangt weiterhin, dass die Einschränkungen „in einer demokratischen Gesellschaft notwendig sind". Danach ist eine Verhältnismäßigkeitsprüfung vorzunehmen.[506] Im Rahmen dieser ist zunächst zu prüfen, ob es ein im Vergleich zu der Einschränkung milderes Mittel gibt. Anschließend ist im Rahmen der Angemessenheit eine Interessenabwägung zwischen dem verfolgten legitimen Ziel und dem jeweiligen EMRK-Grundrecht vorzunehmen.[507] Der EGMR erkennt einen Beurteilungsspielraum der Mitgliedstaaten hinsichtlich der Notwendigkeit der Einschränkung an. Abschließend entscheidet darüber aber stets der Gerichtshof.[508]

### a. Milderes Mittel

Zunächst ist in Bezug auf die drei Einschränkungen zu prüfen, ob jeweils ein milderes Mittel erkennbar ist. Ein solches müsste zur Erreichung des legitimen Zwecks gleich geeignet sein.

#### i. Mechanismus des Urabstimmungserfordernisses

Hinsichtlich des vollständigen Entzugs der Haftungsimmunitäten bei nicht durchgeführter oder fehlerhafter Urabstimmung kommen zwei Alternativen in Betracht.

506 *Grabenwarter/Pabel*, Europäische Menschenrechtskonvention, S. 129.

507 *Peters/Altwicker*, Europäische Menschenrechtskonvention, S. 31 f.

508 EGMR 2.10.2001 – Nr. 29221/95, 29225/95, *Stankov u.a. v. Bulgaria*, Rn. 87; *Bröhmer*, in: Dörr/Grote/Marauhn (Hrsg.), EMRK/GG, Bd. I, Kap. 19 Rn. 76.

So ist zunächst denkbar, dass eine Aberkennung der Haftungsimmunitäten nur bei schweren, vorsätzlichen oder grob fahrlässigen Fehlern oder dem völligen Verzicht auf die Urabstimmung als Rechtsfolge in Betracht kommt. In allen anderen Fällen könnte der Rechtsverstoß der Gewerkschaft mit einer Geldstrafe oder einer anderen, weniger einschneidenden Rechtsfolge sanktioniert werden. Gegen einen solchen Mechanismus spricht jedoch, dass die Gewerkschaften einem geringeren Druck ausgesetzt wären, die Urabstimmung mit höchster organisatorischer Genauigkeit durchzuführen. Geldstrafen für leichte unbeabsichtigte Fehler müssten vom Gesetzgeber der Höhe nach begrenzt werden, um eine solche Regelung hinreichend bestimmt zu machen. Das könnte die Gewerkschaften dazu veranlassen, eine solche Strafe bewusst in Kauf zu nehmen, indem sie bis zu einem gewissen Grad Nachlässigkeit walten ließen. Dies ginge letztlich zu Lasten der innergewerkschaftlichen Demokratie, da nicht mehr in gleichem Maße sichergestellt wäre, dass alle Betroffenen auch abstimmen können. Zudem wäre der Schutz der Arbeitgeber beeinträchtigt. Denn auch bei der Erstellung der Hinweise müsste die Gewerkschaft nicht mehr mit größtmöglicher Sorgfalt vorgehen. Daher ist ein solcher Mechanismus nicht gleich geeignet zur Erreichung der ausgegebenen Ziele.

Als zweite Alternative könnte der Arbeitskampf in Großbritannien vom Gesetz grundsätzlich als rechtmäßig erklärt werden. Eine fehlerhafte oder fehlende Urabstimmung würde ihn dann nicht erst legalisieren, sondern ihm die Rechtmäßigkeit wieder entziehen. Jedoch wäre den Gewerkschaften damit praktisch nicht geholfen. Die Umkehrung des Mechanismus hätte zwar wohl eine gewisse Signalwirkung. Die scharfe Folge der deliktischen Haftung bei einem rechtswidrigen Arbeitskampf bliebe aber bestehen. Dieses Mittel ist daher nicht als milderer Eingriff in das Streikrecht der Gewerkschaften anzusehen.

Ein im Vergleich zum Entzug der Haftungsimmunitäten milderer und gleich effektiver Mechanismus ist daher nicht erkennbar.

#### ii. Ausgestaltung des Urabstimmungserfordernisses

Gegen eine mildere Ausgestaltung des Urabstimmungserfordernisses sprechen dieselben Gründe wie gegen den oben skizzierten alternativen Mechanismus. Jede Vereinfachung des Verfahrens ginge letztlich entweder zu Lasten des Schutzes der Mitglieder, der Arbeitgeber oder beteiligter sowie unbeteiligter Dritter. Weitete man beispielsweise den Anwendungsbereich von Section 232B TULR(C)A 1992, nach der leichte Fehler in bestimmten Fällen unbeachtlich sind, aus, könnte dies zu erhöhter Nachlässigkeit innerhalb der Gewerkschaften führen.

Etwas anderes gilt allein für die Pflicht der Gewerkschaft zur Verkündung des Abstimmungsergebnisses gegenüber dem Arbeitgeber.[509] Der Arbeitgeber ist durch die Hinweispflichten hinreichend über das Abstimmungsergebnis informiert. Er kann zudem den Bericht des Wahlprüfers anfordern[510] und sich so von der ordnungsgemäßen Durchführung der Abstimmung überzeugen. Die Pflicht zur Verkündung des Ergebnisses ihm gegenüber ist daher nicht erforderlich.

Im Übrigen ist auch hinsichtlich der Ausgestaltung des Urabstimmungserfordernisses ein milderes und gleich geeignetes Mittel nicht ersichtlich.

iii. Hinweispflichten

Die beiden Hinweispflichten ließen sich im Wege eines milderen Mittels dahingehend vereinfachen, dass nur noch ein ausführlicher Hinweis vor der Urabstimmung abzugeben ist. Bisher sind die inhaltlichen Anforderungen an beide Hinweise sehr ähnlich. Die Gewerkschaft hat im Hinweis vor dem Arbeitskampf hauptsächlich noch einmal die Listen und Materialien anzugeben, die bereits im Hinweis vor der Urabstimmung enthalten waren. Daher erscheint es denkbar, die Hinweispflicht vor dem Arbeitskampf auf die Information des Arbeitgebers hinsichtlich der zeitlichen Lage und der Kontinuität der Kampfmaßnahme zu beschränken. Beabsichtigt die Gewerkschaft, andere als die im ersten Hinweis beschriebenen Arbeitnehmer an der Maßnahme zu beteiligen, müsste sie im zweiten Hinweis darauf aufmerksam machen. Der Arbeitgeber hätte auch mit dieser Lösung alle Informationen, die das Gesetz bisher vorschreibt. Sie lägen ihm auch dauerhaft schriftlich vor. Die Beschränkung der anzugebenden Informationen im zweiten Hinweis auf solche, die im ersten Hinweis noch nicht angegeben waren, ist daher gleich effektiv wie die bestehende Regelung. Sie belastet die Gewerkschaft aber nicht so sehr.

Die Hinweispflichten sind daher in ihrer derzeitigen Form nicht erforderlich, um den Arbeitgeber effektiv vor den Folgen des Arbeitskampfs zu schützen.

**b. Angemessenheit**

Das Urabstimmungserfordernis in Mechanismus und Ausgestaltung sowie die Hinweispflichten müssten abschließend verhältnismäßig im engeren Sinn, also angemessen sein. Abzuwägen ist hier zwischen dem verfolgten legitimen Zweck

509 Siehe dazu ausführlich oben in Kapitel 1 unter C. II. 5. b.

510 Siehe dazu oben in Kapitel 1 unter C. II. 5. c.

des Schutzes der Arbeitgeber, Gewerkschaftsmitglieder und Dritten vor nicht hinreichend legitimierten Arbeitskämpfen sowie dem Streikrecht der Gewerkschaften aus Art. 11 Abs. 1 EMRK.[511] Welcher Zweck verfolgt wird, bestimmt maßgeblich den Beurteilungsspielraum der Mitgliedstaaten bei der Einschränkung der EMRK-Grundrechte.[512] Eine erhebliche Einschränkung kann nur dann angemessen sein, wenn sie einem besonders wichtigen Zweck dient.[513] Ebenfalls bestimmend für den Beurteilungsspielraum sind eine gefestigte europäische Praxis und „spezifische nationale oder regionale Besonderheiten" im betroffenen Mitgliedstaat.[514] Im Bereich der Koalitionsfreiheit, die auch das Streikrecht umfasst, überlässt der Gerichtshof den Mitgliedstaaten einen weiten Beurteilungsspielraum.[515] Die Suche nach einem angemessenen Ausgleich zwischen den widerstreitenden Interessen von Arbeitnehmer- und Arbeitgebervertretungen berühre sensible soziale und politische Bereiche. Zudem gebe es hier erhebliche Unterschiede zwischen den nationalen Rechtsverhältnissen. Daher sei die Ausgestaltung gewerkschaftlicher Freiheiten grundsätzlich den nationalen Gesetzgebern überlassen.[516]

In Großbritannien beruht die Einführung des Urabstimmungserfordernisses auf den negativen Erfahrungen der Sechziger- und Siebzigerjahre des 20. Jahrhunderts. Damals führte die erhebliche Macht der Gewerkschaften und insbesondere ihrer Anführer zu folgenschweren Arbeitskämpfen. Das dadurch begründete Misstrauen von Politik und Öffentlichkeit gegenüber Arbeitskampfbeschlüssen bestätigte sich anschließend in der Rechtsprechung und den politischen Programmen.[517] Diese Besonderheiten in der historischen Entwicklung des britischen Arbeitskampfrechts sind hinsichtlich des Beurteilungsspielraums des Gesetzgebers zu berücksichtigen. Zwar war die Einführung des Urabstimmungserfordernisses mit dem noch heute geltenden Mechanismus eine Reaktion auf einen einzigen Arbeitskampf und beruhte auf erheblichem Druck gerade der Arbeitgeberverbände.[518] Zudem erscheint die mangelnde demokratische

---

511 Vgl. dazu EGMR 2.10. 2001 – Nr. 11002/05, *ASLEF v. United Kingdom*, Rn. 44; siehe dazu auch *Ewing/Hendy*, ILJ 2010, 2, 26.

512 *Grabenwarter/Pabel*, Europäische Menschenrechtskonvention, S. 132.

513 *Peters/Altwicker*, Europäische Menschenrechtskonvention, S. 32.

514 *Grabenwarter/Pabel*, Europäische Menschenrechtskonvention, S. 132.

515 EGMR 25.4. 1996 – Nr. 15573/89 *Gustafsson v. Schweden*, Rn. 45, AuR 1997, 408, 409 f.

516 EGMR 2.7. 2002 – Nr. 30668/96, 30671/96, 30678/96 *Wilson u.a. v. Vereinigtes Königreich*, Rn. 44, ÖJZ 2003, 729.

517 Siehe zum Ganzen oben in Kapitel 1 insgesamt unter B. sowie unter E.

518 Siehe dazu ausführlich oben in Kapitel 1 unter B. III. 2.

Legitimation des Arbeitskampfs als bei der Einführung angeführtes Argument zweifelhaft.[519] Die Entscheidung für die gesetzliche Regelung war aber eine solche des gewählten Parlaments und damit mittelbar des britischen Souveräns.[520] Dieser hatte sich zuvor bewusst für eine neue Regierung entschieden. Die Entscheidung wurde zudem nach dem Regierungswechsel zu New Labour ausdrücklich bestätigt.[521] Sie ist nicht auf ihre Zweckmäßigkeit hin zu überprüfen. Es ist der geäußerte Wille der Bevölkerung und ihrer politischen Vertreter zu respektieren, gleich wie vernünftig er erscheinen mag.

#### i. Mechanismus des Urabstimmungserfordernisses

Zunächst ist zu beurteilen, ob die Aberkennung der Immunitäten bei fehlerhafter oder fehlender Urabstimmung angemessen im Verhältnis zum Streikrecht aus Art. 11 Abs. 1 EMRK ist.

Bereits kleine Fehler können die erhebliche Folge der deliktischen Haftung nach sich ziehen. Dies betrifft nicht nur die Gewerkschaft als Organisation sondern auch die einzelnen am Arbeitskampf beteiligten Mitglieder. Diese verlieren aufgrund der Rechtswidrigkeit des Arbeitskampfs zudem nach dem Gesetz den Schutz vor Kündigungen. Diese Rechtsfolgen gelten unabhängig vom Verschulden der Gewerkschaft.[522] Mit dem Schutz der Mitglieder vor der Willkür ihrer Anführer lässt sich dieser Mechanismus nur teilweise rechtfertigen. Zwar erhöht er die Verantwortung und damit auch die Motivation der Organisatoren. Zugleich geht er aber zulasten derjenigen, die er schützen soll.

Neben den Mitgliedern ist auch der Arbeitgeber vor willkürlichen Arbeitskämpfen zu schützen. Kündigungsmöglichkeiten bei einem rechtswidrigen Arbeitskampf gibt es im europäischen Vergleich noch in anderen Staaten. Die europäische Praxis ist nicht derart gefestigt, dass ein Kündigungsrecht des Arbeitgebers gegenüber Teilnehmern an einem rechtswidrigen Streik als grundsätzlich unangemessen anzusehen ist. Jedoch muss die Grenze dort liegen, wo der Arbeitnehmer die drohende Rechtsfolge nicht absehen kann. Das ist der Fall, wenn er annehmen darf, dass er an einem rechtmäßigen Arbeitskampf teilnimmt. Daher ist das vom Vertretenmüssen des Arbeitnehmers

---

519 Siehe dazu ausführlich oben in Kapitel 1 unter E. I.

520 Der Wechsel zur konservativen Regierung unter Thatcher war eine Folge der zunehmenden Verunsicherung der Bevölkerung durch die extensive gewerkschaftliche Betätigung, siehe dazu oben in Kapitel 1 unter A. I. und B.

521 Siehe dazu oben in Kapitel 1 unter B. IV.

522 Siehe dazu oben in Kapitel 1 unter C. I. 1. und C. I. 4.

unabhängige britische Kündigungsrecht des Arbeitgebers nicht angemessen. Der Schutz des Arbeitgebers ist hinreichend gewährleistet, wenn das Kündigungsrecht auf die Fälle beschränkt wird, in denen die Gewerkschaftsmitglieder vorsätzlich an einem rechtswidrigen Arbeitskampf teilnehmen oder sich ihnen die Rechtswidrigkeit der Maßnahme jedenfalls aufdrängen musste. In diese Richtung geht auch die Kritik des Sachverständigenausschusses der ILO[523], des Ministerrats der Europäischen Union[524] und des ECOSOC[525]. Alle Organe übten Kritik am mangelhaften Kündigungsschutz für Streikteilnehmer in Großbritannien.

Für den Verlust der Immunität der Gewerkschaft als Organisation gilt Ähnliches. Dort wo die Gewerkschaft davon ausgehen darf, dass sie die Urabstimmung ordnungsgemäß durchgeführt hat, muss der Schutz des Arbeitgebers zurücktreten. Werden die Haftungsimmunitäten verschuldensunabhängig entzogen, ist das mit dem Arbeitskampf verbundene Risiko geeignet, die Gewerkschaft von einer zulässigen Kampfmaßnahme abzuhalten. Eine derartige Beschränkung des Streikrechts kann mit dem Schutz des Arbeitgebers nicht gerechtfertigt werden. Das Streikrecht liefe leer, wenn der Arbeitgeber auch vor rechtmäßigen Kampfmaßnahmen geschützt würde.

Zwar obliegt es den Mitgliedstaaten, festzulegen, wann der Arbeitskampf rechtmäßig ist. Sind diese Grenzen festgelegt, muss die Kampfmaßnahme aber auch faktisch durchführbar sein. Werden den Gewerkschaften die Immunitäten verschuldensunabhängig entzogen, müssen sie auch dann eine Haftung befürchten, wenn sie von einer ordnungsgemäß durchgeführten Urabstimmung ausgehen. Aus ihrer Sicht können sie das Haftungsrisiko nicht ausschließen. Sie müssen es stets einkalkulieren. Führt die Kalkulation zu dem Ergebnis, dass sie sich einen gegen sie gerichteten Schadenersatzanspruch nicht leisten können und dieser sie existentiell bedrohen würde, werden sie das Risiko nicht eingehen. Ein rechtmäßiger Arbeitskampf wäre damit zwar rechtlich noch möglich, faktisch sind die Gewerkschaften wegen des Haftungsrisikos aber daran gehindert, ihn zu organisieren.[526] Daher ist der derzeit geltende Mechanismus nicht

523 Siehe dazu oben unter C. I. 1. b. iii.

524 Siehe dazu oben unter C. I. 1. a. iii.

525 Siehe dazu oben unter C. I. 1. d.

526 Nach der Einführung des Urabstimmungserfordernisses sind die arbeitskampfbedingten Ausfalltage in Großbritannien erheblich zurückgegangen. Wegen des enormen Rückgangs ist davon auszugehen, dass von dieser Entwicklung nicht nur rechtswidrige Arbeitskämpfe betroffen waren. Das Urabstimmungserfordernis mit seinem einschneidenden Mechanismus trug also dazu bei, die Gewerkschaften

mehr angemessen. Notwendig sind eine Entschärfung der Rechtsfolge sowie eine Exkulpationsmöglichkeit für die Gewerkschaft. Der Entzug der Haftungsimmunität kann nur bei schweren sowie vorsätzlichen oder grob fahrlässigen Fehlern in Betracht kommen. In allen anderen Fällen sind mildere Sanktionen vorzusehen.

Ein grundsätzliches Misstrauen der Gesellschaft gegenüber Arbeitskampfbeschlüssen kann den verschuldensunabhängigen Entzug der Haftungsimmunitäten nicht rechtfertigen. Gehen Gewerkschaft und Mitglieder von einer ordnungsgemäß durchgeführten Urabstimmung aus, liegt gerade nicht jener Machtmissbrauch vor, der das Misstrauen in der Vergangenheit ausgelöst hat. Die historischen Besonderheiten rechtfertigen in Grenzen besonders einschneidende Rechtsfolgen bei mangelhafter Mitgliederbeteiligung. Daher ist der Entzug der Haftungsimmunität bei besonders schweren, vorsätzlichen oder grob fahrlässigen Verstößen sowie bei dem völligen Verzicht auf eine Urabstimmung angemessen.

Der Sachverständigenausschuss der ILO übte zwar Kritik am britischen Mechanismus der grundsätzlichen Rechtswidrigkeit des Arbeitskampfs und der Verleihung von Haftungsimmunitäten unter bestimmten Voraussetzungen.[527] Diese Kritik bezog sich jedoch auf den Mechanismus insgesamt. Konkret in Bezug auf das Urabstimmungserfordernis würde sich durch die grundsätzliche Rechtmäßigkeit von Arbeitskämpfen in Großbritannien für die Gewerkschaften praktisch nichts ändern.[528] Dass an eine fehlerhafte oder fehlende Urabstimmung negative Folgen für die Gewerkschaft und die einzelnen Streikteilnehmer geknüpft werden, ist im europäischen Vergleich nicht ungewöhnlich.

Zwar ist die grundsätzliche Rechtswidrigkeit des gewerkschaftlichen Arbeitskampfs in Bezug auf das Urabstimmungserfordernis auch wegen der nationalen Besonderheiten angemessen. Der Mechanismus des zwingenden Entzugs der Immunität bei Fehlern ohne Exkulpationsmöglichkeit für Gewerkschaft oder Einzelne ist wegen der harschen Rechtsfolgen jedoch geeignet, rechtmäßige Arbeitskämpfe zu verhindern. Er ist damit in der derzeitigen Form nicht mehr angemessen.

---

faktisch von rechtmäßigen Arbeitskämpfen abzuhalten. Siehe zur Entwicklung der Ausfalltage oben in Kapitel 1 unter F. und Fn. 346.

527 Siehe dazu oben unter C. I. 1. b. iii.

528 Siehe dazu schon oben unter C. II. 3. a. i.

### ii. Ausgestaltung des Urabstimmungserfordernisses

Die komplexe Ausgestaltung des Urabstimmungserfordernisses müsste ebenfalls in einem angemessenen Verhältnis zum Schutz von Mitgliedern, Arbeitgebern und Dritten stehen. Betrachtet werden sollen nur die wesentlichen und besonders komplexen Voraussetzungen für eine ordnungsgemäße Urabstimmung.

Zu berücksichtigen ist auch hier die spezielle historische Entwicklung in Großbritannien. Der Gesetzgeber durfte seinen Beurteilungsspielraum grundsätzlich zu eher strengen Anforderungen nutzen.

Die britische Rechtsprechung und insbesondere der Court of Appeal zeigte sich zuletzt nachsichtig bei Fehlern der Gewerkschaften im Urabstimmungsprozess.[529] Diese neue Entwicklung ist hier ebenfalls zu gewichten.

Im europäischen Vergleich finden sich zwar mehrere Fälle von nationalen Urabstimmungserfordernissen vor gewerkschaftlichem Arbeitskampf. Keine dieser nationalen Regelungen ist aber derart komplex wie die britische.[530] Der britischen Ausgestaltung steht also die Praxis der Mitgliedstaaten entgegen.

Der Sachverständigenausschuss der ILO[531] und der Europäische Ausschuss für Soziale Rechte[532] erklärten die grundsätzliche Vereinbarkeit von Urabstimmungserfordernissen vor gewerkschaftlichem Arbeitskampf als vereinbar mit dem jeweiligen Streikrecht. Letzteres Gremium kritisierte jedoch die britischen Urabstimmungsregelungen als zu komplex. Sie seien mit dem Streikrecht der ESC unvereinbar. Der ILO-Ausschuss betonte, dass die gesetzlichen Voraussetzungen für einen rechtmäßigen Arbeitskampf nicht zu kompliziert gestaltet sein dürften. Die Arbeitnehmer und Gewerkschaften müssten auch praktisch noch in der Lage sein, einen rechtmäßigen Arbeitskampf durchzuführen.

Weiter ist zu beachten, dass der Mechanismus des Urabstimmungserfordernisses jedenfalls in Bezug auf schwere, vorsätzliche und grob fahrlässige Fehler angemessen ist. Zudem sind mildere Sanktionen als der Entzug der Haftungsimmunität auch bei allen übrigen Fehlern angemessen, jedenfalls solange sie vom Vertretenmüssen der Gewerkschaft abhängen. Ein Arbeitskampf mit vorheriger fehlerhafter Urabstimmung kann also für die Gewerkschaft auch nach einer Anpassung des Gesetzes erhebliche finanzielle Einbußen bedeuten. Diese

529 Siehe dazu oben in Kapitel 1 unter E. II. und *Lorber/Novitz*, Industrial relations law in the UK, S. 110, 124.

530 Siehe dazu oben unter C. I. 1. e. ii. (1)C.I.1.e.ii(1); siehe dazu auch *Ewing/Hendy*, ILJ 2010, 2, 21.

531 Siehe dazu oben unter C. I. 1. b. iii.

532 Siehe dazu oben unter C. I. 1. a. ii.

sind mittelbar von den Mitgliedern zu tragen. Strenge Urabstimmungsregelungen stellen für sie damit zwar auf der einen Seite ein Risiko dar. Auf der anderen Seite ermöglichen sie ihnen eine sichere Beteiligung an der möglicherweise folgenschweren Entscheidung über die Aufnahme von Kampfmaßnahmen. Regelungen, die primär dem Schutz der Mitglieder vor einer willkürlichen Entscheidung dienen, sind daher grundsätzlich auch bei einer komplexen Ausgestaltung angemessen.

Dem Schutz der Mitglieder ist größere Bedeutung beizumessen als dem Schutz des Arbeitgebers oder Dritter. Sie üben ihr Streikrecht durch die Organisation in einer Gewerkschaft aus. Sie sind vor mangelnder Beteiligung am Kampfbeschluss und damit einer willkürlichen Entscheidung ihrer Gewerkschaftsführung zu schützen.

Die Mitglieder werden zunächst durch die Beteiligung des Wahlprüfers[533] geschützt. Dieser stellt sicher, dass die Abstimmung gesetzeskonform durchgeführt wird. Damit gewährt seine Beteiligung den Mitgliedern Schutz vor einer unter Umständen unsorgfältigen Organisation der Abstimmung durch die Gewerkschaftsführung. Zum anderen stellt der Wahlprüfer sicher, dass alle Mitglieder tatsächlich an der Abstimmung teilgenommen haben und sie den Arbeitskampfbeschluss gleichermaßen tragen.

Ähnliches gilt für die komplexen Vorschriften zur Bestimmung der Abstimmungsberechtigten.[534] Die Gewerkschaft muss alle Mitglieder beteiligen, von denen sie ausgeht, dass sie auch am Arbeitskampf teilnehmen werden. Damit ist eine Entscheidung der primär vom Arbeitskampf Betroffenen sichergestellt. Angemessen erscheint sogar die Notwendigkeit der Beteiligung aller Mitglieder der Gewerkschaft. Auch die nicht am Arbeitskampf Beteiligten tragen nämlich ein Haftungsrisiko. Sie speisen das Gewerkschaftsvermögen gleichfalls mit ihren Beiträgen.

Das vom Gesetz geforderte Quorum ist ebenfalls angemessen. Eine einfache Mehrheit wird vom ILO-Sachverständigenausschuss als unbedenklich eingestuft.[535] Ein niedrigeres Quorum würde einer Minderheit erlauben, gegen den Willen der Mehrheit einen Kampfbeschluss zu provozieren. Das ist mit der negativen Streikfreiheit unvereinbar. Zudem missachtete es die historische Entwicklung des Urabstimmungserfordernisses in Großbritannien erheblich. Den Gewerkschaften muss es jedoch offen stehen, ein strengeres Quorum in ihren Satzungen wirksam

---

533 Siehe dazu ausführlich oben in Kapitel 1 unter C. II. 2. b. und C. II. 5. c.

534 Siehe dazu ausführlich oben in Kapitel 1 unter C. II. 2. d.

535 Siehe dazu oben unter C. I. 1. b. iii.

zu normieren.[536] Dem steht der Schutz des Arbeitgebers oder der Mitglieder nicht entgegen. Die fehlende gesetzliche Berücksichtigung solcher Satzungsregeln missachtet den ausdrücklichen Willen der Mitglieder sowie die gewerkschaftliche Autonomie insgesamt.

Auch die Vorschriften zur Briefabstimmung mit der räumlichen Trennung von Abstimmungsort und Arbeitsplatz dienen dem Schutz der Mitglieder. Bei einer Abstimmung am Arbeitsplatz ist nicht gewährleistet, dass die Mitglieder frei jeglichen Drucks abstimmen können. Indem die Gewerkschaft sie über das Abstimmungsergebnis genau informieren muss, sind die Mitglieder in der Lage, eine rationale und freie Entscheidung über ihre Teilnahme am Arbeitskampf zu treffen. Sowohl die Vorschriften zur Briefabstimmung als auch die Verkündungspflichten[537] der Gewerkschaft gegenüber den Mitgliedern sind daher angemessen. Die Verkündungspflicht gegenüber dem Arbeitgeber ist schon nicht erforderlich.[538]

Problematisch erscheint der Schutz von Streikbrechern vor gewerkschaftlichen Sanktionen[539] nach den Sections 64 und 65 TULR(C)A 1992. Indem die Gewerkschaft danach gehindert ist, die Teilnehmer an einer Urabstimmung mittels Sanktionen anschließend zum Arbeitskampf zu bewegen, wird erheblich in ihre Satzungsautonomie eingegriffen. So kann ein Mitglied zwar für den Arbeitskampf stimmen, es muss aber anschließend nicht teilnehmen. Die Entscheidung über die Kampfmaßnahme ist demokratisch legitimiert, aber nicht durchsetzbar.

Der EGMR hat 2007 in der Sache *ASLEF v. United Kingdom* den Schutz der Selbstverwaltung der Gewerkschaften ausdrücklich betont. Die Gewerkschaft ASLEF hatte ein Mitglied aufgrund dessen politischer Betätigung ausgeschlossen. Dies war nach Section 174 TULR(C)A 1992 untersagt. Der Gerichtshof erkannte zwar an, dass die Mitgliedschaft in einer Gewerkschaft für den Einzelnen zum Schutz vor der Macht seines Arbeitgebers oftmals erhebliche Bedeutung hat. Das Recht von ASLEF auf Wahl der eigenen Mitglieder wiege allerdings schwerer. Section 174 TULR(C)A 1992 verletze daher Art. 11 Abs. 1 EMRK.[540] Wird der Gewerkschaft die Notwendigkeit einer demokratischen Entscheidung über den Arbeitskampf aufgebürdet und wird ihr zudem genau vorgeschrieben, wie sie diese herbeizuführen hat, so muss sie ihre Mitglieder auch an diese Entscheidung binden können. Das ist ein fundamentales demokratisches Prinzip.

---

536 Siehe dazu ausführlich oben in Kapitel 1 unter C. I. 2.

537 Siehe zu beidem ausführlich oben in Kapitel 1 unter C. II. 3. und C. II. 5. a.

538 Siehe dazu oben unter C. II. 3. a. ii.

539 Siehe dazu ausführlich oben in Kapitel 1 unter C. I. 5.

540 EGMR 2.10. 2001 – Nr. 11002/05, *ASLEF v. United Kingdom*, Rn. 50; siehe dazu auch *Meyer-Ladewig*, EMRK, Art. 11 Rn. 21.

In diese Richtung geht auch Art. 3 der ILO-Konvention Nr. 87, nach dem die Mitgliedstaaten die satzungsgebende Gewalt der Gewerkschaften grundsätzlich nicht beschränken dürfen.[541] Eine Einschränkung der gewerkschaftlichen Souveränität ist nur dort zu rechtfertigen, wo sie selbst die demokratische Entscheidung ignoriert. Daher verstoßen die Sections 64 und 65 TULR(C)A 1992 solange gegen Art. 11 Abs. 1 EMRK, wie sie einen Schutz von Streikbrechern vor Sanktionen durch die Gewerkschaft auch bei einem positiven Abstimmungsergebnis vorsehen. Sanktionen dürfen nur dort untersagt werden, wo die Gewerkschaft entgegen dem Ergebnis einer Urabstimmung zum Streik aufruft.

Ein Abstimmungsergebnis verliert seine Wirksamkeit nach vier Wochen. In Tarifkonflikten kann sich die Kampfbereitschaft von Mitgliedern abhängig von den Verhandlungsergebnissen täglich ändern.[542] Eine Frist, nach deren Ablauf die Mitglieder erneut zu beteiligen sind, ist daher grundsätzlich angemessen. Zwar darf die Frist zugunsten einer effektiven Ausübung des Streikrechts nicht zu knapp bemessen sein. Dem Gesetzgeber verbleibt aufgrund seiner genauen Kenntnisse der nationalen Verhältnisse hier jedoch ein weiter Beurteilungsspielraum. Die Dauer von vier Wochen erscheint nicht unangemessen, zumal sie unter bestimmten Voraussetzungen verlängert werden kann.[543]

Insgesamt ist die Ausgestaltung des britischen Urabstimmungserfordernisses zwar sehr komplex. Es ist jedoch nicht erkennbar, dass die Gewerkschaften tatsächlich erhebliche Schwierigkeiten mit der Umsetzung der Sections 226 bis 235 TULR(C)A 1992 haben. Im Jahr 2011 führten sie insgesamt 994 Urabstimmungen durch. In 904 Fällen stimmten die Mitglieder für die Aufnahme von Kampfhandlungen.[544] Seit 2011 ergingen jedoch nur fünf veröffentlichte gerichtliche Entscheidungen im Zusammenhang mit einer fehlerhaften Urabstimmung.[545] Nur in einem Fall gewährte das Gericht eine einstweilige Verfügung gegen den Arbeitskampf.[546] Trotz der in der britischen Literatur[547] und vom Europäischen

---

541 Siehe dazu auch oben unter C. I. 1. b. i.

542 So auch *Michlik*, Die gewerkschaftliche Urabstimmung vor einem Arbeitskampf, S. 96.

543 Siehe dazu ausführlich oben in Kapitel 1 unter C. II. 6. c.

544 *Office for National Statistics*, Labour Disputes - Annual Article, 2011, S. 17.

545 *Balfour Beatty Engineering Services Ltd v. Unite the Union*, [2012] ICR 822 ff.; [2012] IRLR 452 ff.; *Metroline Travel Ltd v. Unite the Union*, [2012] IRLR 749 ff.; *London Underground Ltd. v. ASLEF*, [2012] IRLR 196 ff.; *United Closures and Plastics Ltd. v. Unite the Union*, [2012] IRLR 29 ff.; *London and Birmingham Railway Ltd. v. ASLEF*, [2011] ICR 848 ff.; [2011] IRLR 399 ff.

546 *Metroline Travel Ltd v. Unite the Union*, [2012] IRLR 749 ff.

547 Siehe dazu oben in Kapitel 1 unter E. III. und F.

Ausschuss für Soziale Rechte geäußerten Kritik ist daher nicht davon auszugehen, dass die Ausübung des Streikrechts aus Art. 11 Abs. 1 EMRK durch die Ausgestaltung des Urabstimmungserfordernisses praktisch unmöglich gemacht wird.

Problematisch und abschreckend ist zwar, wie oben gezeigt, der Mechanismus des Entzugs der Haftungsimmunitäten. Hat die Gewerkschaft jedoch einmal den Entschluss gefasst, eine Urabstimmung durchzuführen, gelingt deren rechtmäßige Umsetzung zumeist. Dies gilt für die Zukunft umso mehr, als sich in der Rechtsprechung ein Wandel hin zu einer deutlich nachsichtigeren Auslegung der Sections 226 bis 235 TULR(C)A 1992 abzeichnet. Die zuletzt erkennbare Tendenz in der Rechtsprechung, für das Ergebnis folgenlose Fehler im Abstimmungsvorgang außer Acht zu lassen, schützt die Gewerkschaften vor der Untersagung hinreichend legitimierter Arbeitskämpfe. Sie sind zwar dennoch in der Ausübung des Streikrechts behindert. Denn die Planung und Durchführung einer Urabstimmung ist aufgrund der komplexen Regelungen extrem zeit- und kostenintensiv. Hier hilft jedoch die Möglichkeit der staatlichen Finanzierung gemäß Section 116A (1) (e), (3) TULR(C)A 1992. Der aufgrund der negativen Erfahrungen mit gewerkschaftlichem Arbeitskampf weite Beurteilungsspielraum des britischen Gesetzgebers ermöglicht zudem einen besonderen Schutz der einzelnen Mitglieder.

Die Ausgestaltung des britischen Urabstimmungserfordernisses ist daher trotz ihrer Komplexität und gerade wegen des gewährten Schutzes der Mitglieder angemessen. Es ist nicht erkennbar, dass die Ausgestaltung rechtmäßige Arbeitskämpfe zum Schutz der Arbeitgeber oder der Allgemeinheit unterbindet. Sie fördert vielmehr eine bewusste Entscheidung der Mitglieder und verhindert Willkür von Gewerkschaftsgremien. Wegen der nationalen historischen Besonderheiten führt auch die entgegenstehende europäische Praxis nicht zu einer anderen Beurteilung. Das Urabstimmungserfordernis hat für das britische Arbeitskampfrecht eine besonders hohe, historisch gewachsene Bedeutung. Obgleich kein anderer europäischer Staat derart komplizierte Regelungen aufgestellt hat, ist dem Beurteilungsspielraum des nationalen Gesetzgebers daher Vorrang vor der europäischen Praxis zu gewähren.

Fraglich erscheint jedoch, ob auch die Rechtsschutzmöglichkeiten für Arbeitgeber und Dritte[548] angemessen sind. Deren Schutz wiegt weniger schwer, da er nicht der negativen Streikfreiheit aus Art. 11 Abs. 1 EMRK dient. Der Beurteilungsspielraum des britischen Gesetzgebers hinsichtlich der nicht am Arbeitskampf

548 Siehe dazu oben in Kapitel 1 unter C. III. 1.

beteiligten Dritten ist zudem eingeschränkt, da insofern nicht mehr die sensible Beziehung der Tarifparteien betroffen ist. Eine Gesellschaft muss die negativen Folgen des Arbeitskampfs für die Gesamtwirtschaft tragen. Ansonsten würde ein Streikrecht völlig leer laufen und die Arbeitnehmer hätten kein effektives Mittel zur Vertretung ihrer Interessen zur Verfügung. Denn jeder Arbeitskampf ließe sich mit dem Argument des gesamtgesellschaftlichen Schadens unterbinden. Allein dieses Argument könnte jedoch die Rechtsschutzmöglichkeiten unbeteiligter Dritter bei Verstößen gegen das Urabstimmungserfordernis rechtfertigen. Ein individuelles Interesse an der Verhinderung des Arbeitskampfs haben Dritte nicht. Daher sind sie individuell auch nicht schutzbedürftig. Ebenso wenig ist die Gesellschaft insgesamt schutzwürdig. Die Rechtsschutzmöglichkeiten Dritter schränken das Streikrecht der Gewerkschaft daher unangemessen ein.

Der vom Arbeitskampf betroffene Arbeitgeber ist dagegen vor einem willkürlichen Streikbeschluss zu schützen. Allerdings darf der Schutz nicht so weit gehen, dass eine Kampfmaßnahme schon wegen kleiner Fehler im Abstimmungsvorgang mithilfe einer einstweiligen Verfügung unterbunden werden kann. So wird das Streikrecht der Gewerkschaften ebenso stark eingeschränkt wie durch den geltenden Mechanismus des Urabstimmungserfordernisses. Einstweilige Verfügungen zur Unterbindung des Arbeitskampfs sind daher als Rechtsschutz nur bei schweren, vorsätzlichen oder grob fahrlässigen Fehlern sowie beim Unterbleiben der Urabstimmung angemessen.

Die Ausgestaltung des Urabstimmungserfordernisses ist insgesamt trotz der entgegenstehenden europäischen Praxis angemessen. Nicht angemessen sind in der derzeitigen Form die Rechtsschutzmöglichkeiten für Arbeitgeber und Dritte nach den Sections 221 und 235A TULR(C)A 1992 sowie das Verbot gewerkschaftlicher Sanktionen für Streikbrecher bei einem positiven Abstimmungsergebnis gemäß den Sections 64 und 65 TULR(C)A 1992.

#### iii. Hinweispflichten

Hinsichtlich der Angemessenheit der Hinweispflichten ist zunächst festzuhalten, dass diese allein der Vorbereitung des Arbeitgebers auf den Arbeitskampf dienen. Den Schutz der Gewerkschaftsmitglieder bezwecken sie nicht.[549] Der Beurteilungsspielraum des Gesetzgebers ist hier enger als bei mitgliederschützenden Vorschriften. Denn die historischen Besonderheiten rechtfertigen allein den umfassenden Schutz der Mitgliederinteressen.

---

549 So auch *Michlik*, Die gewerkschaftliche Urabstimmung vor einem Arbeitskampf, S. 127.

In den Mitgliedstaaten der EMRK finden sich wiederholt Hinweispflichten vor Arbeitskämpfen. Auf die Durchführung einer Urabstimmung muss die Gewerkschaft den Arbeitgeber jedoch nirgendwo sonst hinweisen. Zudem sind Gewerkschaften im europäischen Vergleich meist nur verpflichtet, die Streikabsicht und das grob umrissene Ausmaß der Kampfmaßnahme mitzuteilen. Derart detaillierte Hinweise wie die britische fordert keine andere Rechtsordnung. Auch hier steht der britischen Regelung also eine europäische Praxis entgegen.

Der ILO-Sachverständigenausschuss erklärte Hinweispflichten grundsätzlich für mit dem Streikrecht aus ILO-Konvention Nr. 87 vereinbar. Er kritisierte jedoch zugleich deren komplexe Ausgestaltung in Großbritannien.[550]

Wie oben bereits festgestellt, ist die Pflicht zur Wiederholung der Listen und Materialien im Hinweis vor dem Arbeitskampf nicht erforderlich. Fraglich ist nun, ob die gesetzliche Notwendigkeit von zwei Hinweisen zum Schutz des Arbeitgebers in einem schonenden Ausgleich zum Streikrecht steht. Die Hinweise dienen nicht dem Schutz vor willkürlichen Arbeitskämpfen. Sie sollen lediglich die negativen wirtschaftlichen Folgen der Kampfmaßnahme für den Betrieb des Arbeitgebers abmildern. Dazu schränken sie das Streikrecht der Gewerkschaften massiv ein. Denn ein Arbeitskampf verliert erheblich an Druckwirkung, wenn der Arbeitgeber sich genau darauf einstellen kann. Die Gewerkschaft muss schon vor Aufnahme des Kampfs alle Karten auf den Tisch legen. Das gilt sowohl für die betroffenen Arbeitnehmer als auch für die genaue zeitliche Lage der Kampfmaßnahmen. Die Position des Arbeitgebers wird einseitig gestärkt, die der Gewerkschaft ausschließlich geschwächt. Das geht zu Lasten der Kampfparität.

Diese massive Beschränkung des Streikrechts lässt sich nicht mit der historischen Entwicklung rechtfertigen. Denn sie ist gerade keine Reaktion auf willkürliche Arbeitskämpfe. Der Beurteilungsspielraum des britischen Gesetzgebers ist daher derart eingeschränkt, dass die komplexen Hinweispflichten nicht mehr angemessen zum Schutz des Arbeitgebers sind. Der einzelne Arbeitgeber muss wie die Gesellschaft insgesamt negative Folgen des Arbeitskampfs hinnehmen. Die Gewerkschaft muss auf der anderen Seite in der Lage bleiben, ihre Interessen wirksam durchzusetzen. Daher ist – auch aufgrund der europäischen Praxis – nur ein Hinweis vor dem Arbeitskampf angemessen. Zwei Hinweise erhöhen allein die Fehleranfälligkeit bei der Vorbereitung und das Risiko von Sanktionen für die Gewerkschaft. Der Schutz des Arbeitgebers ist hinreichend gewährleistet,

550 *Michlik*, Die gewerkschaftliche Urabstimmung vor einem Arbeitskampf, S. 133 ff., hält die Hinweispflichten für nicht vereinbar mit der ILO-Konvention Nr. 87.

wenn er auf die Kampfabsicht aufmerksam gemacht und in groben Zügen über das Ausmaß der Kampfmaßnahme unterrichtet wird. Die Pflicht zu detaillierten Angaben hinsichtlich der beteiligten Arbeitnehmer sowie der genauen zeitlichen Lage der Maßnahmen ist nicht angemessen.

### III. Ergebnis

Das britische Urabstimmungserfordernis verstößt in seiner derartigen Form trotz eines erweiterten Beurteilungsspielraums des britischen Gesetzgebers gegen das Streikrecht aus Art. 11 Abs. 1 EMRK. Der Verstoß betrifft jedoch nur den Mechanismus, die Rechtsschutzmöglichkeiten für Dritte und Arbeitgeber sowie die Hinweispflichten. Die Ausgestaltung des Urabstimmungserfordernisses im Übrigen ist nicht zu beanstanden. Mit entsprechenden gesetzgeberischen Modifikationen kann das Urabstimmungserfordernis wieder Konformität mit der Konvention erlangen.

## D. Entscheidung des EGMR

Am 27.8. 2012 reichte die britische *National Union of Rail, Maritime and Transport Workers* eine Beschwerde beim EGMR ein.[551] Darin brachte sie vor, das Streikrecht aus Art. 11 Abs. 1 EMRK werde durch das nationale britische Recht zu stark beschränkt. Zur Begründung berief sie sich im Wesentlichen auf zwei Punkte. Zum einen verwies sie auf die Entscheidung des High Court in der Sache *EDF Energy Powerlink Ltd. v. RMT*[552]. Dort ging es um die Hinweispflichten im Zusammenhang mit dem Urabstimmungserfordernis. Zum anderen beschrieb die Gewerkschaft die Eskalation der Verhandlungen mit der *Hydrex Equipment Ltd.* über die Umstände eines Betriebsübergangs im Jahr 2009. RMT sah sich damals daran gehindert, seine Mitglieder in einem anderen Unternehmen zu einem Unterstützungsarbeitskampf aufzurufen.

Die Beschwerde soll hier allein in Bezug auf den ersten Punkt, die Hinweispflichten, näher betrachtet werden. Die Gewerkschaft sieht in der Verpflichtung zum Hinweis vor der Urabstimmung (Section 226A TULR(C)A 1992) einen Verstoß des britischen Gesetzgebers gegen das Streikrecht aus Art. 11 Abs. 1 EMRK. Sie stellt dabei zunächst auf Art. 6 Abs. 4 ESC und die Empfehlungen des Europäischen Ausschusses für Soziale Rechte an Großbritannien aus den

551 EGMR 27.8. 2012 –Nr. 31045/10 *RMT v. Vereinigtes Königreich.*

552 *EDF Energy Powerlink Ltd. v. RMT*, [2010] IRLR 114 ff.; siehe dazu ausführlich oben in Kapitel 1 unter C. II. 2. a. ii.

Jahren 2005 und 2010 ab. Darin war die Hinweispflicht nach Section 226A TULR(C)A 1992 ausdrücklich gerügt worden. Diese sei maßlos („excessive"), da die Gewerkschaft in jedem Fall auch einen Hinweis vor der Aufnahme von Kampfhandlungen geben müsse. Der Ausschuss ging also davon aus, dass zwei kumulativ notwendige Hinweise unnötig sind. Die generelle Zulässigkeit einer Hinweispflicht stellte er aber nicht in Frage. Jedenfalls sei die geltende britische Regelung nicht mit Art. 6 Abs. 4 ESC vereinbar.[553] Daneben wies RMT auch auf die Spruchpraxis des ILO-Sachverständigenausschusses hin, der die Hinweispflichten 2009 ebenfalls kritisiert hatte.[554]

Die von der Gewerkschaft vorgelegten Empfehlungen des Europäischen Ausschusses für Soziale Rechte sind nach der Revision der ESC ergangen. Daher sind sie nach der hier vertretenen Auffassung zur Auslegung des Art. 11 Abs. 1 EMRK im Verhältnis zu Großbritannien nicht geeignet.[555]

Dennoch war nach dem oben Gesagten davon auszugehen, dass der Gerichtshof die Hinweispflicht nach Section 226A TULR(C)A 1992 in der geltenden Form für unvereinbar mit Art. 11 Abs. 1 EMRK erklärt.[556] Der EGMR vermied jedoch eine umfassende Sachentscheidung. Die Gewerkschaft hatte in dem zugrunde liegenden Sachverhalt den von ihr geplanten Streik trotz der Hinweispflicht durchführen können. Obwohl sie dabei eine gewisse Verzögerung habe hinnehmen müssen, habe sie die Interessen ihrer Mitglieder zwei Monate später wirksam durchsetzen können, so der Gerichtshof. Dieser erfolgreiche Ausgang der gewerkschaftlichen Bemühungen könne nicht unberücksichtigt bleiben. Auch wenn die britische Regelung zu den Hinweispflichten von einigen internationalen Institutionen kritisiert worden sei, könne der EGMR nur auf der Basis der konkreten Fakten entscheiden. Aufgrund dieser sei die Beschwerde von RMT hier offensichtlich unbegründet, so der Gerichtshof abschließend.[557] Ob der EGMR die Hinweispflichten für vereinbar mit Art. 11 Abs. 1 EMRK hält, lässt sich nach dieser Entscheidung nicht feststellen. Er hat aber, in Übereinstimmung mit seiner vorherigen Rechtsprechung, deutlich gemacht, dass die von der Gewerkschaft aufgezeigte Kritik des Europäischen Ausschusses für Soziale Rechte und des ILO-Sachverständigenausschusses nicht ohne Bedeutung für die Frage nach der Vereinbarkeit sind.

---

553 *Europäischer Ausschuss für Soziale Rechte*, Conclusions XVII-1, Volume 2, United Kingdom, S. 514 ff.; Conclusions XIX-3, United Kingdom, S. 261 ff.

554 Siehe dazu ausführlich oben unter C. I. 1. b. iii.

555 Siehe dazu oben unter C. I. 1. a. i. und ii.

556 So auch *Lörcher*, AuR 2013, 290, 292.

557 EGMR 27.8. 2012 – Nr. 31045/10 *RMT v. Vereinigtes Königreich*, Rn. 45.

Der Court of Appeal war in der *Metrobus*-Entscheidung noch davon ausgegangen, dass die schon dort vorgelegten Empfehlungen des ILO-Sachverständigenausschusses und des Europäischen Ausschusses für Soziale Rechte für die Auslegung der EMRK in Großbritannien nicht relevant seien.[558] Nach den jüngsten Entscheidungen des EGMR und der hier vertretenen Auffassung war das eine Fehleinschätzung.[559]

## E. Zusammenfassung und Ausblick

Das britische Urabstimmungserfordernis in den Sections 226 bis 235 TULR(C)A 1992 ist teilweise unvereinbar mit dem Streikrecht aus Art. 11 Abs. 1 EMRK. Dies betrifft den Mechanismus, die Rechtsschutzmöglichkeiten für Dritte und Arbeitgeber sowie die Hinweispflichten. Grundsätzlich ist ein Urabstimmungserfordernis jedoch vereinbar mit Art. 11 Abs. 1 EMRK. Auch die britische Ausgestaltung begegnet wegen des erhöhten Beurteilungsspielraums des Gesetzgebers keinen Bedenken. Daher genügen einige Anpassungen der Vorschriften, um die Konformität mit der EMRK herzustellen.

Der EGMR hat die Frage nach der Vereinbarkeit der Hinweispflicht der Section 226A TULR(C)A 1992 mit Art. 11 Abs. 1 EMRK offen gelassen. Sollte eine Gewerkschaft einmal im konkreten Fall aufgrund eines Verstoßes gegen die Hinweispflichten am Arbeitskampf gehindert sein, ist nach der jüngeren Rechtsprechungspraxis des Gerichtshofs und der hier vertretenen Auffassung davon auszugehen, dass der EGMR die Hinweispflichten für unvereinbar mit der Konvention erklärt.

Zur Aufhebung von Vorschriften des TULR(C)A 1992 fehlt dem Gerichtshof allerdings die Kompetenz. Die Wirkung seiner Urteile ist auf die Feststellung der Konventionsverletzung beschränkt.[560] Wie diese Verletzung zu beenden ist, bleibt dem betroffenen Mitgliedstaat überlassen, sofern der EGMR dessen

---

558 *Metrobus Ltd. v. Unite the Union,* [2010] ICR 173, 193; [2009] IRLR 851, 861: "It seems to me that, interesting as this material is, it does not, for the purposes of this appeal, affect the substance of the points arising under the European Convention on Human Rights itself."

559 So auch *Ewing/Hendy*, ILJ 2010, 2, 27, die davon ausgehen, dass der Court of Appeal die Bedeutung der ihm vorgelegten Materialen deutlich unterschätzt hat. Die Autoren erwarten insgesamt erhebliche Einflüsse der gewandelten Rechtsprechung des EGMR zum Streikrecht aus Art. 11 Abs. 1 EMRK auf das britische Arbeitskampfrecht.

560 *Grabenwarter/Pabel*, Europäische Menschenrechtskonvention, S. 102.

Ermessen in dieser Sache nicht ausschließt.[561] Die britischen Gerichte sind zwar an die Entscheidung des Gerichtshofs insofern gebunden, als sie die nationalen Vorschriften bis zur Wortlautgrenze konventionskonform auslegen müssen.[562] Im Fall der Urabstimmungsregelungen erscheint dies wegen des stets eindeutigen Wortlauts jedoch nicht möglich. Dem britischen Gesetzgeber wird daher nur eine Neufassung des TULR(C)A 1992 bleiben.

Ob sich aus der nur teilweisen Unvereinbarkeit des britischen Urabstimmungserfordernisses mit Art. 11 Abs. 1 EMRK Impulse für das deutsche Recht ergeben, soll in Kapitel 3 unter anderem näher beleuchtet werden.

---

561 *Peters/Altwicker*, Europäische Menschenrechtskonvention, S. 291.

562 *Lorber/Novitz*, Industrial relations law in the UK, S. 110.

# Kapitel 3: Urabstimmung im deutschen Arbeitskampfrecht

Das deutsche Arbeitskampfrecht sieht im Gegensatz zum britischen eine gesetzliche Pflicht zur Durchführung einer Urabstimmung vor dem gewerkschaftlichen Arbeitskampf nicht vor.[563] Anders als in Großbritannien ist die gewerkschaftliche Betätigung in Deutschland grundrechtlich geschützt und ihre Rechtmäßigkeit allgemein anerkannt. Eine rechtliche Entwicklung des Arbeitskampfs in politischen Extremen wie in Großbritannien hat die Bundesrepublik nicht erlebt. Gleichwohl werden an der demokratischen Legitimation von gewerkschaftlichen Arbeitskämpfen auch hierzulande Zweifel angeführt. Die etwaige Notwendigkeit und mögliche Umsetzung eines Urabstimmungserfordernisses auch in Deutschland soll daher im Folgenden knapp beleuchtet werden.

## A. Streikrecht aus der Verfassung

Das Bundesarbeitsgericht entschied bereits im Jahr 1955, dass der gewerkschaftliche Arbeitskampf in Deutschland grundsätzlich rechtmäßig ist. Bei einem legitimen Streik handelten weder die Gewerkschaft insgesamt noch die einzelnen Arbeitnehmer rechts- oder vertragswidrig. Daher könne der Arbeitgeber nicht mit Einzelentlassungen gegen die Teilnehmer eines solchen Arbeitskampfs reagieren.[564] Ob das deutsche Grundgesetz jedoch ein positives Recht auf Streik enthalte, entweder aus Art. 2 Abs. 1 GG oder aus Art. 9 Abs. 3 GG, ließ der Große Senat des BAG hier noch ausdrücklich offen. Die Rechtmäßigkeit des Arbeitskampfs erarbeitete er aus dem einfachen Recht. Zur Begründung verwies das Gericht auch auf die historische Entwicklung in Deutschland. Danach seien Arbeitskämpfe „in bestimmten Grenzen erlaubt, sie sind in der freiheitlichen, sozialen Grundordnung der Deutschen Bundesrepublik zugelassen".[565] Gleichwohl sprach der Senat noch von der „Freiheit des Arbeitskampfs" und

563 *Dieterich/Linsenmaier*, in: ErfK, Art. 9 GG Rn. 137; *Treber*, in: Schaub, Arbeitsrechts-Handbuch, § 193 Rn. 41; *Reinfelder*, in: Däubler (Hrsg.), Arbeitskampfrecht, § 15 Rn. 33.

564 BAG (GS) 28.1. 1955 – GS 1/54, BAGE 1, 291; NJW 1955, 882, 884.

565 BAG (GS) 28.1. 1955 – GS 1/54, BAGE 1, 291; NJW 1955, 882, 883.

der „Streikfreiheit“.[566] Ein Streikrecht blieb zu diesem Zeitpunkt unerwähnt. Die Streikfreiheit galt zudem nur für den sozialadäquaten Streik, der lediglich einen kleinen Teil der möglichen gewerkschaftlichen Kampfmaßnahmen ausmachen sollte. Für die Folgen rechtswidriger Maßnahmen hafteten die Gewerkschaften weiter.[567]

Die Notwendigkeit der Sozialadäquanz des Arbeitskampfs gab der Große Senat 1971[568] wieder auf und ersetzte ihn durch den Vorbehalt der Verhältnismäßigkeit. Damit konnten die für den sozialadäquaten Streik aufgestellten Grundsätze gelockert werden.[569]

Im Jahr 1980 benannte das BAG das Streikrecht dann ausdrücklich in den Leitsätzen einer Entscheidung zur Aussperrung.[570] In der Begründung führte der erste Senat aus, das Streikrecht „stelle einen notwendigen Bestandteil der freiheitlichen Kampf- und Ausgleichsordnung dar[…], die durch Art. 9 III GG im Kern gewährleistet ist“.[571] Elf Jahre später wurde die grundrechtliche Gewährleistung des Arbeitskampfs durch Art. 9 Abs. 3 GG vom Bundesverfassungsgericht bestätigt.[572]

Die deutschen Gewerkschaften übten an der Rechtsprechung des BAG zum Arbeitskampf wiederholt Kritik. Dies erfolgte jedoch eher auf wissenschaftlicher Ebene und nicht primär mithilfe von Arbeitskämpfen.[573] Im Jahr 1984 kam es dann im Zusammenhang mit der Forderung nach einer 35-Stunden-Woche zum größten Arbeitskampf der deutschen Nachkriegsgeschichte. Dieser wurde mit einem Kompromiss beigelegt.[574] Zwar verursachte er erheblichen wirtschaftlichen Schaden. Er hatte jedoch keine Auswirkungen auf die breite Bevölkerung.[575]

Anders als in Großbritannien nutzten die Gewerkschaften den Arbeitskampf in Deutschland auch in den Achtzigerjahren des zwanzigsten Jahrhunderts primär als

---

566 BAG (GS) 28.1. 1955 – GS 1/54, BAGE 1, 291; NJW 1955, 882, 883; *Keilich*, Die Auswirkungen der Grundrechte/Menschenrechte, S. 116.

567 *Däubler*, in: Däubler (Hrsg.), Arbeitskampfrecht, § 7 Rn. 5 f.

568 BAG (GS) 21.4. 1971 – GS 1/68, BAGE 23, 292; NJW 1971, 1668.

569 *Däubler*, in: Däubler (Hrsg.), Arbeitskampfrecht, § 7 Rn. 9.

570 BAG 10.6. 1980 – 1 AZR 822/79, BAGE 33, 140; NJW 1980, 1642.

571 BAG 10.6. 1980 – 1 AZR 822/79, BAGE 33, 140; NJW 1980, 1642, 1644.

572 BVerfG 26.6. 1991 – 1 BvR 779/85, BVerfGE 84, 212; NZA 1991, 809. Siehe dazu auch *Löwisch/Rieble*, in: Löwisch (Hrsg.), Arbeitskampf- und Schlichtungsrecht, I. Grundlagen S. 8 f.

573 *Däubler*, in: Däubler (Hrsg.), Arbeitskampfrecht, § 7 Rn. 19 ff., spricht bei Rn. 23 von einer „Diskussionsatmosphäre“.

574 *Däubler*, in: Däubler (Hrsg.), Arbeitskampfrecht, § 7 Rn. 23.

575 *Rudkowski*, Der Streik in der Daseinsvorsorge, S. 10.

Druckmittel gegenüber dem Arbeitgeber. Ziel war die Durchsetzung von Verbesserungen der Arbeitsbedingungen. Dagegen übten die britischen Gewerkschaften in den Siebzigerjahren massiven politischen Druck aus. Die von ihnen organisierten Arbeitskämpfe beeinträchtigten nicht nur die Arbeitgeber sondern gleichfalls massiv die Öffentlichkeit. Politiker erschienen danach durch die Gewerkschaften erpressbar, was die Bevölkerung verunsicherte und zu erheblichem Misstrauen gegenüber gewerkschaftlicher Betätigung führte.[576]

Auch deutsche Gewerkschaften nahmen Einfluss auf politische Entscheidungen. So bestimmte der Deutsche Gewerkschaftsbund (DGB) maßgeblich den ersten Entwurf des Betriebsverfassungsgesetzes von 1972.[577] Darin war unter anderem eine Stärkung des Verhältnisses zwischen Betriebsrat und Gewerkschaften vorgesehen.[578] Auch wenn der Entwurf letztlich nicht umgesetzt wurde, so hatten die Gewerkschaften über die SPD insbesondere zwischen 1966 und 1974 politische Gestaltungsmöglichkeiten.[579] Ihre Einflussnahme erfolgte in Deutschland jedoch wesentlich subtiler als in Großbritannien. Politiker wirkten nicht wie Marionetten der Gewerkschaftsführer. Daher entwickelte die Bevölkerung keine besonderen Vorbehalte gegenüber gewerkschaftlichem Handeln und dessen demokratischer Legitimation. Beschränkungen des gewerkschaftlichen Arbeitskampfs waren politisch nur begrenzt gefordert.

## B. Schutzrichtung des Arbeitskampfrechts in Deutschland und Großbritannien

Das deutsche Arbeitsrecht ist Arbeitnehmerschutzrecht.[580] Auch wenn der Staat in Deutschland im Bereich des Arbeitskampfs grundsätzlich zur Zurückhaltung verpflichtet ist, um das Gleichgewicht der Kräfte (Kampfparität) nicht zu gefährden, so muss er bei einem offensichtlich bestehenden Ungleichgewicht eingreifen.[581] Die Entwicklung der Rechtsprechung des BAG zeigt, dass sich das Gericht an einer starken Betonung des Arbeitskampfrechts der Gewerkschaften orientiert hat. Während der Arbeitskampf vom BAG 1955 noch als „im allgemeinen

---

576 Siehe dazu ausführlich oben in Kapitel 1 unter A. I. und B.

577 *Junker*, Grundkurs Arbeitsrecht, S. 350.

578 *Weber*, ZfA 1993, 517, 550 f.

579 Zum Verhältnis zwischen SPD und Gewerkschaften siehe *Schroeder*, WSI-Mitteilungen 2008, 231, 232.

580 *Junker*, Grundkurs Arbeitsrecht, S. 3.

581 *Rudkowski*, Der Streik in der Daseinsvorsorge, S. 14.

unerwünscht“[582] bezeichnet worden war, ging das Gericht bereits 1980 davon aus, das Streikrecht sei ein notwendiger „Bestandteil der freiheitlichen Kampf- und Ausgleichsordnung“[583]. Mit der Einführung und Ausgestaltung des Verhältnismäßigkeitsgrundsatzes sowie der Gewährung einer Einschätzungsprärogative für die Gewerkschaften dehnte es den Schutz des gewerkschaftlichen Arbeitskampfs weiter aus. Sowohl den kollidierenden Rechten des Arbeitgebers als auch dem Gemeinwohl gab das BAG bei der Frage nach der Rechtmäßigkeit von Arbeitskämpfen immer weniger Gewicht.[584] Neue Kampfformen mit teilweise erheblichem Schädigungspotential wurden für grundsätzlich zulässig erklärt oder ihr möglicher Anwendungsbereich erweitert. Diese „Liberalisierung der Rechtsprechung“ war von der Sorge getragen, die Gewerkschaften könnten andernfalls zu sehr an Stärke verlieren. Ein starker politischer Einfluss war gerade nicht die Ursache.[585]

Im Gegensatz zum deutschen regelte der britische Gesetzgeber das Arbeitskampfrecht in weiten Teilen gesetzlich. Bei der Einführung des TUA 1984 als Vorläufer des TULR(C)A 1992 betonte die damalige Regierung neben dem Schutz der Mitglieder vor undemokratischen Entscheidungsprozessen auch den Schutz der Arbeitgeber. Die Beeinträchtigung von deren wirtschaftlichen Interessen durch Streiks sei nur hinnehmbar, wenn der Arbeitskampfbeschluss hinreichend demokratisch legitimiert ist. Vor undemokratischen Entscheidungen sei zudem die Öffentlichkeit insgesamt zu schützen.[586] In ihrer Interpretation der gesetzlichen Vorgaben hob die britische Rechtsprechung gerade im Zusammenhang mit den Hinweispflichten vor Urabstimmung und Arbeitskampf den Schutz des Arbeitgebers vor den Folgen des Arbeitskampfs hervor. Zuletzt ist zwar deutlich geworden, dass gerade der Court of Appeal davon ausgeht, dass der Schutz des Arbeitgebers nicht zur Verhinderung des gewerkschaftlichen Arbeitskampfs führen darf.[587] Dennoch hat dieser Schutz auf nationaler Ebene historisch eine erhebliche Bedeutung für die politische Rechtfertigung der Beschränkung gewerkschaftlich organisierter Arbeitskämpfe.

---

582 BAG (GS) 28.1.1955 – GS 1/54, BAGE 1, 291; NJW 1955, 882, 883.

583 BAG 10.6.1980 – 1 AZR 822/79, BAGE 33, 140; NJW 1980, 1642, 1644.

584 Kritisch zu dieser Entwicklung *Otto*, RdA 2010, 135, 136 ff., 148; *Otto*, Das BAG: auf dem Weg zum - nahezu - schrankenlosen Arbeitskampf?, in: Neues Arbeitskampfrecht?, S. 15, 25 ff., 51.

585 *Däubler*, in: Däubler (Hrsg.), Arbeitskampfrecht, § 7 Rn. 25 f.

586 Siehe dazu ausführlich oben in Kapitel 1 unter E. I.

587 Siehe dazu ausführlich oben in Kapitel 1 unter E. II.

Während also die Entwicklung des durch die Rechtsprechung geprägten deutschen Arbeitskampfrechts den Schutz und die Freiheit der Gewerkschaften bei der Durchführung von Arbeitskämpfen betont und die Rechtsgüter des Arbeitgebers und der Öffentlichkeit weit weniger berücksichtigt, zielt das britische Recht in diesem Bereich erkennbar auf das Gegenteil ab. Die Leistungsfähigkeit der einzelnen Arbeitgeber und der Gesamtwirtschaft hat und hatte in Großbritannien eine erhebliche Bedeutung. Beschränkungen des gewerkschaftlichen Arbeitskampfs durch Urabstimmung und Hinweispflichten lassen sich durch die dortige historische Entwicklung erklären. Dem Gesetzgeber fiel deren Rechtfertigung vor der eigenen Bevölkerung leichter.

## C. Notwendigkeit eines Urabstimmungserfordernisses in Deutschland

Gleichwohl ist es denkbar, die Notwendigkeit eines Urabstimmungserfordernisses auch in Deutschland anzunehmen. Gesetzlich geregelt ist ein solches Erfordernis bisher nicht. Ob eine fehlende Urabstimmung dennoch zur Rechtswidrigkeit des gewerkschaftlichen Arbeitskampfs im Außenverhältnis führt, ist umstritten.[588]

Nach der überwiegenden Meinung in der Literatur hat eine fehlende Urabstimmung keine Außenwirkung. Selbst wenn die Satzung einer Gewerkschaft die Notwendigkeit einer Urabstimmung ausdrücklich vorsieht, wirkt ein Verstoß hiergegen grundsätzlich nur im Innenverhältnis und macht die Kampfmaßnahme nicht im Verhältnis zum Arbeitgeber rechtswidrig.[589] Das soll auch gelten, wenn die Urabstimmung zwar satzungsgemäß durchgeführt worden ist,

---

588 *Dieterich/Linsenmaier*, in: ErfK, Art. 9 GG Rn. 137; *Rieble*, Urabstimmung als Streikvoraussetzung, in: FS Canaris, S. 1439, 1442 m. w. N.

589 *Reinfelder*, in: Däubler (Hrsg.), Arbeitskampfrecht, § 15 Rn. 34; *Richardi/Bayreuther*, Kollektives Arbeitsrecht, S. 133; *Schlüter*, in: Brox/Rüthers, Arbeitskampfrecht, § 13 Rn. 486 ff.; *Kissel*, Arbeitskampfrecht, S. 561, § 40 Rn. 16, 19; *Dieterich/Linsenmaier*, in: ErfK, Art. 9 GG Rn. 137; *Treber*, in: Schaub, Arbeitsrechts-Handbuch, § 193 Rn. 41; so auch grundsätzlich *Otto*, Arbeitskampf- und Schlichtungsrecht, S. 136 f., § 7 Rn. 31; *Vorderwülbecke*, BB 1987, 750, 758 nimmt zwar eine Pflicht der Gewerkschaft zur Urabstimmung gegenüber ihren Mitglieder an, lehnt aber einen Anspruch des Arbeitgebers auf die Durchführung einer Urabstimmung vor dem Arbeitskampf ab; ebenso von einem Gewerkschaftsinternum geht *Schüren*, Die Legitimation der tariflichen Normsetzung, S. 278, aus, der die Arbeitgeber nicht „zum Wächter der Gewerkschaftsdemokratie“ machen möchte.

die erforderliche Mehrheit aber nicht erzielt werden konnte und dennoch gestreikt wird.[590] Angenommen wird eine Außenwirkung allenfalls, wenn die Satzung die zum Streikaufruf notwendige Vertretungsmacht nach ihrem Sinn und Zweck ausdrücklich von einem zustimmenden Urabstimmungsergebnis abhängig macht.[591] Im Innenverhältnis sind die Mitglieder nicht verpflichtet, dem Streikaufruf ihrer Gewerkschaft zu folgen, sofern die Satzung eine Urabstimmung vorschreibt und diese nicht oder nicht satzungsgemäß durchgeführt wurde oder das Abstimmungsergebnis gegen einen Arbeitskampf ausfällt. Zudem ist die Gewerkschaft in einem solchen Fall gehindert, ihre Mitglieder zur Teilnahme an der Kampfmaßnahme zu disziplinieren. Vielmehr drohen denjenigen, die ohne vorherige Urabstimmung zum Arbeitskampf aufrufen, verbandsrechtliche Sanktionen.[592]

Eine Mindermeinung geht über die bloße Innenwirkung hinaus. Danach entfaltet eine fehlende oder fehlerhafte Urabstimmung auch Außenwirkung und macht die betreffende Arbeitskampfmaßnahme im Verhältnis zum Arbeitgeber rechtswidrig.[593] Wie Gesetzgeber und Rechtsprechung in Großbritannien begründen die Vertreter dieser Auffassung die Notwendigkeit einer Urabstimmung mit dem Schutz sowohl der Mitglieder als auch der Gegenpartei, unbeteiligter Dritter sowie der Öffentlichkeit vor undemokratischen Entscheidungsprozessen vor dem Arbeitskampf. Die Auferlegung des Kampfrisikos solle die Tarifparteien von unnötigen Arbeitskämpfen abhalten. Könnten jedoch die Mitglieder einer

590 *Wolter*, in: Däubler (Hrsg.), Arbeitskampfrecht, § 16 Rn. 13.

591 *Otto*, Arbeitskampf- und Schlichtungsrecht, S. 137 f., § 7 Rn. 33 f.

592 *Otto*, Arbeitskampf- und Schlichtungsrecht, S. 138, § 7 Rn. 35; *Rieble*, Urabstimmung als Streikvoraussetzung, in: FS Canaris, S. 1439, 1442 f.; *Schlüter*, in: Brox/Rüthers, Arbeitskampfrecht, § 13 Rn. 490.

593 Siehe dazu *Rieble*, Urabstimmung als Streikvoraussetzung, in: FS Canaris, S. 1439, 1443 m. w. N.; *Picker*, ZfA 2011, 557, 564 ff., 570; *Löwisch/Rieble*, TVG, § 2 Rn. 104; *Löwisch*, Modernes Tarifverhandlungsrecht: Förderung alternativer Konfliktlösung, in: Rieble (Hrsg.), Zukunft des Arbeitskampfes, S. 36, 37 f.; *Hanau/Adomeit*, Arbeitsrecht, S. 78 Rn. 294, die allerdings davon ausgehen, dass die Gewerkschaft auf das Erfordernis der Urabstimmung in der Satzung verzichten kann; *Reuter*, Für ein konsistentes Arbeitskampfrecht, in: FS Wiese, S. 427, 438 f.; *Bauer/Röder*, DB 1984, 1096, 1099 lehnen die Rechtswidrigkeit eines Arbeitskampfs allein wegen des Verstoßes gegen ein von der Satzung vorgeschriebenes Urabstimmungserfordernis ab. Ein solcher Verstoß habe aber Indizwirkung für die Rechtswidrigkeit und könne eine einstweilige Verfügung gegen den Arbeitskampf rechtfertigen. Vor kurzen Warnstreiks soll eine Urabstimmung grundsätzlich nicht erforderlich sein.

Gewerkschaft als diejenigen, die das Risiko tragen, nicht über die Aufnahme von Kampfmaßnahmen durch Abstimmung entscheiden, entfalle diese „Bremswirkung".[594]

## I. Demokratische Legitimation des Arbeitskampfs

Das zentrale Argument der Befürworter des Urabstimmungserfordernisses ist wie in Großbritannien die andernfalls fehlende demokratische Legitimation des Arbeitskampfs. In Ermangelung einer gesetzlichen Regelung ist es den Gewerkschaften überlassen, in ihren Satzungen ein etwaiges Urabstimmungserfordernis freiwillig zu regeln. Die im DGB organisierten Verbände handhaben Urabstimmungen vor Arbeitskämpfen in ihren Satzungen unterschiedlich.

Die IG Metall als mitgliederstärkster Verband bestimmt in § 22 ihrer Satzung[595], dass Arbeitseinstellungen einen Beschluss des Vorstands voraussetzen. Ein Antrag auf Arbeitseinstellung ist vom Vorstand abzulehnen, sofern nicht mindestens 75 Prozent „der für die Bewegung in Betracht kommenden Gewerkschaftsmitglieder in der vom Vorstand beschlossenen geheimen Urabstimmung für die Arbeitseinstellung gestimmt haben". Problematisch ist an dieser Regelung zum einen, dass die Abstimmungsberechtigten nicht klar bestimmt werden.[596] Zum anderen ist die Urabstimmung vom Vorstand zu beschließen. Zwar hat er wohl kein Ermessen hinsichtlich des Ob der Abstimmung, wie aus § 22 Abs. 4 der Satzung erkennbar ist.[597] Wohl aber kann der Vorstand über die Ausgestaltung frei bestimmen. Das betrifft nicht nur die Abstimmungsberechtigten, sondern auch beispielsweise den Ort der Abstimmung und die Gestaltung eines etwaigen Wahlzettels.[598] Durch die Veränderung dieser Parameter kann der Vorstand erheblichen Einfluss auf das Ergebnis nehmen.

---

594 Siehe dazu ausführlich *Reuter*, Für ein konsistentes Arbeitskampfrecht, in: FS Wiese, S. 427, 438 f., der zustimmend auf die Begründung des britischen Gesetzgebers bei der Einführung des Urabstimmungserfordernisses 1984 verweist.

595 Abrufbar unter http://www.igmetall.de/docs_0181619_4257762_IGM_Satzung_48357db0f7c54cd1bf9fa79cc24dffe3ad04275d.pdf, abgerufen am 27.1. 2014.

596 *Rieble*, Urabstimmung als Streikvoraussetzung, in: FS Canaris, S. 1439, 1441.

597 Darin heißt es: „Tritt während eines anerkannten Streiks nach Auffassung des Vorstandes eine wesentliche Änderung der Situation ein, so *muss* erneut eine geheime Urabstimmung unter den an dieser Streikbewegung beteiligten Mitgliedern durchgeführt werden."

598 Zur Problematik bei der Gestaltung von Wahlzetteln siehe *Rieble*, Urabstimmung als Streikvoraussetzung, in: FS Canaris, S. 1439, 1441.

In der Satzung der Gewerkschaft Nahrung Genuss Gaststätten[599] bestimmt § 20, dass die Einleitung und Durchführung von Arbeitskämpfen die Zustimmung des Geschäftsführenden Hauptvorstands voraussetzen. Dieser *kann* seinen Beschluss vom Ergebnis einer Urabstimmung unter den Mitgliedern der Gewerkschaft abhängig machen. Eine Pflicht zur Durchführung einer Urabstimmung besteht danach nicht. Auch nach den entsprechenden Richtlinien der Gewerkschaft Erziehung und Wissenschaft[600] entscheidet das zuständige Organ über die Durchführung einer Urabstimmung oder den Verzicht darauf. Wird die Durchführung angeordnet, sind in dem entsprechenden Beschluss der örtliche, sachliche und persönliche Urabstimmungsbereich, die Fragestellung an die Mitglieder sowie die Arbeitskampfleitung anzugeben. Auch hier bestimmt ein Gewerkschaftsorgan also frei über Ob und Wie der Urabstimmung.

Ebenso entscheidet nach § 70 der Satzung der ver.di[601] der Bundesvorstand frei über Urabstimmungen und Arbeitskampfmaßnahmen. Der Gewerkschaftsrat kann zudem eine Arbeitskampfrichtlinie mit näheren Bestimmungen erlassen. Dennoch ist eine Urabstimmung in der Satzung nicht zwingend vorgeschrieben. Die Entscheidung darüber ist den Mitgliedern entzogen.

In den Satzungen der IG Bau[602] sowie der Eisenbahn- und Verkehrsgewerkschaft[603] ist lediglich bestimmt, dass der Gewerkschaftsbeirat oder der Bundesvorstand Richtlinien zur Vorbereitung von Arbeitskämpfen und zur Durchführung von Urabstimmungen erlassen. Solche Richtlinien haben keinen dauerhaften Bestand. Die Mitglieder sind daher letztlich der Willkür des ermächtigten Organs ausgeliefert, das die Richtlinien nach freiem Ermessen erlässt und ändert.

Die derzeitigen Regelungen in den Satzungen zeigen, dass die Durchführung und Ausgestaltung einer Urabstimmung in Deutschland im Wesentlichen vom Willen des entsprechenden Gewerkschaftsorgans abhängen.[604] Haben die

---

599 Abrufbar unter http://www.ngg.net/unsere_ngg/ziele/satzung/satzung.pdf, abgerufen am 27.1. 2014.

600 Abrufbar unter http://www.gew.de/Binaries/Binary29546/GEW-Satzung-FINAL.pdf, abgerufen am 27.1. 2014.

601 Abrufbar unter http://www.verdi.de/++file++5073a207deb5011af9001810/download/ver.di-Satzung-Ausgabe-Mrz-2012-1.pdf, abgerufen am 27.1. 2014.

602 Abrufbar unter https://www.igbau.de/Binaries/Binary10751/Beihefter_GS_Druckdatei.pdf, abgerufen am 27.1. 2014.

603 Abrufbar unter http://www.evg-online.org/EVG/Satzung/index_html/Satzung_Stand_21_11_2013.pdf, abgerufen am 27.1. 2014.

604 *Hromadka*, Tariffibel, S. 121 konstatiert, dass nach den Satzungen der meisten Gewerkschaften „der Hauptvorstand – häufig unter bestimmten Voraussetzungen – Streiks auch ohne Urabstimmung ausrufen“ kann.

Mitglieder dieses erst einmal gewählt, sind sie ihm hinsichtlich der Aufnahme von Arbeitskämpfen für die Dauer seiner Amtszeit ausgeliefert. Die demokratische Legitimation des Arbeitskampfs beschränkt sich so auf die Wahl des Organs. Am Ende einer Amtszeit von mehreren Jahren[605] kann sich die Stimmung unter den Mitgliedern derart verändert haben, dass die Entscheidungen über Arbeitskämpfe von der Mehrheit nicht mehr geteilt wird. Von einer demokratischen Legitimation kann in einem solchen Fall nur noch begrenzt gesprochen werden.

Zwar wird angenommen, dass es dem Demokratieprinzip genügt, wenn die Mitglieder über Wahlen von entscheidungsbefugten Vertretern an der wesentlichen Ausrichtung der Gewerkschaft beteiligt sind. Dies wird insbesondere mit dem Umstand begründet, dass die Mitgliedschaft in der Gewerkschaft nicht zwangsweise erfolgt, sondern ein Austritt jederzeit möglich ist. Ist ein Mitglied mit einem Kampfbeschluss nicht einverstanden, könne es sich diesem durch die Abkehr von der Gewerkschaft entziehen.[606]

Tatsächlich funktioniert eine repräsentative Demokratie effektiv nur, wenn das gewählte Organ auch zu Entscheidungen befugt ist, die nicht von einer Mehrheit der Wählenden getragen werden. Daher kann vom gewählten Gewerkschaftsorgan nicht verlangt werden, dass es die Mitglieder an jeder Entscheidung mittels einer Abstimmung beteiligt. Im Innenverhältnis haben die Mitglieder die Beschlüsse ihrer Organe zu akzeptieren. Problematisch ist jedoch, dass die Entscheidung über den Arbeitskampf in das Verhältnis zwischen dem Mitglied und seinem Arbeitgeber eingreift. Das geschieht zwar auch beim Abschluss von Tarifverträgen. Diese gefährden das Arbeitsverhältnis jedoch nicht konkret in seinem Bestand. Der Arbeitskampf dagegen kann sowohl kurzfristig als auch langfristig zu erheblichen wirtschaftlichen Schäden beim Arbeitgeber und damit zu betriebsbedingten Kündigungen führen.[607]

Damit ist ein Arbeitskampfbeschluss der Gewerkschaft potentiell geeignet, den Bestand des Arbeitsverhältnisses der Mitglieder zu gefährden. Dies betrifft nicht nur die Teilnehmer des Arbeitskampfs sondern auch die übrigen Beschäftigten im bestreikten Betrieb. Das Arbeitsverhältnis ist für die Betroffenen unbedingt

605 Der für die Entscheidung über Urabstimmungen zuständige Bundesvorstand der Gewerkschaft ver.di wird auf dem alle vier Jahre stattfindenden Bundeskongress gewählt. Wahlberechtigt sind dabei nicht die einzelnen Mitglieder, sondern Delegierte. Siehe dazu die §§ 37 Abs. 3, 38 Abs. 1 und 42 Abs. 5 der ver.di-Satzung.

606 *Kissel*, Arbeitskampfrecht, S. 559, § 40 Rn. 9 f.

607 Siehe zu den erheblichen Folgen gerade neuer Arbeitskampfmaßnahmen *Rieble*, Urabstimmung als Streikvoraussetzung, in: FS Canaris, S. 1439, 1444 f.

notwendig zur Schaffung einer Lebensgrundlage. Der Arbeitskampfbeschluss stellt einen erheblichen Eingriff in die Rechte der Mitglieder und gegebenenfalls unbeteiligter Dritter dar. Er geht über die Wirkungen des Tarifvertrags hinaus. Dieser bestimmt zwar das Wie des Arbeitsverhältnisses entscheidend, das Ob stellt er jedoch regelmäßig nicht in Frage.[608] Willkürliche Entscheidungen, die einen derart gravierenden Eingriff in die Rechte der Mitglieder und unbeteiligter Dritter zur Folge haben können, sind auszuschließen. Der Arbeitskampfbeschluss muss daher besonders demokratisch legitimiert werden. Die derzeitige Praxis der Satzungsgestaltung zeigt, dass in Deutschland eine hinreichende demokratische Legitimation nicht garantiert ist.[609]

Eine solche könnte allerdings aufgrund der tatsächlichen Streikteilnahme der Mitglieder anzunehmen sein. Denn durch diese erklären sie jedenfalls konkludent ihr Einverständnis mit dem Arbeitskampf. Dem könnten sie sich in jedem Fall durch Austritt aus der Gewerkschaft entziehen.[610] Allerdings genügt gerade in hochspezialisierten Bereichen der Arbeitswelt heute eine kleine Gruppe von Streikwilligen, um den Arbeitgeber massiv zu schädigen. Organisiert die Gewerkschaft einen solchen Arbeitskampf mit nur wenigen Mitgliedern, kann eine demokratische Legitimation auch nicht über die Streikteilnahme konstruiert werden.[611] Dies gilt umso mehr für die neue Kampfform des Flashmob. Dort nehmen – vom BAG gebilligt – unbeteiligte Dritte an einer Kampfmaßnahme teil. In der Vergangenheit stellten diese in einem Fall die Mehrheit der Teilnehmer.[612] Ließe man hier die Teilnahme an sich für die demokratische Legitimation genügen, wäre die Kampfmaßnahme von betriebs- und gewerkschaftsfremden Dritten legitimiert.

Das Fehlen einer hinreichenden demokratischen Legitimation des Arbeitskampfs durch die primär betroffenen Mitglieder spricht für die Einführung

---

608 Ausnahme sind hier allenfalls Tarifabschlüsse, die für den Arbeitgeber nicht mehr wirtschaftlich darstellbar sind. An Tarifverträgen ist der Arbeitgeber jedoch beteiligt, der als Korrektiv solche Verhandlungsergebnisse verhindern kann, die den Bestand der Arbeitsverhältnisse seiner Arbeitnehmer gefährden. Dieses Korrektiv fehlt bei einem Kampfbeschluss.

609 Vergleiche dazu insgesamt *Rieble*, Urabstimmung als Streikvoraussetzung, in: FS Canaris, S. 1439, 1446 f.; *Vorderwülbecke*, BB 1987, 750, 755 ff.

610 *Kissel*, Arbeitskampfrecht, S. 559 f., § 40 Rn. 11.

611 *Rieble*, Urabstimmung als Streikvoraussetzung, in: FS Canaris, S. 1439, 1444 f.

612 *Richardi/Bayreuther*, Kollektives Arbeitsrecht, S. 148 f.

eines gesetzlichen Urabstimmungserfordernisses vor gewerkschaftlichen Arbeitskämpfen.[613]

Wenngleich auch unbeteiligte Arbeitnehmer, also Nicht-Mitglieder der zum Streik aufrufenden Gewerkschaft vom Arbeitskampf betroffen sind, sind sie dennoch nicht an der Abstimmung zu beteiligen. Dies wäre mit dem Tendenzschutz der Gewerkschaften nicht vereinbar. Ausreichend für den Eingriff in die Rechte Dritter muss das Korrektiv durch die Urabstimmung unter den Gewerkschaftsmitgliedern sein. Andernfalls wäre die innergewerkschaftliche Willensbildung durch Außenstehende und damit potentiell durch Mitglieder anderer Gewerkschaften derart beeinträchtigt, dass eine Ausübung des Streikrechts durch die Gewerkschaft vereitelt werden könnte.[614]

## II. Ultima-ratio-Prinzip

Ein Urabstimmungserfordernis könnte auch zum Schutz des Arbeitgebers und der wirtschaftlichen Funktionsfähigkeit geboten sein.[615] Die Allgemeinheit und die Arbeitgeberseite sollen vor unnötigen Arbeitskämpfen geschützt werden.[616] Diesen Schutz soll das vom BAG 1971 entwickelte ultima-ratio-Prinzip gewähren. Danach ist ein Arbeitskampf erst „nach Ausschöpfung aller Verständigungsmöglichkeiten" zulässig.[617] Das Prinzip ist vom Gericht jedoch in Bezug auf den Streik aufgeweicht worden. Die Entscheidung über das Scheitern aller Verhandlungsmöglichkeiten obliege der Einschätzungsprärogative der Gewerkschaft. Eine Beurteilung dieser Entscheidung durch den Richter sei im Ergebnis eine Tarifzensur. Die ausdrückliche Erklärung des Scheiterns ist zudem nicht notwendig, es genügt die konkludente Erklärung durch die Aufnahme von Kampfhandlungen.[618] Davon ausgehend ist eine Urabstimmung mit einem positiven Ergebnis tatsächlich keine Voraussetzung des Arbeitskampfs im Sinne des ultima-ratio-Prinzips. Denn es handelt sich bei der Urabstimmung

613 *Picker*, ZfA 2011, 557, 567, geht ebenfalls davon aus, dass die Urabstimmung zur Vermeidung undemokratischer Entscheidungen von nicht an den Kampffolgen beteiligten Organen geeignet ist.

614 Siehe dazu ausführlich *Rieble*, Urabstimmung als Streikvoraussetzung, in: FS Canaris, S. 1439, 1450 f.; *Kissel*, Arbeitskampfrecht, S. 560, § 40 Rn. 13.

615 Siehe dazu ausführlich *Kissel*, Arbeitskampfrecht, S. 557 ff., § 40 Rn. 4 f., 14 f.; *Rieble*, Urabstimmung als Streikvoraussetzung, in: FS Canaris, S. 1439, 1447 ff.

616 *Reuter*, Für ein konsistentes Arbeitskampfrecht, in: FS Wiese, S. 427, 438.

617 BAG (GS) 21.4. 1971 – GS 1/68, BAGE 23, 292; NJW 1971, 1668, 1669.

618 *Junker*, Grundkurs Arbeitsrecht, S. 330 ff.

zunächst um einen gewerkschaftsinternen Vorgang zur Willensbildung. Die nach außen gerichtete Erklärung des Scheiterns der Verhandlungen bleibt gegenüber dem Kampfgegner auch ohne innergewerkschaftliche Legitimation grundsätzlich wirksam. Wie der Entschluss über den Arbeitskampf innerhalb der Gewerkschaft zustande gekommen ist, entzieht sich zunächst der richterlichen Beurteilung.[619]

Nach der vom BAG vorgenommenen Aufweichung des ultima-ratio-Prinzips besteht jedoch ein erheblicher Bedarf an einem „beruhigenden Hindernis".[620] Die nachteiligen Folgen des Arbeitskampfs liegen derzeit im Verhältnis zum Arbeitgeber allein in den Händen des den Kampfbeschluss treffenden Gewerkschaftsorgans. Dieses kann nach der Rechtsprechung des BAG einen rechtmäßigen Beschluss nach eigenem Ermessen treffen. Eine Beteiligung der Mitglieder an dieser Entscheidung ist für die Rechtmäßigkeit der Kampfmaßnahme im Außenverhältnis nicht erforderlich. Wie erwähnt genügt die Beteiligung einer kleinen Gruppe von Mitgliedern, um beim Arbeitgeber erheblichen Schaden anzurichten. Damit kann das entsprechende Gewerkschaftsorgan mithilfe einer solchen Minderheit frei und selbständig über das Ende von Verhandlungen entscheiden. Willkür ist nicht ausgeschlossen. Diese kann aber die erhebliche Beeinträchtigung der Rechtsgüter des Arbeitgebers sowie unbeteiligter Dritter nicht rechtfertigen. Zumal die Verfolgung tariffremder Ziele durch die Entscheidungsträger denkbar ist.[621] Dabei geht es dann nicht mehr um den Arbeitskampf als letztes Mittel in einer Tarifverhandlung.

Ihrem ursprünglichen Zweck wird eine Kampfmaßnahme so nicht gerecht. Sie soll Ausweg für die strukturell unterlegenen Arbeitnehmer bei einer destruktiven Verhandlungsführung des Arbeitgebers sein. Nur wenn eine Kampfmaßnahme dem gerecht wird, können ihre negativen Folgen für den Arbeitgeber und die Allgemeinheit gerechtfertigt werden. Die Überzeugung einer Minderheit von der Ausweglosigkeit der Tarifverhandlungen reicht nicht aus. Bei der Verfolgung tariffremder Ziele kann von einer Ausschöpfung des Verhandlungspotentials ohnehin nicht die Rede sein. In solchen Fällen kann der Arbeitgeber häufig auch bei erheblicher Verhandlungsbereitschaft den Arbeitskampf nicht verhindern. Das läuft dem Gedanken des Streiks als letztem möglichen Mittel

---

619 *Schlüter*, in: Brox/Rüthers, Arbeitskampfrecht, § 13 Rn. 487; *Wolter*, in: Däubler (Hrsg.), Arbeitskampfrecht, § 16 Rn. 13; *Dieterich/Linsenmaier*, in: ErfK, Art. 9 GG Rn. 137; *Kissel*, Arbeitskampfrecht, S. 560, § 40 Rn. 14.

620 *Kissel*, Arbeitskampfrecht, S. 557, § 40 Rn. 4.

621 *Rieble*, Urabstimmung als Streikvoraussetzung, in: FS Canaris, S. 1439, 1449; *Birk/Konzen/Löwisch/Raiser*, Gesetz zur Regelung kollektiver Arbeitskonflikte, S. 98.

in der Auseinandersetzung zuwider. Durch ein nachprüfbares Kriterium ist dem entgegenzuwirken. Ein positives Urabstimmungsergebnis bei einer Beteiligung aller betroffenen Mitglieder stellt ein solches Kriterium dar. Erst wenn die Mitglieder als Vertragspartner des Arbeitgebers kollektiv entscheiden, dass sie eine Fortsetzung der Verhandlungen für ausweglos halten, können Missbrauch und Willkür hinreichend sicher ausgeschlossen werden.[622] Nur dann sind die negativen Folgen des Arbeitskampfs sicher zu rechtfertigen.[623]

Zur Vermeidung von missbräuchlich ausgerufenen Arbeitskämpfen erscheint ein Urabstimmungserfordernis daher geeignet.

## III. Gebot der fairen Kampfführung

Auch aus dem Gebot der fairen Kampfführung[624] könnte sich die Notwendigkeit eines Urabstimmungserfordernisses mit Außenwirkung ergeben. Informiert die Gewerkschaft den Arbeitgeber wie in Großbritannien bereits vor der Urabstimmung über deren geplante Durchführung, hat dieser ausreichend Zeit, sich auf die Kampfmaßnahme vorzubereiten. Ohne Urabstimmung entfällt ein solcher „Warneffekt".[625] Daher könnte nach dem Gebot der fairen Kampfführung eine Hinweispflicht wie in Großbritannien angezeigt sein. Jedoch verlieren Kampfmaßnahmen damit, wie oben zum britischen Recht gezeigt, erheblich an Durchschlagskraft.[626] Denn der Arbeitgeber kann sich je nach Ausgestaltung der Hinweispflicht optimal auf die Folgen der Maßnahme einstellen. Das Gebot fairer Kampfführung kann nicht so weit reichen, dass sich die Gewerkschaft durch einen Hinweis der Effektivität ihrer Kampfmaßnahme berauben muss. Das Gebot soll insbesondere existenzbedrohende Kampfmaßnahmen verhindern.[627] Eine generelle Hinweispflicht vor einer Urabstimmung ist zur Erreichung dieses Zwecks nicht erforderlich.

Eine Hinweispflicht gegenüber dem Arbeitgeber vor der Durchführung einer Urabstimmung ist daher auch nach dem Gebot fairer Kampfführung nicht

---

622 *Vorderwülbecke*, BB 1987, 750, 757.

623 Siehe zum Ganzen ausführlich *Rieble*, Urabstimmung als Streikvoraussetzung, in: FS Canaris, S. 1439, 1447 ff.; i. E. so auch *Hueck/Nipperdey/Säcker*, Lehrbuch des Arbeitsrechts Bd. II/2, S. 1025.

624 Siehe dazu *Junker*, Grundkurs Arbeitsrecht, S. 332; *Richardi/Bayreuther*, Kollektives Arbeitsrecht, S. 158.

625 *Gitter*, JZ 1965, 197, 202; *Schlüter*, in: Brox/Rüthers, Arbeitskampfrecht, § 13 Rn. 488.

626 Siehe dazu ausführlich oben in Kapitel 1 unter C. II. 2. a.

627 *Richardi/Bayreuther*, Kollektives Arbeitsrecht, S. 158.

notwendig. Die Gewerkschaft muss rechtlich in der Lage sein, die Urabstimmung auch ohne Kenntnis des Kampfgegners durchzuführen.

### IV. Zusammenfassung

Ein Urabstimmungserfordernis mit Innenwirkung gegenüber den betroffenen Mitgliedern erscheint in Deutschland zur Stärkung der bisher mangelhaften demokratischen Legitimation des Arbeitskampfs durch Satzungsbestimmungen oder tatsächliche Streikteilnahme geeignet. Dieses sollte auch im Verhältnis zum Kampfgegner Wirkung entfalten, um Missbrauch und Willkür von Kampfmaßnahmen zu vermeiden. Jedenfalls solange keine andere gerichtlich überprüfbare Hürde vor einem Kampfbeschluss geschaffen ist[628], erscheint das Urabstimmungserfordernis mit Außenwirkung am ehesten geeignet, das ultima-ratio-Prinzip umzusetzen. Nicht erforderlich zum Schutz von Arbeitgebern und Allgemeinheit ist eine Hinweispflicht vor der Urabstimmung. Eine solche lässt sich nicht mit dem Gebot fairer Kampfführung begründen.

## D. Gesetzliche Regelung eines Urabstimmungserfordernisses

Ein Urabstimmungserfordernis könnte vom deutschen Gesetzgeber umgesetzt werden. Dabei müsste es den oben dargestellten Zwecken genügen. Berücksichtigt werden müssen dabei die in Kapitel 2 entwickelten Grundsätze zur Vereinbarkeit von Urabstimmungserfordernissen mit Art. 11 Abs. 1 EMRK.

### I. Mechanismus des Urabstimmungserfordernisses

Die Einführung eines grundsätzlichen Urabstimmungserfordernisses begegnet im Hinblick auf Art. 11 Abs. 1 EMRK keinen Bedenken. Wie gezeigt, ist ein solches mit dem Streikrecht aus der Konvention vereinbar.[629] Fraglich ist, wie der Mechanismus im Vergleich zum britischen Modell ausgestaltet sein könnte. Ausgangspunkt soll dabei ein Vorschlag von *Rieble* sein. Danach hat jedem Arbeitskampf eine Urabstimmung im Kampfgebiet unter den stimmberechtigten

---

628 Zur Möglichkeit eines notwendigen Schlichtungsverfahrens siehe *Rieble*, Urabstimmung als Streikvoraussetzung, in: FS Canaris, S. 1439, 1448.

629 Siehe dazu oben in Kapitel 2 unter C. I. 1. f.

Mitgliedern der Gewerkschaft vorauszugehen. Diese mache die folgende Kampfmaßnahme erst zulässig.[630]

Der Vorschlag zielt also auf einen dem britischen Modell ähnlichen Mechanismus ab. Führt die Gewerkschaft die Urabstimmung nicht durch oder erreicht sie das geforderte Quorum nicht und ruft anschließend dennoch zum Kampf auf, ist die betreffende Maßnahme rechtswidrig. Den beteiligten Arbeitnehmern drohen dann Schadenersatzansprüche und die verhaltensbedingte Kündigung. Der Gewerkschaft drohen insbesondere Schadenersatz- und Unterlassungsansprüche.[631] Die mögliche Haftung und Kündigung von Streikteilnehmern als Rechtsfolge des Verstoßes gegen das Urabstimmungserfordernis ist mit Blick auf Art. 11 Abs. 1 EMRK wie oben gezeigt problematisch.[632] Aufgrund des im historischen Vergleich deutlich stärker betonten Schutzes des gewerkschaftlichen Arbeitskampfs sind an ein deutsches Urabstimmungserfordernis strengere Maßstäbe anzulegen als an das britische.[633] Die strikte Rechtswidrigkeit der Kampfmaßnahme wegen Verstößen gegen das Urabstimmungserfordernis ist daher in Deutschland nur mit der Konvention vereinbar, wenn die Ausgestaltung nicht zu kompliziert gestaltet ist.

Da ansonsten sowohl der Schadenersatzanspruch als auch die verhaltensbedingte Kündigung[634] jedenfalls in der Regel ein Verschulden des Arbeitnehmers oder der Gewerkschaft voraussetzen, kann hierüber die Rechtsfolge bei Fehlern im Abstimmungsvorgang reguliert werden. Die Kündigung des einzelnen Arbeitnehmers oder ein Schadenersatz gegen diesen können nur gerechtfertigt beziehungsweise begründet sein, sofern für den Arbeitnehmer erkennbar war, dass die Urabstimmung rechtswidrig durchgeführt wurde. Für die Gewerkschaft beziehungsweise ihre Vertreter wird dies bei einer einfachen Ausgestaltung des Urabstimmungserfordernisses in aller Regel der Fall sein, weshalb sie für Fehler im Abstimmungsvorgang grundsätzlich haften würden. Das lässt sich mit deren enormer Verantwortung für Arbeitgeber, Dritte und die eigenen Mitglieder auch rechtfertigen.[635]

Bei einer entsprechend einfach umzusetzenden Ausgestaltung des Urabstimmungserfordernisses wäre der Mechanismus der eintretenden Rechtswidrigkeit

---

630 *Rieble*, ZAF 2005, 218, 225.

631 Zu den Folgen des rechtswidrigen Arbeitskampfs siehe *Junker*, Grundkurs Arbeitsrecht, S. 336 ff.

632 Siehe dazu oben in Kapitel 2 unter C. II. 3. b. i.

633 Vergleiche dazu oben in Kapitel 2 unter C. II. 3. b.

634 Siehe dazu *Junker*, Grundkurs Arbeitsrecht, S. 336.

635 Siehe dazu oben unter C. II. und C. III.

des Arbeitskampfs bei nicht durchgeführter oder fehlerhafter Urabstimmung mit Art. 11 Abs. 1 EMRK vereinbar. Er trägt zudem dem Zweck des Schutzes von Mitgliedern, Arbeitgebern und Dritten Rechnung, indem die Organisatoren der Kampfmaßnahme mithilfe der drohenden Haftung zu verantwortungsvollem Handeln motiviert werden.

## II. Ausgestaltung des Urabstimmungserfordernisses

Ein Urabstimmungserfordernis dürfte in Deutschland wie gezeigt nicht zu kompliziert ausgestaltet sein. Die britische Umsetzung lässt sich im Hinblick auf Art. 11 Abs. 1 EMRK nur durch die dortigen historischen Besonderheiten rechtfertigen.

*Rieble* schlägt zunächst eine notwendige Zustimmung von 50 oder 75 Prozent vor.[636] Wie oben gezeigt ist ein Quorum von 50 Prozent ohne weiteres mit Art. 11 Abs. 1 EMRK vereinbar.[637] Wäre in einer gesetzlichen Regelung jedoch mehr als die einfache Mehrheit gefordert, könnte eine Minderheit von Mitgliedern den Arbeitskampf unterbinden. Der Arbeitgeber müsste bei einem Quorum von 75 Prozent nur ein Viertel der Abstimmungsberechtigten von seiner Auffassung überzeugen, um den Streik zu verhindern. Die Mehrheit der Betroffenen könnte über die Ausweglosigkeit der Tarifverhandlungen nicht mehr bestimmen. Das läuft dem ausgegebenen Zweck des Urabstimmungserfordernisses zuwider. Dieses darf nicht zu einer erheblichen Beschränkung des Streikrechts der Arbeitnehmer führen. Daher ist ein gesetzlich normiertes Quorum von 50 Prozent ausreichend und angemessen.[638] Zugleich muss es den Gewerkschaften offen stehen, in der Satzung ein strengeres Quorum zu normieren.[639]

Nach dem Entwurf von *Rieble* hat die Urabstimmung den Grundsätzen der freien, geheimen und gleichen Wahl zu genügen.[640] Das ist für die hinreichende demokratische Legitimation zwingend erforderlich. Eine gesetzliche Regelung

---

636 *Rieble*, ZAF 2005, 218, 225.

637 Siehe dazu oben in Kapitel 2 unter C. II. 3. b. ii.

638 So auch *Vorderwülbecke*, BB 1987, 750, 756; *Birk/Konzen/Löwisch/Raiser*, Gesetz zur Regelung kollektiver Arbeitskonflikte, S. 47, 96; in diese Richtung geht auch der Sachverständigenausschuss der ILO, der ein Quorum von zwei Dritteln für „schwierig“ hält, siehe dazu oben in Kapitel 2 unter C. I. 1. b. iii.

639 Vergleiche dazu oben in Kapitel 2 unter C. II. 3. b. ii.; in diese Richtung geht auch der „Professorenentwurf“ in § 6 Abs. 2, siehe *Birk/Konzen/Löwisch/Raiser*, Gesetz zur Regelung kollektiver Arbeitskonflikte, S. 47.

640 *Rieble*, ZAF 2005, 218, 225.

zur Umsetzung dieser Grundsätze ist aber nicht notwendig. Wie die Abstimmung genau zu erfolgen hat, ist den Gewerkschaften zu überlassen. Ratsam erscheinen entsprechende Regelungen in der Satzung, um Routine und Sicherheit bei der Durchführung von Urabstimmungen zu gewinnen. Ein Verstoß gegen die Grundsätze darf bei einer gerichtlichen Überprüfung nur ab einer gewissen Erheblichkeit angenommen werden. Den Gewerkschaften ist eine Einschätzungsprärogative hinsichtlich der genauen Ausgestaltung der Urabstimmung einzuräumen, da die innergewerkschaftliche Willensbildung nur begrenzt von außen überprüfbar sein kann.[641] Die Rechtsprechung darf hier lediglich Mindeststandards festlegen.[642] Bei der Frage nach einem Verstoß gegen das Urabstimmungserfordernis muss stets berücksichtigt werden, ob der in Rede stehende Fehler im Abstimmungsvorgang das Ergebnis beeinflussen konnte.[643]

Sowohl Mitgliedern als auch Arbeitgebern ist eine hinreichende Rechtsschutzmöglichkeit zu gewähren. Sie müssen sich gegen nicht hinreichend legitimierte Arbeitskämpfe im Wege des einstweiligen Rechtsschutzes wehren können. Eine solche Möglichkeit ist auf die Kampfparteien zu beschränken. Unbeteiligte Dritte sind, wie oben zum britischen Recht gezeigt, insoweit nicht schutzwürdig.[644]

Problematisch ist der Nachweis der Rechtmäßigkeit der Urabstimmung durch die Gewerkschaft. Nimmt der Arbeitgeber Einblick in deren Aufzeichnungen, um sich von der ordnungsgemäßen Durchführung zu überzeugen, kann er einen Teil der Kampftaktik erkennen. Zur Lösung des Problems wurde die Einschaltung eines Notars vorgeschlagen, der dem Arbeitgeber gegenüber lediglich die Rechtmäßigkeit der Abstimmung bestätigt.[645] Geeigneter erscheint eine Orientierung am britischen Modell des Wahlprüfers.[646] Auch in Deutschland könnte das Arbeitsministerium ermächtigt werden, geeignete Organisationen zu benennen, die auf die Prüfung von Urabstimmungen spezialisiert sind. So wäre eine verzögerungslose Überprüfung des Abstimmungsvorgangs möglich. Der

---

641 *Rieble*, Urabstimmung als Streikvoraussetzung, in: FS Canaris, S. 1439, 1447.

642 *Rieble*, Urabstimmung als Streikvoraussetzung, in: FS Canaris, S. 1439, 1451.

643 Hier bietet sich eine Orientierung an den Grundsätzen zur Wahl des Betriebsrats an. Gemäß § 19 BetrVG ist die Betriebsratswahl anfechtbar, wenn gegen wesentliche Wahlvorschriften verstoßen wurde. Ausgeschlossen ist die Anfechtung, wenn der Verstoß das Wahlergebnis nicht ändern oder beeinflussen konnte. Siehe dazu beispielsweise BAG 12.6. 2013 – 7 ABR 77/11, NZA 2013, 1368, 1370.

644 Siehe dazu oben in Kapitel 2 unter C. II. 3. b. ii.

645 Siehe dazu ausführlich *Rieble*, Urabstimmung als Streikvoraussetzung, in: FS Canaris, S. 1439, 1452.

646 Siehe dazu oben in Kapitel 1 unter C. II. 2. b. und C. II. 5. c.

entsprechende Bescheid des Prüfers wäre nach Abschluss der Abstimmung dem Kampfgegner vorzulegen. In einem gerichtlichen Verfahren über einstweiligen Rechtsschutz könnte dem Bericht Indizwirkung beigemessen werden, um das Verfahren zu beschleunigen und die Durchführung des Arbeitskampfs nicht allzu sehr zu verzögern.

Fraglich ist zuletzt, ob die Urabstimmung vor allen Arbeitskämpfen verpflichtend sein soll. Hier ist ein Ausschluss des Urabstimmungserfordernisses vor kurzen Warnstreiks angedacht worden.[647] Diese Ausnahme ist eventuell allgemein auf Warnstreiks zu übertragen. Zwar unterscheiden sich Warnstreiks in ihren Auswirkungen auf Arbeitgeber und Mitglieder nicht grundsätzlich von Erzwingungsstreiks. Daher erscheint die Forderung nach einer demokratischen Legitimation auch hier angebracht. Warnstreiks erfolgen jedoch bereits vor dem Scheitern der Verhandlungen. Das Urabstimmungserfordernis mit Außenwirkung wird gerade damit begründet, dass nur ein positives Abstimmungsergebnis dieses Scheitern gegenüber dem Arbeitgeber hinreichend legitimiert. Warnstreiks, also Kampfmaßnahmen, die vor dem Scheitern der Verhandlungen aufgenommen werden, bedürfen nur der Legitimation durch die Mitglieder. Daher ist eine Urabstimmung mit Innenwirkung auch für Warnstreiks angezeigt. Außenwirkung sollte die Urabstimmung jedoch nur in Bezug auf den Erzwingungsstreik haben.[648]

Eine Hinweispflicht vor der Urabstimmung ist wie oben gezeigt schon nicht erforderlich. Zudem ist eine solche im Hinblick auf Art. 11 Abs. 1 EMRK problematisch.[649] Daher sind Gewerkschaften nicht gesetzlich zu verpflichten, dem Arbeitgeber die Durchführung einer Urabstimmung anzuzeigen.[650]

# E. Zusammenfassung und Ausblick

Für ein Urabstimmungserfordernis sprechen auch in Deutschland gute Gründe. Sowohl um die innergewerkschaftliche Demokratie zu stärken als auch zur Legitimation des Arbeitskampfs nach außen erscheint dieses Mittel geeignet. Eine gesetzliche Regelung wäre im Wesentlichen auf die Festlegung des Mechanismus zu beschränken. Mindeststandards hinsichtlich der Ausgestaltung sind von der Rechtsprechung vorzugeben. Im Übrigen ist die Durchführung den

---

647 *Bauer/Röder*, DB 1984, 1096, 1099.

648 *Burkard-Pötter*, NJW-Spezial 2013, 370, sieht die Urabstimmung ebenfalls nicht als Rechtmäßigkeitsvoraussetzung des Warnstreiks im Außenverhältnis.

649 Siehe dazu oben in Kapitel 2 unter C. II. 3. b. iii.

650 A. A. für Warnstreiks *Burkard-Pötter*, NJW-Spezial 2013, 370, 371.

Gewerkschaften zu überlassen. So wäre ein Urabstimmungserfordernis trotz der im Vergleich zu Großbritannien deutlich streikfreundlicheren historischen Entwicklung in Deutschland mit Art. 11 Abs. 1 EMRK vereinbar.

Der sogenannte „Professorenentwurf" sieht eine Urabstimmungspflicht nur für das Innenverhältnis zwischen Gewerkschaft und Mitgliedern vor. Lediglich für den verbandsfreien Streik ist danach eine Abstimmung auch im Außenverhältnis erforderlich.[651] Der Koalitionsvertrag der Großen Koalition sieht gesetzliche Änderungen des Arbeitskampfrechts unmittelbar nicht vor.[652] Mit einer entsprechenden gesetzgeberischen Initiative ist in absehbarer Zeit nicht zu rechnen. In der Rechtsprechung zeigt sich ebenfalls keine Tendenz, in Zukunft eine Urabstimmung vorauszusetzen.[653]

In Deutschland finden im internationalen Vergleich nur wenige Arbeitskämpfe statt.[654] Während in Großbritannien zwischen 2000 und 2010 im Schnitt etwa 662 000 Arbeitstage pro Jahr aufgrund von Streiks ausfielen, waren es in Deutschland in demselben Zeitraum etwa 50 000.[655] Der politische Einfluss der Gewerkschaften ist zudem in der Vergangenheit eher gesunken[656] und weit davon entfernt, wie im Großbritannien der Siebziger- und Achtzigerjahre tiefes Misstrauen in der Bevölkerung gegen gewerkschaftliche Betätigung zu begründen. Ein hinreichendes politisches oder öffentliches Bedürfnis an einer Beschränkung des Streikrechts durch ein gesetzliches Urabstimmungserfordernis fehlt daher. Die Rechtsprechung ist eher von dem Gedanken bestimmt, den

---

651 *Birk/Konzen/Löwisch/Raiser*, Gesetz zur Regelung kollektiver Arbeitskonflikte, S. 47, 96; dazu auch *Rieble*, Urabstimmung als Streikvoraussetzung, in: FS Canaris, S. 1439, 1442.

652 Abrufbar unter http://www.bundesregierung.de/Content/DE/_Anlagen/2013/2013-12-17-koalitionsvertrag.pdf?__blob=publicationFile&v=2, abgerufen am 27.1. 2014. Die vorgesehene gesetzliche Regelung des Grundsatzes der Tarifeinheit ist allerdings geeignet, die Schlagkraft von Spartengewerkschaften einzudämmen.

653 Das BAG hat sich mit der Frage der Urabstimmung nur einmal befasst und eine entsprechende Pflicht zum „kurzen" Warnstreik abgelehnt, BAG 17.12. 1976 - 1 AZR 605/75, BAGE 28, 295; NJW 1977, 1079, 1080. Diese Entscheidung ist mittlerweile überholt, siehe dazu *Rieble*, Urabstimmung als Streikvoraussetzung, in: FS Canaris, S. 1439, 1442. Insgesamt hat sich das Gericht eher ablehnend zu Urabstimmungen geäußert, siehe dazu *Engels*, Verfassung und Arbeitskampfrecht, S. 130.

654 *Rudkowski*, Der Streik in der Daseinsvorsorge, S. 10.

655 Siehe zu diesen Zahlen *Office for National Statistics*, Labour Disputes - Annual Article, 2012, S. 3 f.; *Statistisches Bundesamt*, Statistisches Jahrbuch 2011, S. 75.

656 Siehe zum abgekühlten Verhältnis zwischen der SPD und den Gewerkschaften *Schroeder*, WSI-Mitteilungen 2008, 231, 232.

Gewerkschaften mehr Handlungsfreiheit einzuräumen, um deren zunehmende Schwäche auszugleichen.[657] Auch von dieser Seite ist die Einführung eines zusätzlichen formalen Erfordernisses vor dem gewerkschaftlichen Arbeitskampf also nicht zu erwarten.

657 *Däubler*, in: Däubler (Hrsg.), Arbeitskampfrecht, § 7 Rn. 26.

# Schlussbetrachtung

Das britische Urabstimmungserfordernis hat seinen Ursprung in den negativen Erfahrungen der Öffentlichkeit mit dem erheblichen politischen Einfluss der Gewerkschaften in den Sechziger- und Siebzigerjahren des 20. Jahrhunderts. Die konservative Partei überzeugte die Wähler von der fehlenden demokratischen Legitimation der Arbeitskampfbeschlüsse in dieser Zeit. Daneben begründete die Regierung Thatcher die Notwendigkeit eines Urabstimmungserfordernisses zwar auch mit dem negativen Einfluss gewerkschaftlicher Betätigung auf die britische Wirtschaft. Gerade einzelne Streiks mit deutlich spürbaren Folgen für die Gesamtbevölkerung sowie die mangelnde Widerstandsfähigkeit der Labour-Regierung machten Beschränkungen der gewerkschaftlichen Freiheit jedoch politisch erst mehrheitsfähig. Solche Arbeitskämpfe sollten von einer Mitgliederentscheidung getragen werden, nicht von den als politische Akteure auftretenden Gewerkschaftsführern. Ein wesentliches Motiv der Wähler vor dem Regierungswechsel 1979 war daher die Einschränkung der Macht dieser Anführer und eine Stärkung der Beteiligung der Mitglieder an wesentlichen Entscheidungen. Der Schutz von Arbeitgebern stand für den Wähler nicht im Vordergrund.

Die Urabstimmungsregelungen im TULR(C)A 1992 sind im Laufe der Jahre zunehmend kompliziert geworden. Sie werden flankiert vom Code of Practice, der Gewerkschaften und Arbeitgebern als Auslegungshilfe und praktische Handlungsanweisung dienen soll. Bindungswirkung für die Gerichte hat er nicht. Der ursprünglich im TUA 1984 eingeführte Mechanismus des Entzugs der Immunität vor deliktischer Haftung bei fehlerhafter oder unterbliebener Urabstimmung hat bis heute Bestand. Die Gewerkschaften sind daher nach wie vor verpflichtet, bei der Organisation der Abstimmung sehr präzise zu arbeiten. Die hohe Anzahl an durchgeführten Urabstimmungen bei zugleich wenigen gerichtlichen Entscheidungen in diesem Bereich zeigt, dass die Verbände diesem Anspruch regelmäßig gerecht werden. Die größten Schwierigkeiten bereitet den Gewerkschaften die Erteilung der Hinweise an den Arbeitgeber vor der Urabstimmung und vor der Aufnahme von Kampfhandlungen. Das Gesetz verlangt hier sehr detaillierte Angaben und verzeiht Ungenauigkeiten nur in Ausnahmefällen. Die Rechtsprechung zeigte sich diesbezüglich jedenfalls in der jüngeren Vergangenheit auch über die Wortlautgrenze des Gesetzes hinaus großzügig. Sie bediente sich dabei des De minimis-Grundsatzes, der mittlerweile im Bereich der Urabstimmungsregeln als gefestigter Rechtsgrundsatz angesehen werden kann.

Neben den einzelnen Mitgliedern, deren demokratische Beteiligung an Entscheidungsprozessen die Urabstimmungsregelungen primär stärken sollen, sind auch die betroffenen Arbeitgeber und selbst unbeteiligte Dritte zur Erlangung von Rechtsschutz gegen fehlerhafte oder unterbliebene Abstimmungen antragsberechtigt. Dritte sollen als Vertreter der Gesamtbevölkerung deren Interesse an demokratischen Entscheidungen innerhalb der Gewerkschaften geltend machen können. Die Rechtsschutzmöglichkeit lässt sich zwar historisch mit den negativen Erfahrungen der Öffentlichkeit vor der Einführung des Urabstimmungserfordernisses erklären. Es erscheint als Schutz vor undemokratischen Kampfbeschlüssen jedoch genügend, dass die betroffenen Arbeitgeber Verstöße gegen die Sections 226 bis 235 TULR(C)A 1992 geltend machen können. Denn sie werden einen für sie mit negativen Folgen verbundenen Arbeitskampf regelmäßig unterbinden, wenn sich dagegen gerichtlich durchsetzbare Angriffspunkte ergeben. Anders als die unbeteiligten Dritten haben die Arbeitgeber ein individuelles Rechtsschutzinteresse. Daher sollte die Rechtsschutzmöglichkeit auf sie beschränkt werden.

Die Organisation einer Urabstimmung ist wegen der komplizierten gesetzlichen Regelung mit erheblichem, auch finanziellem Aufwand für die Gewerkschaften verbunden. Abhilfe schafft die Möglichkeit einer staatlichen Finanzierung von gewerkschaftlichen Urabstimmungen gemäß Section 116A (1) (e), (3) TULR(C)A 1992.

Nachdem der Gesetzgeber primär die Stärkung der demokratischen Legitimation von Arbeitskämpfen und sekundär den Schutz der Arbeitgeber und der Wirtschaft insgesamt als Ziel des Urabstimmungserfordernisses ausgegeben hatte, bestätigte die Rechtsprechung in ihrer Auslegung beide Zwecke. Am Schutz des Arbeitgebers ist in der Literatur wiederholt Kritik geübt worden. Die fehlende demokratische Beteiligung der Mitglieder vor der Einführung der Urabstimmungsregelungen wurde zudem in Frage gestellt. Jedenfalls sahen die Wähler eine Notwendigkeit für Urabstimmungen. Diese dienen auch in ihrer komplizierten Ausgestaltung vornehmlich den Interessen der Mitglieder. Mit dem Arbeitskampf gehen die Mitglieder erhebliche Risiken ein. Zugleich betreffen Kampfmaßnahmen stets auch die nicht streikbereiten Arbeitnehmer. Eine vorherige Abstimmung verhindert eine Entscheidung, die an den Interessen der Mitglieder vorbei geht. Sie zwingt zudem zu einem verantwortungsbewussten Umgang mit dem Mittel des Arbeitskampfs und schützt so auch die unbeteiligten Arbeitnehmer.

Die Hinweispflichten vor Abstimmung und Kampfmaßnahme dagegen schützen besonders die betroffenen Arbeitgeber. Das betonten auch die Gerichte wiederholt. In ihrer derzeitigen Form sind die Hinweispflichten geeignet, die Durchschlagskraft von Arbeitskämpfen erheblich zu mindern. Durch die Notwendigkeit detaillierter Angaben zur zeitlichen Lage und den betroffenen Arbeitnehmern können sich die

Arbeitgeber optimal auf die Folgen des Arbeitskampfs einstellen. Mit dem von der Öffentlichkeit beim Regierungswechsel 1979 primär verfolgten Ziel einer stärkeren demokratischen Legitimation von Arbeitskämpfen lässt sich die Hinweispflicht in ihrer heutigen Ausgestaltung nicht rechtfertigen.

Eine politisch motivierte Gesetzesänderung ist trotzdem nicht zu erwarten. Die britischen Gewerkschaften haben in der Vergangenheit erheblich an politischem Einfluss verloren und sich zudem gut auf die Urabstimmungsregelungen einstellen können. Der Einfluss der EMRK wird den Gesetzgeber voraussichtlich dennoch zu einer Neufassung der Sections 226 bis 235 TULR(C)A 1992 zwingen.

Der EGMR hat ein Streikrecht aus Art. 11 Abs. 1 EMRK mittlerweile ausdrücklich anerkannt. Hergeleitet hat er es aus der ESC, den Konventionen der ILO, dem IPWSKR, der dazu jeweils ergangenen Spruchpraxis von Sachverständigenorganen sowie der europäischen Praxis. Dabei überzeugt die Auslegung des Art. 11 Abs. 1 EMRK mithilfe von Instrumenten, die vom betroffenen Mitgliedstaat nicht ratifiziert worden sind, nicht.

Bei der Prüfung der Vereinbarkeit des britischen Urabstimmungserfordernisses mit dem Streikrecht aus der EMRK ist zwischen seinem Mechanismus, seiner Ausgestaltung und den Hinweispflichten zu unterscheiden. Dem britischen Gesetzgeber ist ein weiter Beurteilungsspielraum überlassen. Dies liegt zum einen allgemein daran, dass das Verhältnis der Tarifparteien zueinander ein sehr sensibler Bereich ist, den der nationale Gesetzgeber möglichst frei selbst regeln können soll. Konkret ist daneben die besondere historische Entwicklung in Großbritannien zu berücksichtigen. Sowohl die ESC als auch die ILO-Konventionen lassen nach der ergangenen Spruchpraxis Urabstimmungserfordernisse und Hinweispflichten grundsätzlich zu. Diese dürfen jedoch nicht zu kompliziert ausgestaltet sein. Ähnliches ergibt sich aus dem Vergleich mit den Rechtsordnungen der übrigen Mitgliedstaaten.

Der Mechanismus des britischen Urabstimmungserfordernisses ist in seiner derzeitigen Form geeignet, rechtmäßige Arbeitskämpfe zu unterbinden. Gewerkschaften und Mitglieder müssen wegen des verschuldensunabhängigen Entzugs der Haftungsimmunität ein erhebliches Risiko bei der Durchführung von Kampfmaßnahmen tragen. Dieses Risiko ist mit den historischen Besonderheiten in Großbritannien nicht zu rechtfertigen. Angemessen erscheint der Entzug der Immunität lediglich bei schweren Fehlern im Abstimmungsvorgang oder dem völligen Verzicht auf die Abstimmung. Der Entzug darf auch nicht unabhängig vom Vertretenmüssen der Gewerkschaft angeordnet werden. Der Kündigungsschutz der beteiligten Arbeitnehmer ist zudem nicht allein von der objektiven Rechtmäßigkeit der Urabstimmung abhängig zu machen. Er muss ausgedehnt werden auf die Fälle, in denen der Streikteilnehmer davon ausgehen durfte, dass der Arbeitskampf rechtmäßig ist.

Die Ausgestaltung des Urabstimmungserfordernisses ist dagegen im Verhältnis zum Streikrecht aus Art. 11 Abs. 1 EMRK angemessen. Die historische Entwicklung in Großbritannien mit der vom Souverän geforderten stärkeren demokratischen Legitimation des Arbeitskampfs rechtfertigt einen besonders strengen Schutz der Mitglieder vor willkürlichen Entscheidungen ihrer Anführer. Dem steht auch nicht die europäische Praxis einer unkomplizierten gesetzlichen Regelung von Urabstimmungen entgegen. Wegen der negativen Erfahrungen vor der Einführung des Urabstimmungserfordernisses und dem betroffenen sensiblen Bereich des Verhältnisses der Tarifparteien hat der britische Gesetzgeber einen besonders weiten, durch das Wahlvolk eindeutig gewollten Beurteilungsspielraum. Zudem schützt die strenge Ausgestaltung des Urabstimmungserfordernisses die Mitglieder als Adressaten des Streikrechts aus Art. 11 Abs. 1 EMRK. Sie sollen ihr Recht selbst und durch eine freie Entscheidung ausüben können.

Die primär den Arbeitgeber schützenden Hinweispflichten können in ihrer derzeitigen Form nicht gerechtfertigt werden. Die britischen Wähler verlangten Ende der Siebzigerjahre des 20. Jahrhunderts nach einer Verhinderung undemokratischer Kampfbeschlüsse, die sich negativ auf die Gesamtbevölkerung auswirkten. Einen Schutz der einzelnen Arbeitgeber vor den Folgen aller Arbeitskämpfe bezweckten sie mit der Wahl der Konservativen 1979 nicht ausdrücklich. Daher ist der Beurteilungsspielraum des Gesetzgebers beim Schutz der Arbeitgeber stärker eingeschränkt. Diese sind zudem, anders als die Gewerkschaftsmitglieder, nicht Adressaten des Art. 11 Abs. 1 EMRK. Ihr Schutz hat in der Abwägung mit dem Streikrecht schon deshalb weniger Gewicht. Angemessen erscheint die Pflicht zu lediglich einem Hinweis vor dem Arbeitskampf. Zwei Hinweise sind schon nicht erforderlich. Inhaltlich ist die Hinweispflicht auf die Äußerung der Kampfabsicht und die grobe Darstellung des geplanten Ausmaßes der Kampfmaßnahmen zu beschränken.

Die Hinweispflichten waren Gegenstand des Verfahrens *RMT v. Vereinigtes Königreich* vor dem EGMR. Eine umfassende Entscheidung in der Sache hat der Gerichtshof zwar nicht getroffen. Er hat jedoch den Raum für die Berücksichtigung der Spruchpraxis von ILO-Sachverständigenausschuss und Europäischem Ausschuss für Soziale Rechte offen gelassen. Beide Organe kritisierten die Hinweispflichten ausdrücklich. Bei einer erneuten Entscheidung nach auch tatsächlicher Betroffenheit einer Gewerkschaft erscheint es wahrscheinlich, dass der Gerichtshof die Hinweispflichten für unvereinbar mit Art. 11 Abs. 1 EMRK erklären wird.

Auch in Deutschland erscheint eine Urabstimmungspflicht vor dem gewerkschaftlichen Arbeitskampf aus ähnlichen Gründen wie in Großbritannien angezeigt. Hierzulande unterläge ein Urabstimmungserfordernis engeren Grenzen. Ein Streikrecht aus der Verfassung ist in Deutschland allgemein anerkannt. Das deutsche Arbeitsrecht insgesamt ist Arbeitnehmerschutzrecht. Das BAG weichte die Voraussetzungen des rechtmäßigen gewerkschaftlichen Arbeitskampfs in der Vergangenheit immer weiter auf, auch um die Gewerkschaften vor der Bedeutungslosigkeit zu bewahren.

Die Notwendigkeit eines Urabstimmungserfordernisses wird daher nur von einer Minderheit vertreten. Für ein solches Erfordernis spricht die Stärkung der demokratischen Legitimation des Arbeitskampfs sowie des ultima-ratio-Prinzips. Nach den derzeit geltenden Satzungen der Gewerkschaften im DGB sind die Mitglieder ihren Gremien bei der Entscheidung über die Aufnahme von Kampfmaßnahmen ausgeliefert. Das ist besonders wegen der einschneidenden Wirkung des Arbeitskampfs auf das Arbeitsverhältnis der Mitglieder und der sonstigen Arbeitnehmer nicht zu rechtfertigen. Das ultima-ratio-Prinzip, das die Tarifparteien ursprünglich von unnötigen Arbeitskämpfen abhalten sollte, ist mittlerweile erheblich aufgeweicht. Es bedarf einer zusätzlichen korrigierenden Hürde vor dem Arbeitskampf. Diese lässt sich mit einem Urabstimmungserfordernis schaffen. Eine Hinweispflicht erscheint dagegen in Deutschland nicht notwendig.

Eine etwaige gesetzliche Regelung müsste sich jedenfalls in den durch die EMRK gezogenen Grenzen halten. Diese sind aufgrund der unterschiedlichen historischen Entwicklung enger als in Großbritannien. Es ist nicht zu erwarten, dass der deutsche Gesetzgeber diesbezüglich tätig wird. Kaum wahrscheinlicher ist die Einführung eines Urabstimmungserfordernisses durch das BAG.

# Entscheidungsverzeichnis

*Balfour Beatty Engineering Services Ltd v. Unite the Union*
[2012] ICR 822 ff.
[2012] IRLR 452 ff.
S. 24, 62, 145.

*British Airways v. Unite the Union (High Court)*
[2010] IRLR 423 ff.
S. 30, 42, 61, 73.

*British Airways v. Unite the Union (Court of Appeal)*
[2010] ICR 1316 ff.
[2010] IRLR 809 ff.
S. 24, 68, 85, 94, 98.

*British Railways Board v. National Union of Railwaymen*
[1989] ICR 678 ff.
S. 58, 85.

*Crofter Hand Woven Harris Tweed Company Ltd. v. Veitch*
[1942] AC 435 ff.
[1942] SC (H.L.) 1 ff.
S. 5.

*EDF Energy Powerlink Ltd v. National Union of Rail, Maritime and Transport Workers (RMT)*
[2010] IRLR 114 ff.
S. 24, 40, 44, 48, 58, 73, 149.

*Express Newspapers v. McShane*
[1979] ICR 210 ff.
[1979] 1 WLR 390 ff.
S. 5.

*London and Birmingham Railway Ltd. v. Associated Society of Locomotive Engineers and Firemen (ASLEF) / National Union of Rail, Maritime and Transport Workers (RMT) v. Serco Ltd*

[2011] ICR 848 ff.

[2011] IRLR 399 ff.

S. 24, 41, 43, 60, 62, 70, 73, 85, 94, 101, 105, 118, 145.

*London Underground Ltd. v. Associated Society of Locomotive Engineers and Firemen (ASLEF)*

[2012] IRLR 196 ff.

S. 59, 145.

*London Underground Ltd. v. National Union of Railwaymen, Maritime and Transport Staff*

[1996] ICR 170 ff.

S. 57, 93, 100.

*London Underground v. National Union of Railwaymen*

[1989] IRLR 341 f.

S. 53.

*Metrobus Ltd. v. Unite the Union*

[2010] ICR 173 ff.

[2009] IRLR 851 ff.

S. 1, 5, 24, 31, 35, 38, 46, 70, 73, 85, 93, 101, 151.

*Metroline Travel Ltd v. Unite the Union*

[2012] IRLR 749 ff.

S. 24, 145.

*Milford Haven Port Authority v. Unite the Union*

[2010] EWCA Civ 400

S. 76, 93.

*Monsanto plc. v. Transport and General Workers' Union (TGWU)*

[1987] ICR 269 ff.

[1987] 1 WLR 617 ff.

S. 82.

*Network Rail Infrastructure Ltd v. National Union of Rail, Maritime and Transport Workers (RMT)*
[2010] EWHC 1084 ff.
S. 24, 43, 48, 68, 73.

*Newham London Borough Council v. National and Local Government Officers' Association (NALGO)*
[1993] ICR 189 ff.
S. 63.

*P. v. National Association of Schoolmasters Union of Women Teachers (NASUWT)*
[2003] ICR 386 ff.
S. 58.

*Post Office v. Union of Communication Workers (UCW)*
[1990] ICR 258 ff.
[1990] 1 WLR 981 ff.
S. 82.

*Regina v. Secretary of State for the Home Department, ex parte Bhajan Singh*
[1976] QB 198 ff.
S. 103.

*RJB Mining Ltd. v. National Union of Mineworkers (NUM)*
[1997] IRLR 621 ff.
S. 51, 57, 72, 85.

*National Union of Rail, Maritime and Transport Workers (RMT) v. Midland Mainline Ltd.*
[2001] IRLR 813 ff.
S. 56, 93.

*Shipping Company Uniform Inc. v. International Transport Workers Federation (ITF)*
[1985] ICR 245 ff.
S. 17.

*Tanks and Drums Ltd. v. Transport and General Workers' Union (TGWU)*
[1992] ICR 1 ff.
S. 18, 77, 79.

# Literaturverzeichnis

*Ales, Edoardo/Novitz, Tonia,*
Collective Action and Fundamental Freedoms in Europe,
Antwerpen, Oxford, Portland 2010.

*Anderman, Steven D.,*
Labour law,
4. Auflage, London [u.a.] 2000.

*Barnes, Denis/Reid, Eileen,*
Governments and trade unions,
London 1982.

*Barrow, Charles,*
Industrial relations law,
2. Auflage, London 2002.

*Bauer, Jobst-Hubertus/Röder, Gerhard,*
Streik ohne Urabstimmung?,
in: Der Betrieb 1984, S. 1096 ff.

*Bercusson, Brian (Hrsg.),*
European Labour Law and the EU Charter of Fundamental Rights,
1. Auflage, Baden-Baden 2006.

*Betten, Lammy,*
The right to strike in Community law,
Amsterdam, New York, Oxford 1985.

*Birk, Rolf/Konzen, Horst/Löwisch, Manfred/Raiser, Thomas,*
Gesetz zur Regelung kollektiver Arbeitskonflikte,
Tübingen 1988.

*Bowers, John,*
A practical approach to employment law,
8. Auflage, Oxford 2009.

*Bowers, John/Duggan, Michael/Reade, David,*
The law of industrial action and trade union recognition,
2. Auflage, New York 2011.

*Brox, Hans/Rüthers, Bernd/Schlüter, Wilfried/Jülicher, Friedrich,*
Arbeitskampfrecht,
2. Auflage, Stuttgart, Berlin, Köln, Mainz 1982.

*Burger, Florian,*
Das Ende des Streikrechts?,
Wien 2011.

*Burkard-Pötter, Julia,*
Warnstreiks – aktueller denn je,
in: Neue Juristische Wochenschrift-Spezial 2013, S. 370 ff.

*Certification Office for Trade Unions and Employers' Associations,*
Annual Report of the Certification Officer 2012–2013,
London 2013.

*Collins, Hugh/Ewing, Keith D./McColgan, Aileen,*
Labour law,
Cambridge 2012.

*Conservative Central Office,*
The Right Approach
Westminster 1976.

*Craig, Frederick Walter Scott,*
British general election manifestos 1959–1987,
3. Auflage, Aldershot u.a. 1990.

*Däubler, Wolfgang (Hrsg.),*
Arbeitskampfrecht,
3. Auflage, Baden-Baden 2011.

*Deakin, Simon F./Morris, Gillian S.,*
Labour law,
6. Auflage, Oxford 2012.

*Department for Business, Innovation and Skills,*
Trade Union Membership 2012 Statistical Bulletin,
London 2013.

*Dörr, Oliver/Grote, Rainer/Marauhn, Thilo (Hrsg.),*
EMRK/GG Konkordanzkommentar Band I,
2. Auflage, Tübingen 2013.

*Dukes, Ruth,*
The Right to Strike under UK Law: Something More Than a Slogan?,
in: Industrial Law Journal 2011, S. 302 ff.

*Dumke, Matthias,*
Streikrecht i. S. des Art. 6 Nr. 4 ESC und deutsches Arbeitskampfrecht,
Frankfurt am Main 2013.

*Emir, Astra,*
Law of employment,
17. Auflage, Oxford 2012.

*Engels, Andreas,*
Verfassung und Arbeitskampfrecht,
Berlin 2008.

*Europarat (Hrsg.),*
Die europäische Sozialcharta,
Berlin [u.a.] 2002.

*Europarat (Hrsg.),*
Digest of the Case Law of the European Committee of Social Rights,
Straßburg 2008.

*European Commission (Hrsg.),*
2012 Report on the Application of the EU Charter of Fundamental Rights,
Luxemburg 2013.

*Ewing, Keith D.,*
The right to strike,
Oxford 1991.

*Ewing, Keith D./Hendy, John,*
The Dramatic Implications of Demir and Baykara,
in: Industrial Law Journal 2010, S. 2 ff.

*Franzen, Martin,*
Arbeitskampf und Europa,
in: Europäische Zeitschrift für Arbeitsrecht 2010, S. 453 ff.

*Franzen, Martin,*
"Monti II" oder: Nichts Neues zum Arbeitskampfrecht aus Brüssel,
in: Europäische Zeitschrift für Arbeitsrecht 2013, S. 1 ff.

*Fütterer, Patrick,*
Das Koalitions- und Streikrecht im EU-Recht nach dem Wandel der Rechtsprechung des EGMR zur Koalitionsfreiheit gemäß Art. 11 EMRK (Demir und Baykara und andere),
in: Europäische Zeitschrift für Arbeitsrecht 2011, S. 505 ff.

*Gernigon, Bernard/Odero, Alberto/Guido, Horacio,*
ILO Principles concerning the Right to Strike,
Genf 1998.

*Gitter, Wolfgang,*
Zur Rechtmäßigkeit eines ohne Urabstimmung durchgeführten Streiks,
in: JuristenZeitung 1965, S. 197 ff.

*Grabenwarter, Christoph/Pabel, Katharina,*
Europäische Menschenrechtskonvention,
5. Auflage, München 2012.

*Grobe, Andreas,*
Demokratie und Gewerkschaften in England,
Frankfurt am Main, Bern, New York, Paris 1990.

*Grote-Seifert, Heike,*
Das englische Arbeitskampfrecht unter besonderer Berücksichtigung der Entwicklung seit 1979,
Frankfurt am Main u.a. 1994.

*Grote, Rainer,*
Die Inkorporierung der Europäischen Menschenrechtskonvention in das britische Recht durch den Human Rights Act 1998,
in: Zeitschrift für ausländisches öffentliches Recht und Völkerrecht 1998, S. 309 ff.

*Hanau, Peter/Adomeit, Klaus,*
Arbeitsrecht,
14. Auflage, Neuwied 2007.

*Hardy, Stephen T.,*
Labour law in Great Britain,
4. Auflage, Alphen aan den Rijn 2011.

*Harris, David J./O'Boyle, Michael/Bates, Ed,*
Law of the European Convention on Human Rights,
2. Auflage, Oxford [u.a.] 2009.

*Haseler, Stephen,*
The grand delusion
Britain after sixty years of Elizabeth II,
London [u.a.] 2012.

*Hasselbalch, Ole,*
Labour law in Denmark,
3. Auflage, Alphen aan de Rijn 2012.

*Henssler, Martin,*
Arbeitskampf in Deutschland - Wie geht es weiter?,
in: Zeitschrift für Arbeitsrecht 2010, S. 397 ff.

*Henssler, Martin/Braun, Axel (Hrsg.),*
Arbeitsrecht in Europa,
3. Auflage, Kön 2011.

*Honeyball, Simon/Bowers, John,*
Textbook on employment law,
12. Auflage, Oxford 2012.

*Hromadka, Wolfgang,*
Tariffibel,
5. Auflage, Berlin 2011.

*Hueck, Alfred/Nipperdey, Hans Carl/Säcker, Jürgen,*
Lehrbuch des Arbeitsrechts Band II/2: Kollektives Arbeitsrecht,
Berlin, Frankfurt a. M. 1970.

*Humphreys, Nick,*
Trade union law and collective employment rights,
2. Auflage, Bristol 2005.

*Hutton, John,*
Solving the Strike Problem,
in: Industrial Law Journal 1984, S. 212 ff.

*International Labour Office (Hrsg.),*
Freedom of Association
Digest of decisions and principles of the Freedom of Association Committee of the Governing Body of the ILO,
Genf 2006.

*Jarass, Hans,*
Charta der Grundrechte der Europäischen Union Kommentar,
2. Auflage, München 2013.

*Jeschke, Anja,*
Der europäische Streik
Konturen und Entwicklungsperspektiven eines gemeineuropäischen Streikrechts,
Baden-Baden 2006.

*Junker, Abbo,*
Entwicklung des Arbeitskampfrechts in Europa, in:
Rieble, Volker; Junker, Abbo; Giesen, Richard (Hrsg.):
Neues Arbeitskampfrecht?, S. 155 ff.,
München 2010.

*Junker, Abbo,*
Grundkurs Arbeitsrecht,
12. Auflage, München 2013.

*Junker, Abbo/Redwitz, Verena,*
Die Bedeutung der Internationalen Arbeitsorganisation für die Rechtswirklichkeit auf nationaler Ebene,
in: Frey, Hans Paul (Hrsg.), Bewahren, Verändern, Gestalten - Festschrift zum 60. Geburtstag von Wolfgang Goos, S. 127 ff.,
Heidelberg 2009.

*Karpenstein, Ulrich/Mayer, Franz (Hrsg.),*
EMRK Kommentar,
München 2012.

*Keilich, Jochen A.,*
Die Auswirkungen der Grundrechte/Menschenrechte für das Arbeitsrecht in Deutschland und England,
Frankfurt am Main u.a. 2004.

*Kissel, Otto Rudolf,*
Arbeitskampfrecht,
München 2002.

*Koniaris, Theodore B.,*
Labour Law in Hellas,
Den Haag 2002.

*Lebek-Linke, Stefanie,*
Organisation und Aufgaben der Gewerkschaften in Deutschland und England,
Lohmar 1998.

*Lester, Anthony Paul/Pannick, David (Hrsg.),*
Human Rights Law and Practice,
2. Auflage, London 2004.

*Lorber, Pascale/Novitz, Tonia,*
Industrial relations law in the UK,
Cambridge [u.a.] 2012.

*Lörcher, Klaus,*
Aktuelle Streikrechtsverfahren vor dem Europäischen Gerichtshof für Menschenrechte,
in: Arbeit und Recht 2013, S. 290 ff.

*Lörcher, Klaus,*
Das Menschenrecht auf Kollektivverhandlungen und Streik - auch für Beamte, in: Arbeit und Recht 2009, S. 229 ff.

*Löwisch, Manfred,*
Modernes Tarifverhandlungsrecht: Förderung alternativer Konfliktlösung, in: Rieble, Volker (Hrsg.), Zukunft des Arbeitskampfes, S. 36 ff., München 2005.

*Löwisch, Manfred (Hrsg.),*
Arbeitskampf- und Schlichtungsrecht, Heidelberg 1997.

*Löwisch, Manfred/Rieble, Volker,*
Tarifvertragsgesetz, 3. Auflage, München 2012.

*Ludwig, Thomas Claus,*
Zum Verhältnis zwischen Grundrechtecharta und allgemeinen Grundsätzen, in: Europarecht 2011, S. 715 ff.

*Marauhn, Thilo,*
Die wirtschaftliche Vereinigungsfreiheit zwischen menschenrechtlicher Gewährleistung und privatrechtlicher Ausgestaltung, in: Rabels Zeitschrift für ausländisches und internationales Privatrecht 1999, S. 537 ff.

*McKendrick, Ewan/Wedderburn, Kenneth William,*
Gewerkschaftsrechte im Betrieb nach britischem Recht, in: Arbeitsrecht im Betrieb 1989, S. 394 ff.

*Meyer-Ladewig, Jens,*
Europäische Menschenrechtskonvention - Handkommentar, 3. Auflage, Baden-Baden 2011.

*Meyer, Jürgen (Hrsg.),*
Charta der Grundrechte der Europäischen Union, 3. Auflage, Baden-Baden 2011.

*Michlik, Frank F. J.*,
Die gewerkschaftliche Urabstimmung vor einem Arbeitskampf - Eine Untersuchung zum deutschen und britischen Recht,
Berlin 1995.

*Millward, Neil/Bryson, Alex/Forth, John*,
All change at work?
British employment relations 1980–1998,
London [u.a.] 2000.

*Morris, Gillian S./Archer, Timothy J.*,
Collective labour law,
Oxford 2000.

*Müller-Glöge, Rudi/Preis, Ulrich/Schmidt, Ingrid*,
Erfurter Kommentar zum Arbeitsrecht,
14. Auflage, München 2014.

*Nußberger, Angelika*,
Auswirkungen der Rechtsprechung des Europäischen Gerichtshofs für Menschenrechte auf das deutsche Arbeitsrecht,
in: Recht der Arbeit 2012, S. 270 ff.

*Office for National Statistics*,
Labour Disputes - Annual Article, 2011,
London 2012.

*Office for National Statistics*,
Labour Disputes - Annual Article, 2012,
London 2013.

*Otto, Hansjörg*,
Arbeitskampf- und Schlichtungsrecht,
München 2006.

*Otto, Hansjörg*,
Das BAG: auf dem Weg zum - nahezu - schrankenlosen Arbeitskampf?,
in: Rieble, Volker; Junker, Abbo; Giesen, Richard (Hrsg.):
Neues Arbeitskampfrecht?, S. 15 ff.,
München 2010.

*Otto, Hansjörg,*
Das konturlose Arbeitskampfrecht des BAG,
in: Recht der Arbeit 2010, S. 135 ff.

*Painter, Richard W./Holmes, Ann E. M.,*
Cases and materials on employment law,
9. Auflage, Oxford 2012.

*Peters, Anne,*
Einführung in die Europäische Menschenrechtskonvention,
München 2003.

*Peters, Anne/Altwicker, Tilmann,*
Europäische Menschenrechtskonvention,
2. Auflage, München 2012.

*Phillips, Gillian/Scott, Karen,*
Employment law,
Guildford 2012.

*Picker, Eduard,*
Der Arbeitskampf in der Rechts- und Wirtschaftsordnung Teil III,
in: Zeitschrift für Arbeitsrecht 2011, S. 557 ff.

*Prassl, Jeremias,*
To Strike, to Serve? Industrial Action at British Airways.,
in: Industrial Law Journal 2011, S. 82 ff.

*President of the Board of Trade,*
Fairness at Work,
London 1998.

*Radner, Thomas/Jud, Waldemar/Hauser, Werner,*
Arbeitsrecht,
3. Auflage, Wien 2005.

*Raine, John/Walker, Clive,*
Implementing the Human Rights Act into the Courts in England and Wales: Culture Shift or Damp Squib?, in:

Halliday, Simon; Delbert, Patrick (Hrsg.):
Human Rights Brought Home, S. 111 ff.,
Portland 2004.

*Reiter, Christian,*
Unterstützungsstreik und Schadensersatz im englischen Arbeitskampfrecht,
in: Europäische Zeitschrift für Arbeitsrecht 2010, S. 469 ff.

*Reuter, Dieter,*
Für ein konsistentes Arbeitskampfrecht,
in: Hanau, Peter (Hrsg.), Festschrift für Günther Wiese zum 70. Geburtstag, S. 427 ff.,
Neuwied 1998.

*Richardi, Reinhard/Bayreuther, Frank,*
Kollektives Arbeitsrecht,
2. Auflage, München 2012.

*Rieble, Volker,*
Modernisierung des Arbeitskampfrechts zu einem Tarifverhandlungsrecht,
in: Zeitschrift für ArbeitsmarktForschung 2005, S. 218 ff.

*Rieble, Volker,*
Urabstimmung als Streikvoraussetzung,
in: Heldrich, Andreas/Adolff, Johannes (Hrsg.), Festschrift für Claus-Wilhelm Canaris Band I, S. 1439 ff.,
München 2007.

*Rieble, Volker,*
Verfassungsfragen der Tarifeinheit,
München 2010.

*Ring, Gerhard/Olsen-Ring, Line,*
Einführung in das skandinavische Recht,
München 1999.

*Royal Comission on Trade Unions and Employers' Associations,*
Report,
London 1968.

*Rudkowski, Lena,*
Der Streik in der Daseinsvorsorge,
München 2010.

*Sargeant, Malcolm/Lewis, David,*
Employment law,
6. Auflage, Harlow 2012.

*Schaub, Günter,*
Arbeitsrechts-Handbuch,
15. Auflage, München 2013.

*Schlachter, Monika,*
Beamtenstreik im Mehrebenensystem,
in: Recht der Arbeit 2011, S. 341 ff.

*Schmidt, Folke,*
Die Reform des kollektiven Arbeitsrechts in Schweden,
Köln 1978.

*Schmidt, Folke/Neal, Alan C.,*
Labour law 12: Collective agreements and collective bargaining,
in: International Encyclopedia of Comparative Law, Volume XV,
Tübingen, Den Haag, Boston, London 1984.

*Schroeder, Wolfgang,*
SPD und Gewerkschaften: Vom Wandel einer privilegierten Partnerschaft,
in: WSI-Mitteilungen 2008, S. 231 ff.

*Schubert, Jens/Jerchel, Kerstin,*
Das europäische Arbeitsrecht (2009/2010),
in: Europäische Zeitschrift für Wirtschaftsrecht 2010, S. 687 ff.

*Schüren, Peter,*
Die Legitimation der tariflichen Normsetzung,
München 1990.

*Secretary of State for Employment,*
Democracy in Trade Unions,
London 1983.

*Secretary of State for Employment,*
In place of strife
A policy for industrial relations,
London 1969.

*Secretary of State for Employment,*
Trade Union Immunities,
London 1981.

*Seifert, Achim,*
Recht auf Kollektivverhandlungen und Streikrecht für Beamte,
in: Kritische Vierteljahresschrift 2009, S. 357 ff.

*Simpson, Bob,*
Code of Practice on Industrial Action Ballots and Notice to Employers 2000,
in: Industrial Law Journal 2001, S. 194 ff.

*Simpson, Bob,*
Recent Cases,
in: Industrial Law Journal 2013, S. 54 ff.

*Simpson, Bob,*
Recent Cases,
in: Industrial Law Journal 1993, S. 287 ff.

*Slade, Elizabeth A.,*
Tolley's Employment Handbook,
27. Auflage, London 2013.

*Smith, Ian T./Baker, Aaron,*
Smith & Wood's Employment Law,
10. Auflage, Oxford 2010.

*Spyropulos, Philippos K./Phortsakēs, Theodōros P.,*
Constitutional law in Greece,
2. Auflage, Alphen aan den Rijn 2013.

*Statistisches Bundesamt,*
Statistisches Jahrbuch 2011 für die Bundesrepublik Deutschland,
Wiesbaden 2011.

*Taylor, Stephen/Emir, Astra,*
Employment law,
3. Auflage, Oxford 2012.

*Thane, John,*
Gewerkschaften und Labour Party in Großbritannien,
in: Gewerkschaftliche Monatshefte 1981, S. 10 ff.

*Theusinger, Ingo,*
Meilensteine der englischen Rechtsgeschichte - Der Human Rights Act und die Entstehung eines Persönlichkeitsrechts,
in: Zeitschrift für Rechtspolitik 2001, S. 529 ff.

*Thüsing, Gregor/Traut, Johannes,*
Zur begrenzten Reichweite der Koalitionsfreiheit im Unionsrecht,
in: Recht der Arbeit 2012, S. 65 ff.

*Trabant, Alice,*
Solidaritätskampf oder Sozialschlacht? Die Rechtmäßigkeit des Unterstützungsstreiks in Deutschland im Rechtsvergleich mit Großbritannien,
Berlin 2012.

*Undy, Roger/Martin, Roderick,*
Ballots and trade union democracy,
Oxford 1984.

*Upex, Robert/Benny, Richard/Hardy, Stephen,*
Employment law,
3. Auflage, Oxford 2009.

*Vorderwülbecke, Martin,*
Die Pflicht zur Urabstimmung,
in: Betriebs-Berater 1987, S. 750 ff.

*Weber, Ralph,*
Vom Klassenkampf zur Partnerschaft,
in: Zeitschrift für Arbeitsrecht 1993, S. 517 ff.

*Wedderburn of Charlton, Kenneth William,*
Industrial Relations and the Courts,
in: Industrial Law Journal 1980, S. 65 ff.

*Wedderburn of Charlton, Kenneth William,*
The worker and the law,
2. Auflage, Harmondsworth, Middlesex 1971.

*Weiß, Norman,*
Von Paukenschlägen und steten Tropfen - Anmerkungen zur Bedeutung und Wirkung von EGMR-Urteilen aus staats- und völkerrechtlicher Sicht,
in: Europäische Zeitschrift für Arbeitsrecht 2010, S. 457 ff.

*Wrigley, Chris,*
British trade unions since 1933,
Cambridge 2002.

# Stichwortverzeichnis

**Schriften zum Arbeitsrecht und Wirtschaftsrecht**

Herausgegeben von Abbo Junker

Band 1 Christoph-N. Lerche: Der Europäische Betriebsrat und der deutsche Wirtschaftsausschuß. Eine vergleichende Analyse der betrieblichen Mitwirkung der Arbeitnehmer vor dem Hintergrund der Globalisierung der Märkte. 1997.

Band 2 Christian Walter Mecke: Zur rechtlichen Verbindlichkeit kollektiver Vereinbarungen in England. 1997.

Band 3 Katja Francke: Die betriebliche Mitwirkung der Arbeitnehmer in Belgien. Unter Berücksichtigung vergleichender Aspekte zum deutschen Betriebsverfassungsrecht. 1997.

Band 4 Christian Schulze: Die Zulässigkeit einstweiliger Verfügungen gegen Betriebsänderungen. 1998.

Band 5 Stefan Miersch: Die Rechtsfolgen mitbestimmungswidriger Maßnahmen für das Arbeitsverhältnis. Eine zivilrechtsdogmatische Untersuchung. 1998.

Band 6 Heike Wegner: Internationaler Verbraucherschutz beim Abschluß von Timesharingverträgen: § 8 Teilzeitwohnrechtegesetz. 1998.

Band 7 Julia Wichmann: Dienstleistungsfreiheit und grenzüberschreitende Entsendung von Arbeitnehmern. 1998.

Band 8 Johann-Volker Peter: Société par actions simplifiée (S.A.S.). Die Vereinfachte Aktiengesellschaft in Frankreich, eine Rechtsform für die Kooperation von Unternehmen. 1999.

Band 9 Sylvia Schnelle: Der Europäische Betriebsrat in Spanien. Zugleich eine Einführung in das spanische Recht der Arbeitnehmervertretung. 1999.

Band 10 Viktoria Bornhagen: Die Zumutbarkeit als Rechtsgedanke im Arbeitsrecht. 1999.

Band 11 Thorsten Schacht: Der Übereilungsschutz beim arbeitsrechtlichen Aufhebungsvertrag. Arbeitnehmerschutz bereits de lege lata? 2000.

Band 12 Marcus Hellmann: Immobilienkauf nach spanischem Recht. 1999.

Band 13 Nicolaus Johannes Ehinger: Die juristischen Personen des öffentlichen Rechts als herrschende Unternehmen. 2000.

Band 14 Alexander Lentz: Das kollektive Arbeitsrecht der Republik Südafrika. Eine Untersuchung mit Bezügen zum deutschen Recht. 2000.

Band 15 Michaela Brunssen: Der Arbeitgeberverbandswechsel. Tarifrechtliche und arbeitskampfrechtliche Konsequenzen. 2000.

Band 16 Morten Petersenn: Das Recht des Grundstückskaufs in Südafrika. 2000.

Band 17 Stefan Krüger: Die umwandlungsrechtliche Haftungsregelung bei der Betriebsaufspaltung und ihre Analogiefähigkeit. 2001.

Band 18 Jürgen Kitzinger: Der GmbH-Geschäftsführer zwischen Arbeits- und Gesellschaftsrecht. Im Blickpunkt: Zuständigkeit der Arbeitsgerichte. 2001.

Band 19 Anja Ruge: Die Lohnersatzansprüche ehemaliger Zwangsarbeiter gegen deutsche Industrieunternehmen. 2001.

Band 20 Michael Knoll: Die Sozialauswahl im Arbeitsrecht. 2001.

Band 21 Britta Albrecht: Mediation im Arbeitsrecht. Individualarbeitsrecht und Betriebsverfassungsrecht. 2001.

Band 22 Annusch Barten: Das System der Arbeitnehmervertretung in Frankreich. 2001.

Band 23 Diane Westera: Der Wiedereinstellungsanspruch nach wirksamer Kündigung. 2001.

Band 24 Kristin Doerlich: Die Tariffähigkeit der Gewerkschaft. Eine Analyse der Mächtigkeitsrechtsprechung des Bundesarbeitsgerichts im Lichte neuerer Erfahrungen. 2002.

Band 25 Tina Witten: Vertragsgestaltung und Gesetzesbindung im Recht der Zeitarbeit. 2002.

Band 26 Martin Hellfeier: Die Leistungszeit im Arbeitsverhältnis. Eine Untersuchung zum Fixschuldcharakter der Arbeitspflicht und zu den Folgen ihrer Nichterfüllung. 2003.

Band 27 Almut Maulshagen: Betriebliche Arbeitskampfregelungen. 2003.

Band 28 Maren Band: Tarifkonkurrenz, Tarifpluralität und der Grundsatz der Tarifeinheit. 2003.

Band 29 Manuela Schulz: Der Bereitschaftsdienst in öffentlich-rechtlich organisierten Krankenhäusern. Eine rechtliche Bewertung. 2003.

Band 30 Felix Benedikt: Die Kürzung von Tariflöhnen zur Sanierung. Eine verfassungskonforme Auslegung des § 3 III TVG entsprechend § 626 BGB. 2003.

Band 31 Tim Kaden: Individuelle Bündnisse für Arbeit und Günstigkeitsprinzip. 2003.

Band 32 Simone Kreiling: Die Erstreckung betrieblicher und betriebsverfassungsrechtlicher Tarifnormen auf Außenseiter. 2004.

Band 33 Carsten Beck: Betriebliche Mitbestimmung und Kündigungsschutz. Die Funktionen betrieblicher Mitbestimmung im und deren Einfluß auf den Kündigungsschutz nach dem KSchG. 2004.

Band 34 Jost Eder: Die Regelungsabrede als Alternative zur Betriebsvereinbarung bei der Gestaltung materieller Arbeitsbedingungen. 2004.

Band 35 Christian Pfab: Wirkungsweise und Reichweite tarifvertraglicher Öffnungsklauseln. 2004.

Band 36 Julia Amlang: Die unternehmerische Entscheidungsfreiheit bei „betriebsbedingten Kündigungen" im europäischen Rechtsvergleich. Kündigung aus wirtschaftlichen Gründen in Deutschland, Frankreich, Spanien, Großbritannien und Schweden. 2005.

Band 37 Alida Milthaler: Das Fragerecht des Arbeitgebers nach den Vorstrafen des Bewerbers. 2006.

Band 38 Doreen Peter: Nebentätigkeiten von Arbeitnehmern. Interessenkollisionen von Arbeitgebern und Arbeitnehmern. 2006.

Band 39 Julia V. C. Bartlog: Das Verhältnis von Gesetz und Tarifvertrag. 2006.

Band 40 Michael Fuhlrott: Der geschädigte Arbeitnehmer. Zur Verfassungsmäßigkeit des Ausschlusses von Schmerzensgeld in der Unfallversicherung sowie zur Herleitung der Haftung bei Eigenschäden im Hinblick auf das Verschuldensprinzip. 2006.

Band 41 Femke Reinecke: Leistungsbestimmung des Arbeitnehmers. 2006.

Band 42 Maria M. Bausback: Der Bestandsschutz des Arbeitsverhältnisses auf europäischer und internationaler Ebene. Entwicklungen vom Mittelalter bis zur Gegenwart. Teil 1 / Teil 2. 2007.

Band 43 Jens Günther: AGB-Kontrolle von Arbeitsverträgen. Analyse der deutschen Rechtslage nach der Schuldrechtsreform und vergleichende Betrachtung des österreichischen Kontrollsystems. 2007.

Band 44 Claudiana Triskatis: Ethikrichtlinien im Arbeitsrecht. 2008.

Band 45 Annette Bruder: Die Weitergabe von Insiderinformationen durch Arbeitnehmervertreter. 2008.

Band 46 Ute Dietrich: Nichtraucherschutz am Arbeitsplatz. 2008.

Band 47 Markus Ebert: Übertragung und Zuordnung von Versorgungsverpflichtungen gegenüber Arbeitnehmern im Rahmen einer umwandlungsrechtlichen Spaltung. 2008.

Band 48 Susanne Schneider: Broad-based Black Economic Empowerment in der Republik Südafrika. 2008.

Band 49 Mandy Reichel: Die Einbeziehung des Außenseiter-Arbeitgebers in den Verbandsarbeitskampf. 2008.

Band 50 Abbo Junker (Hrsg.): Betriebsübergang in Europa. Symposion aus Anlass des 10-jährigen Bestehens der Schriften zum Arbeitsrecht und Wirtschaftsrecht am 10.10.2008 in München. 2009.

Band 51 Till Bender: Vorschläge zur Neuordnung des Sonderkündigungsschutzes nach MuSchG und SGB IX. 2009.

Band 52 Manuela Rauch: Die geschlechtsbezogene Diskriminierung am Arbeitsplatz nach kalifornischem Recht. 2009.

Band 53 Tina Luise Allenberg: Das französische règlement intérieur d'entreprise. Die Arbeitsordnung im französischen Arbeitsrecht. 2009.

Band 54 Bernd Haas: Anwaltliches Mandatsverhältnis zum Betriebsrat. 2009.

Band 55 Martin Fröhlich: Die erweiterte Weisungsbefugnis des Arbeitgebers im spanischen Recht. 2009.

Band 56 Stefanie Lorenzen: Inhaltskontrolle beim Betriebsübergang. Die Anpassung tariflicher Arbeitnehmerpflichten nach Privatisierungen. 2009.

Band 57 Oliver E. Aldea: Das französische Kündigungsrecht im Spannungsfeld von Abfindungen und Bestandsschutz. 2010.

Band 58 Wolfgang Stock: Die Einsetzung einer Transfergesellschaft. Unter besonderer Berücksichtigung betriebsverfassungs- und arbeitsförderungsrechtlicher Vorgaben. 2010.

Band 59 Claudia Hagedorn: Zulässigkeit und Grenzen von Tarifsozialplänen. 2010.

Band 60 Daniela Quink: Inhaltskontrolle von Freiwilligkeitsvorbehalten in Arbeitsverträgen. 2010.

Band 61 Kathrin Kentner: Arbeitskampfmittel der Arbeitgeber. 2010.

Band 62 Angela Nunes Fernandes Gil Wolf: Arbeitnehmereinsatz im Ausland. Das auf doppelte Arbeitsverhältnisse anwendbare Recht am Beispiel der Vertragsgestaltung eines internationalen Konzerns. 2010.

Band 63 Annemarie Berthold: Whistleblowing in der Rechtsprechung des Bundesarbeitsgerichts. 2010.

Band 64 Malte Koch: Die Beteiligung von Arbeitnehmervertretern an Aufsichtsrats- und Verwaltungsratsausschüssen einer Europäischen Aktiengesellschaft. 2011.

Band 65 Agnes Maria Kollerbaur: Die französische Arbeitsinspektion. Eine Untersuchung unter besonderer Berücksichtigung ihrer Rolle bei Kündigungen. 2011.

Band 66 Marcus Christian Leinenweber: Landesschlichtungsgesetze? 2011.

Band 67 Frederike Cathérine Gärtner: Die gesetzliche Regulierung von Bahnstreiks in Frankreich. Arbeitskampf vs. Kontinuität öffentlicher Dienstleistungen. 2011.

Band 68 Carolin van Straelen: Der Rollenkonflikt des Arbeitnehmervertreters zwischen Betriebsratsmitglied und Gewerkschaftsfunktionär. 2012.

Band 69 Anna Maria Jordan: Entgeltdiskriminierung in Frauenberufen? 2012.

Band 70 Dominic Köstner: Compliance-Richtlinien im Unternehmen. Arbeits- und datenschutzrechtliche Implementierungsaspekte. 2012.

Band 71 Michael Kobler: Fremdeinflüsse auf die tarifliche Willensbildung. 2012.

Band 72 Anne Kraas: Zulässigkeit und Grenzen der arbeitsvertraglichen Entgeltflexibilisierung. 2012.

Band 73 Melanie Amann: Die Belegschaftsabstimmung. 2012.

Band 74 Christina Mennemeyer: „Dritter Weg" und rechtliche Grenzen der Flexibilisierung des Arbeitsrechts der katholischen Kirche. 2012.

Band 75 Joël Philipp Hofmann: Rechtsmissbrauch und Verwirkung bei Widerspruch gegen den Übergang des Arbeitsverhältnisses nach § 613a BGB. 2013.

Band 76 Jennifer Junker: Das Recht der Arbeitnehmerüberlassung in Japan. 2013.

Band 77 Gabriele Geiselhart: Tarifliche Regelungsmacht bei Haustarifverträgen und Unternehmerfreiheit. Dargestellt am Beispiel von Standortgarantien und Zeitarbeitsquoten. 2013.

Band 78 Lorenz Sylvester Mitterer: AGB-Korrektur in Dauer- und Langzeitschuldverhältnissen. 2013.

Band 79 Janina Morgenweck: Die Arbeitsgerichtsbarkeit in England. 2013.

Band 80 Christoph B. Kistler: Die Rechtmäßigkeit von Spartenstreiks. Alte Kriterien in neuem Licht. 2013.

Band 81 Julia Strasser: Die Haftung bei Lohnwucher im Arbeitsrecht der USA. 2014.

Band 82 Stephanie Amschler: Constructive dismissal. Fingierte Arbeitgeberkündigung im englischen Kündigungsschutzrecht. 2014.

Band 83 Felix Berding: Die Urabstimmung im britischen Arbeitskampfrecht im Licht der EMRK. 2014

www.peterlang.com